U0684385

砥砺前行 资本印迹

——财经人资本市场口述史

贺 强◎主 编

王汀汀 季仙华 杜惠芬◎副主编

中国文史出版社

《多层次资本市场系列丛书》编委会

《砥砺前行　资本印迹——财经人资本市场口述史》编委会

校友书画作品

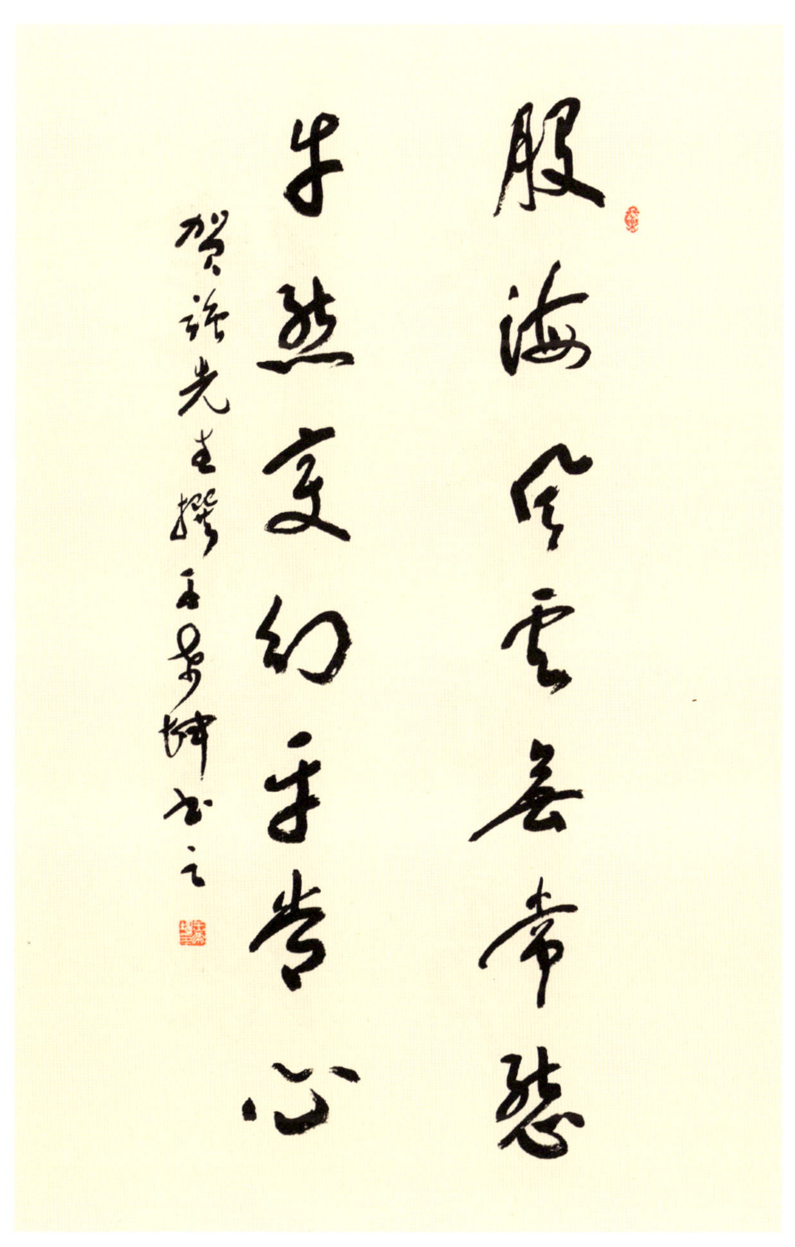

王希坤：中央财经大学 1962 级金融专业，中国光大银行原副行长。

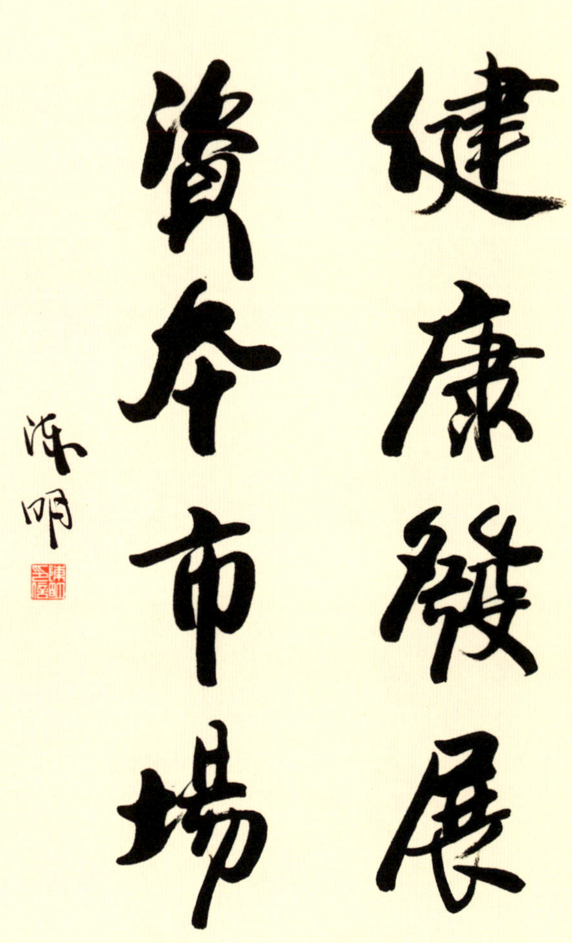

陈　明：中央财经大学教授。

金融即融金。股市即市股。
平人賺小錢。大戶為國輔。
資本話語權。卓然銷今古。
市場平準間。大道歸於樸。

賀強教授宏製刊行頌辭

庚子夏 散淨居主王強 並書

王　强：中央财经大学文化与传媒学院教授。

一生江湖浮沉
亦夢亦幻亦真
風雲萬里行跡
歸來還是此身

賀強兄大作面世謹句以誌
庚子仲夏時 老村

刘树勇：中央财经大学文化与传媒学院教授。

刘树勇：中央财经大学文化与传媒学院教授。

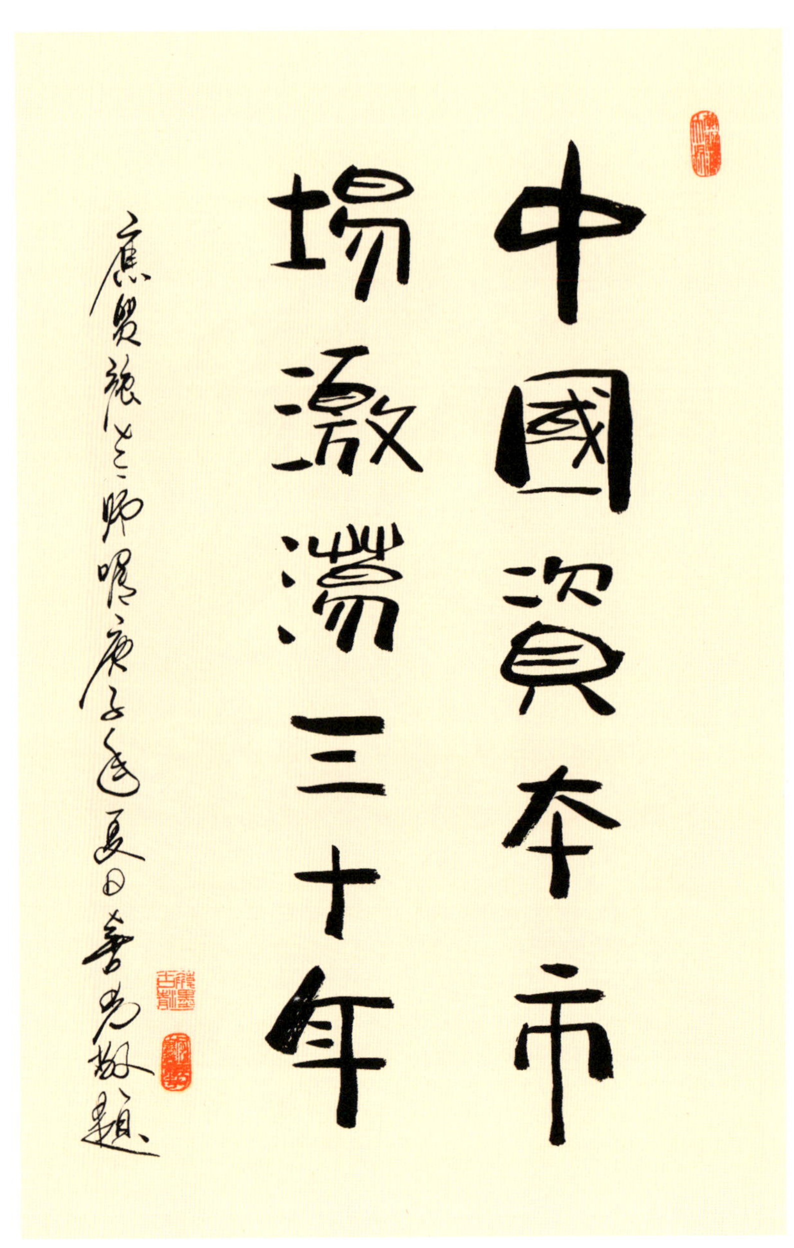

张喜芳：中央财经大学 1991 级会计专业，中国民生信托有限公司董事长。

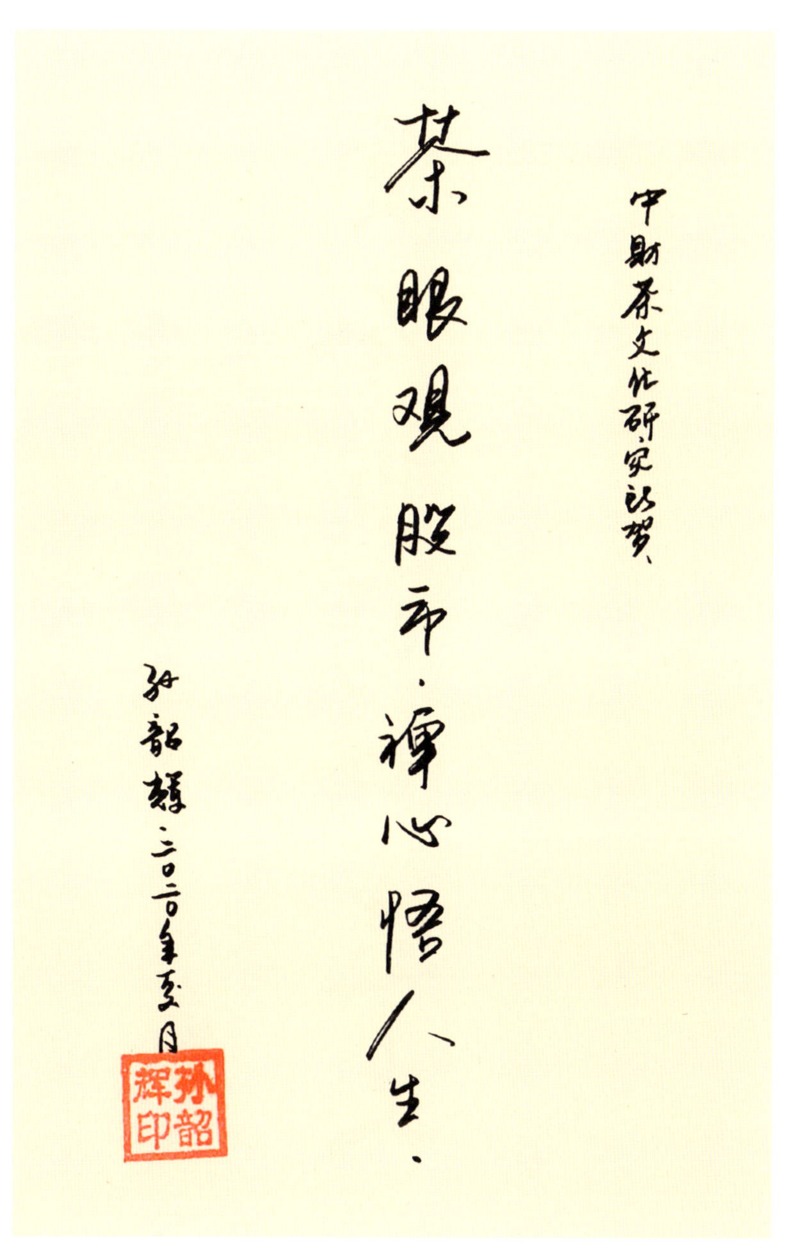

孙韶辉：中央财经大学 1990 级国金专业，中央财经大学茶文化研究所所长。

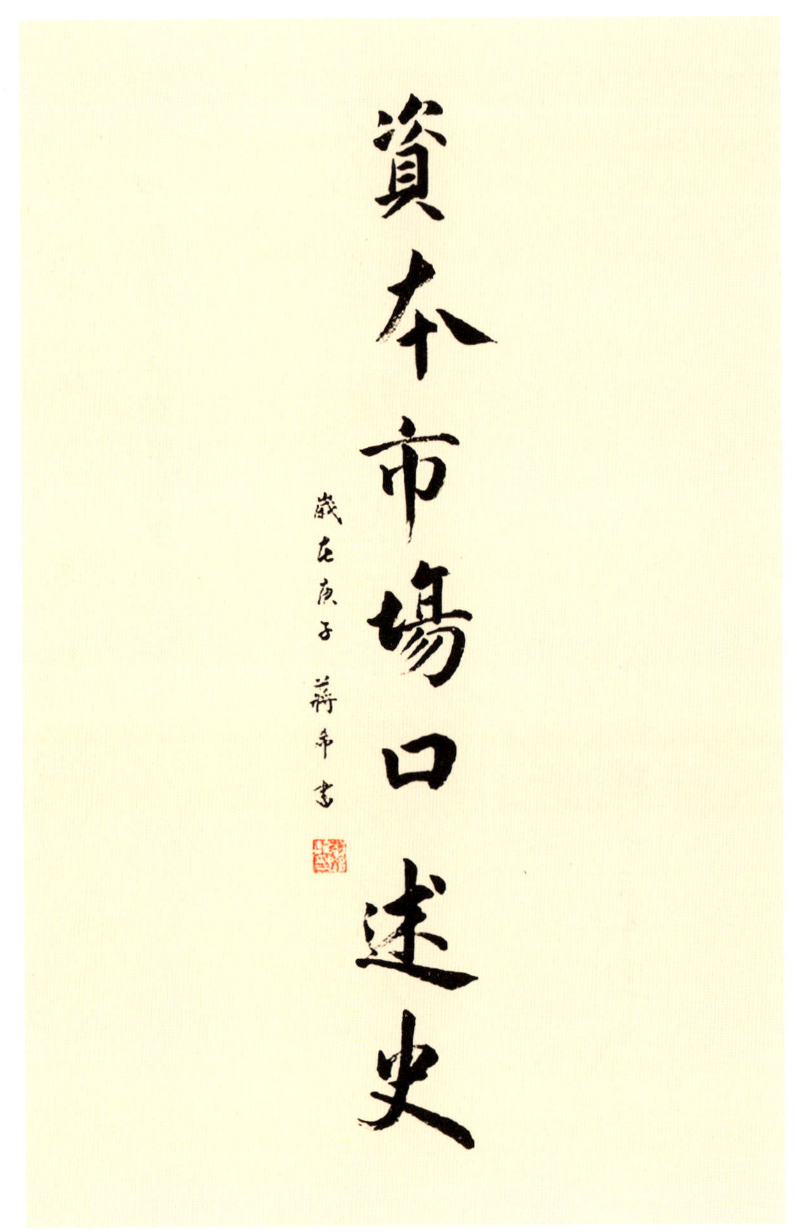

蒋　希：中央财经大学 2012 级 MBA，北京希睿轩文化有限公司董事长，平安睿银（北京）投资有限公司总裁。

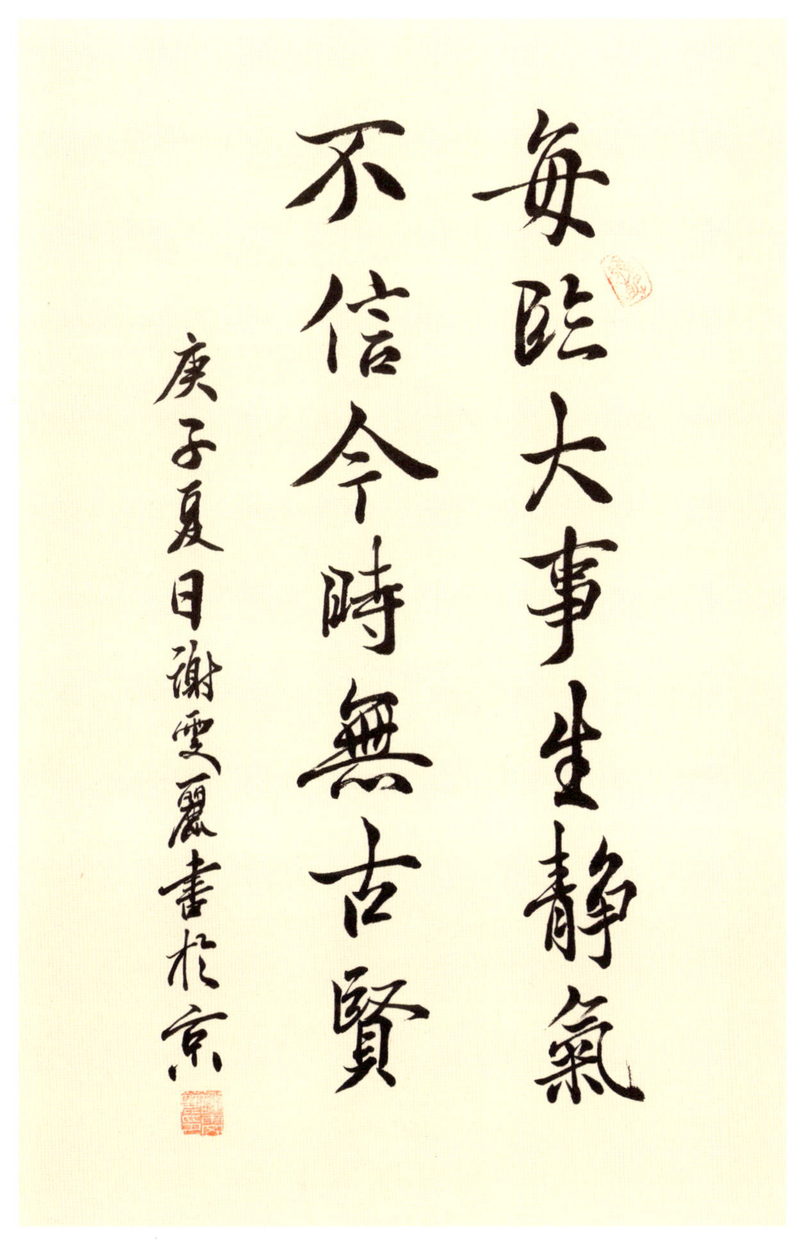

谢雯丽：中央财经大学 2011 级会计专业，中金财富产品经理。

中央财经大学“三十年风雨征程——资本市场发展研讨会”与会专家学者合影

序言　我国资本市场发展的历史回顾

贺　强*

2019年是我国资本市场建立的第三十个年头，也是中央财经大学建校70周年。我们产生了一个想法，要给我国的资本市场做一个总结，留下一点有价值的东西，准备编写一部资本市场口述史。

在中央财经大学金融学院的支持下，我们证券期货研究所聘请了部分校友，也聘请了我们研究所的高级顾问、中国证监会的老领导，请他们把自己在资本市场里的所见所闻、体会与感想贡献出来，作为历史见证和记录，给资本市场的参与者们留下一点历史的印记。

作为口述史，其视角独特，可能会更加真实、更加生动、更有可读性。大家读了这部资本市场口述史，肯定会有强烈的感受。

一

在序言部分，我想先系统地介绍一下我国资本市场产生与发展的历史，文风可能会严肃一些，供大家研究与参考。

---

* 贺强，第十一、十二、十三届全国政协委员，中央财经大学金融学院教授、博士生导师，中央财经大学证券期货研究所终身名誉所长。

大家知道，资本市场的核心与主体是证券市场，证券市场的核心与主体是股票市场。我介绍的资本市场的历史实际上就是证券市场与股票市场的历史。

我国资本市场的历史就像一条长河，源远流长。

存在一种可能，我国的资本市场启蒙于宋朝，希望有兴趣的朋友进一步去研究。仅仅从近代来讲，我国的资本市场已经横跨晚清时期、民国初期、革命根据地时期、新中国成立初期与改革开放时期等几个历史阶段，已经延续了100多年。

据中央财经大学金融史学教授姚遂讲，早在宋朝就出现了可以代替食盐、代替茶叶甚至代替货币进行流通的凭证。我们知道，也正是在宋朝，四川自贡凿出世界公认的第一口超千米深井之后，经过漫长的发展演变，在当地出现了一些既像股份契约又似证券的凭证。这种凭证明显地体现了共同投资、共担风险、共享收益的股份制“三共”原则，它虽然还不是真正意义上的股票，但是它充分证明了股份制并不是西方的舶来品，而是在我国长期封建社会中土生土长出来的东西。

到了清朝，爆发了鸦片战争，帝国主义用洋枪洋炮打开了中国的大门，外国资本借机侵入中国。外国人在中国的土地上办起了股份公司，发行了股票。1864年，外商大英自来火房股票在中国发行。1869年，英商在上海设立了长利公司，专门从事外商股票买卖。

值得关注的是1872年，李鸿章办洋务，成立了上海轮船招商局，它是中国第一家近代意义的股份制企业，它所发行的股票是中国人自己的第一张正式的股票。1882年，上海平准股票公司成立，它是中国人自办的第一家专门从事股票买卖的公司；1891年，由外商经纪人在上海建立了“上海股份公所”和“上海众业公所”；1898年，清政府模仿外国政府的做法，发行昭信股票，名为股票，实为债券，以此筹措资金，偿还对日赔款。此后，我国的债券市场也发展起来。

1918年夏天，由中国人自己创办的北平证券交易所正式成立。但是，由于战乱，证券交易所几经间断，最终关闭。

值得一提的是，早在20世纪30年代，革命根据地就利用股票、债券等方式集资、集粮支持革命战争，而且在当时由中华苏维埃政府发行的股票、债券上面有许多印有毛泽东、朱德同志头像。到了20世纪90年代，我们有一些人还在争论股票、股份制姓资姓社的问题。

新中国成立后，于1950年成立了天津证券交易所，该交易所在1952年被关闭。但是，我国农村信用合作社、供销合作社发行了大量股票。在公债方面，我国政府发行了历史上赫赫有名的人民胜利折实公债，还发行了五期经济建设公债。

“文化大革命”期间，股票、股份制被作为资本主义产物加以批判。许多人认为，我国证券历史被“文革”割裂，出现了断代。可是没有想到的是1998年，我们在中央财经大学举办中国百年证券精品展时发现，北京房山一位农村妇女的农村供销社股权证，清楚地记录了从20世纪60年代到80年代每一年分红派息的情况，这张看着不起眼的小小凭证衔接上了几乎在“文革”期间要断掉的我国证券历史。

改革开放以后，我国的资本市场重新得到了恢复和发展。我国的资本市场与各国资本市场发展的历史逻辑完全一致，均是沿着先发行、后交易，先场外、后场内的历史不断演进。

1981年，财政部发行了48亿元国库券。1983年，哈尔滨松江木器厂向社会公开发行3000万股股票；同年，深圳宝安公司也发行了股票。1984年，北京天桥、上海小飞乐公开发行股票，上海小飞乐股票在工商银行上海分行静安服务社进行柜台交易。1987年，深圳特区证券公司成立，并将深保安、深发展等股票放在柜台上交易。与此同时，成都、鞍山等地的“一级半市场”也开始在马路上逐渐兴盛起来。

对于我国的资本市场与证券市场来讲，有一个非常重要的历史时刻：1990年12月19日，经国务院批准，上海证券交易所（以下简称上交所）正式开业。黄浦江畔一声锣响，标志着中国的证券市场正式建立起来了。随后，在1991年7月3日，深圳证券交易所（以下简称深交所）正式开业。两家证券交易所先后开业，标志着我国改革开放之后的证券市场重新正式建立起来了。我国以两家证券交易所为代表的证券场内市场几经变革，快速发展。

在早期，我们的证券交易所场内市场叫作个人流通股市场。因为按照当时的政策，国有股不能流通，只有上市公司向社会公开发行，由个人购买的股票才能够流通交易，这就是我们早期所谓个人流通股市场的由来。

1992年，我们发行了B股，建立了B股市场，因此证券交易所的个人流通股市场改名为 A 股市场。A 股是用人民币标价，用人民币计价结算的人民币普通股票。A 股是由注册地在境内的公司发行，在境内交易所上市，由境内投资者用人民币购买的股票。自 2013 年 4 月 1 日起，A 股向境外投资者开放。B 股正式名称叫作人民币特种股票，它是以人民币标明面值，由境外投资者在境内证券交易所用外币认购和买卖（上交所用美元，深交所用港元进行交易）的股票。B 股公司的注册地与上市地都在境内，在当时叫外资股。

1993 年后，我们又发行了 H 股。H 股是注册地在境内的公司在香港证券交易所发行上市，由境外投资者与境内投资机构认购与交易的股票。H 股在以前也叫国企股，在香港用港元进行买卖，现在投资者的范围已经扩大到境内投资者。当年 7 月，青岛啤酒作为国有企业，在香港证券交易所成功上市，开创了国有企业在境外上市的先河。

在我国证券市场的发展过程中，随着对外开放的不断扩大，注册地在国内的公司在美国纽约证券交易所发行上市了 N 股，在新加坡发行上市了 S 股，在美国也曾经发行了存托凭证（ADR）。为了方便投资者跨境投资，我们还开通了沪港通、深港通、沪伦通。

过去，我们将境内公司在境内交易所发行上市，由境内投资者用人民币认购与交易的股票市场统称为 A 股市场。2004 年 5 月，为了促进中小企业自主创新，中国证监会批准在深圳证券交易所建立中小企业板市场。中小板市场主要面向高科技与高成长性的、流通股本规模相对较小的公司。由于在深圳建立了中小板市场，因此上海的交易所市场就改名为主板市场。但是，中小板市场发行上市的条件与主板市场完全相同。

为了进一步促进企业转型，进一步推动创新发展，2009 年 10 月 30 日，经中国证监会批准，创业板在深圳证券交易所正式上市。

创业板发行上市的门槛明显降低，条件比主板、中小板更加宽松。自创业板市场建立以来，出现了快速发展的局面。

2018 年 11 月 5 日，习近平主席在中国国际进口博览会开幕式上公开宣布：将在上海证券交易所设立科创板并试点注册制，支持上海国际金融中心和科技创新中心建设，不断完善资本市场基础制度。在管理层与业内人士共同精心设计与准备下，2019 年 7 月 22 日，首批 25 家公司在上海科创板成功上市。为了更好地为高新技术企业服务，科创板规定了 5 套发行上市的标准，甚至亏损的高科技公司、小股控大权的公司也有可能发行上市。科创板还在国内首次试行了股票发行的注册制，股票交易实行上市前5个交易日不设涨跌幅限制，此后交易设置涨跌幅限制为20%。

在科创板与注册制成功推行之后，为了推动我国证券市场的深化改革，2020年4月27日，管理层进一步推出了《创业板改革并试点注册制总体实施方案》。创业板不仅在股票发行制度上实行注册制改革，而且在股票交易制度上也要实行全方位的改革，进一步增强创业板服务企业、推动创新的功能作用。2021年11月，北交所开市，打造服务创新型中小企业主阵地。2023年2月1日，证监会发布《首次公开发行股票注册管理办法》，面向社会公开征求意见，标志着股票发行注册制在全市场推开，这也意味着中国现代证券市场正式迈入全面注册制新时代。

20世纪90年代，以证券交易所为代表的证券场内市场呈现迅猛发展之势，同时也促进了我国的证券场外市场不断发展壮大。我们已经形成了以两家证券交易所为龙头，以NET与STAQ两个全国性的法人股市场为两翼，29家地区性的证券交易中心为基础的多层次资本市场。

1998年，为了防御东南亚金融危机的风险，我们发布了与证券市场有关的文件，作出一个明确的规定，证券只能在证券交易所交易，在证券交易所以外的交易均属违法。在当时，我们准备把证券场外市场全部关闭，但是在市场上产生了一些问题。为此，我曾经邀请中财大的刘桓教授一起，对当时的NET市场存在的问题进行了广泛的调研，写出2.4万字的调查报告，递交给时任国务院总理朱镕基。朱镕基总理在我们报告的封面上作出批示，责成中国证监会处理解决问题。后来，管理层把NET市场的南海发展与STAQ市场的海南航空两家挂牌公司转到证券交易所上市，其他的挂牌公司送到上海证券公司的柜台上进行交易。这就是最早的三板市场的产生。

2010年与2011年，我连续两年向国务院办公厅与中国证监会递交了关于建立全国性证券场外市场，进一步解决中小企业融资难问题的政协委员提案。

2012年9月，国务院终于发布了关于建立全国中小企业股份转让公司与转让系统的文件，新三板市场正式建立起来了。新三板市场建立后，受到企业普遍的欢迎，在短短的几年内，挂牌的公司最多时达到了12000多家。由于在市场初期发展过快，管理缺乏经验，出现了许多问题。2019年10月25日，中国证监会启动了全面深化新三板改革。目前，全国中小企业股转系统已经在为数众多的挂牌公司层面又划分出创新层与精选层，精选层够条件的挂牌公司可以直接对接两家证券交易所进行转板。

我国改革开放以后建立的证券市场已经到了而立之年，从我国证券市场初期发展情况来看，可以用一个字来形容，就是“小”。

上海证券市场在成立之初，只有8家上市公司，1991年的上市总股本为2.72亿股，市价总值为29.43亿元，成交金额为8.07亿元，单日最高成交金额为2845.39万元。

深圳证券市场在建立之初，上市公司仅5家，上市总股本为3.57亿股，市价总值为80.76亿元，全年累计成交金额为35.6亿元。

我国证券市场的发展历程也可以用一个字来形容，就是“快”！我国的证券市场创造了一系列的历史第一，堪称世界奇迹。

例如，在2007年，我国证券市场连创历史第一。2007年，我国股市连创新高，为投资者带来了丰厚的收益，在巨大财富效应的吸引下，新的投资者带着资金源源不断地入市，推动了股市不断高涨，使我国股市连续创出许多历史第一。其一，创造了上市公司家数的历史第一。截至2007年12月19日，沪深两市上市公司家数已达到1523家。其二，创造了两市总股本和流通股本的历史第一。截至2007年12月19日，沪深两市总股本达到16803亿股，流通股本达到4797亿股。其三，创造了总市值的历史第一。经历调整后的2007年12月17日，沪深市场A股总市值达29.35万亿元，占全球股票市场总市值比例超过6%，我国证券市场成为市值最大的新兴市场和全球第四大市值市场。其四，创造了证券化率的历史第一。截至2007年9月28日，沪深总市值为25.05万亿元，前三季度GDP为16.59万亿元，相应证券化率为151%，达到成熟市场证券化率水平。其五，创造了个人开户数的历史第一。截至2007年12月18日，沪深两市的A股账户达到10909万个，B股账户达到231.72万个，基金账户达到2580万个。其六，创造了单个公司市值的历史第一。2007年11月5日，中石油在上海证券交易所上市交易，当日收盘A股市值达7.12万亿元，总市值近10075亿美元（含H股），超过了美国埃克森美孚公司的4877亿美元，成为全球市值最大的上市公司。其七，创造了单日成交量的历史第一。2007年5月30日，两市单日成交量之和达到4165亿元。其八，创造了募集资金数的历史第一。2007 年的新股 IPO 家数为 120 家，合计募集资金高达 4469.96 亿元，是 2006 年新股 IPO 募集资金量的 2.7 倍。其九，创造了单个公司募集资金数的历史第一。中国石油在 A 股发行上市，募集资金 668 亿元。其十，创造了申购单只股票冻结资金的历史第一。中铁集团上市过程中，共冻结资金 3.383 万亿元。

2019 年是我国证券市场建立 30 周年，我用一张表格让大家看一看我们创造了什么样的世界奇迹。

时间 指标	1991 年 沪市	1991 年 深市	1991 年 沪深两市	2019 年 沪深两市	增长倍数
上市家数（家）	8	5	13	3777	290
上市总额（亿股）	2.72	3.57	6.29	61720	9812
市价总值（亿元）	29.43	80.76	110.19	592935	5381
成交金额（亿元）	8.07	35.60	43.67	1274159	29716

1991 年底与 2023 年底相比，我国上市公司家数从 13 家增加到 5107 家，增长约 392 倍；上市公司总股本从 6.29 亿股增加到 84666.06 亿股，增长约 13459 倍；上市公司总市值从 110.19 亿元增加到 773130.71 亿元，增长约 7015 倍；上市公司全年累计成交金额从 43.67 亿元增加到 2122109.54 亿元，增长约 48593 倍。

二

做了以上介绍以后，我再为大家介绍一下我国期货市场发展的具体历程。

我国的期货市场发展开始于 20 世纪 80 年代末，随着改革开放的逐步深化，价格体制逐步放开。这时，不解决价格调控的滞后性问题，就难以满足供求双方对远期价格信息的需要。期货市场发展主要经历了以下几个时期。

第一个时期：方案研究和初步实施阶段（1988—1990）

1988 年 5 月，国务院决定进行期货市场试点；1990 年 10 月 12 日，中国郑州粮食批发市场经国务院批准，以现货交易为基础，正式引入期货交易机制，从而作为我国第一家商品期货市场，迈出了中国期货市场发展的第一步。

第二个时期：迅猛发展阶段（1990—1993）

这一时期我国期货市场发展走出了一个“小高潮”。但是，由于人们认识上的偏差，尤其是受到部门和地方利益的驱动，在缺乏统一管理和没有完善法规的情况下，中国期货市场出现盲目高速发展的趋势。到 1993 年底，全国期货交易所达到 50 多家，期货经纪公司 300 多家，而各类期货兼营机构不计其数。这一超常规的发展也给期货市场带来了一系列问题，如交易所数量过多，交易品种严重重复，期货机构运作不规范，地下期货交易四处泛滥，从业人员鱼龙混杂、良莠不齐等。这些都严重制约了我国期货市场的进一步发展，并且导致了人们对期货市场的种种误解。

第三个时期：治理整顿时期（1993—1998）

为了遏制期货市场盲目发展，国务院授权中国证监会从 1993 年开始对期货市场主体进行大规模的清理整顿和结构调整。1993 年 11 月，国务院发出《关于制止期货市场盲目发展的通知》。

1994 年 5 月，国务院办公厅批转国务院证券委《关于坚决制止期货市场盲目发展若干意见的请示》，开始对期货交易所进行全面审核。到 1998 年，14 家交易所重组调整为大连商品交易所、郑州商品交易所、上海期货交易所 3 家；35 个期货交易品种调减为 12 个；兼营机构退出了期货经纪代理业，原有的 294 家期货经纪公司缩减为 180 家左右。

1999 年 9 月起，一个条例（《期货交易管理暂行条例》）、四个管理办法（《期货经纪公司高级管理人员任职资格管理办法》《期货从业人员管理办法》《期货交易所管理办法》《期货经纪公司管理办法》）的正式实施，构建了期货市场规范发展的监管框架。这样，经过几年较大力度的结构调整和规范整顿，以《期货交易管理暂行条例》及四个管理办法为主的期货市场规划框架基本确立，中国证监会、中国期货业协会、期货交易所三层次的市场监管体系已经初步形成，期货市场主体行为逐步规范，期货交易所的市场管理和风险控制能力不断增强，期货投资者越来越成熟和理智，整个市场的规范化程度有了很大提高。

第四个时期：步入正轨，稳步发展时期（1998 年至今）

在清理整顿过程中，我国期货市场交易量有了比较大的下滑，但是从 2000 年开始，期货市场逐步走出低谷。上海期货交易所目前已经成为亚洲最大、世界第二大的铜期货交易中心，2003 年的成交量达到 11166.29 万吨，10 年内增长了 50 多倍。大连商品交易所的大豆期货品种的交易量在 2003 年达到了 2818.80 万吨，已经成为亚洲第一、世界第二的大豆期货交易中心，成交量仅次于美国的 CBOT。

2004 年 1 月 31 日，国家发布了《关于推进资本市场改革开放和稳定发展的若干意见》，明确提出了稳步发展期货市场，对期货市场的政策也由规范整顿向稳步发展转变。证券公司和上市公司纷纷参股期货公司，使期货行业获得新的资金流入。大米、股指期货等新品种也即将推出。在我国加入世界贸易组织、融入国际经济大家庭之际，作为发现价格和规避风险的重要金融市场，期货市场步入正轨。

经过多年的发展，中国的期货市场取得了巨大的发展，市场环境有了长足进步，规范化程度进一步提高，监管更加严厉。2006 年 9 月 8 日，中国金融期货交易所在上海成立，标志着中国要大力发展金融类期货，与世界接轨。

2007 年，我国玉米期货的成交量位居世界第二位，白糖期货成交量位居世界第二位。到 2008 年，我国期货成交额超 70 万亿元。而到了 2023 年，全国期货市场累计成交量约为 85.01 亿手，累计成交金额为 568.51 万亿元，同比分别增长 25.60% 和 6.28%。

2023 年，我国共有上市期货品种 78 种，包括商品期货 71 种，金融期货 7 种，其中 2023 年新上市的商品期货有 5 种，分别为氧化铝、丁二烯橡胶、对二甲苯、烧碱、碳酸锂期货。2023 年，我国商品期货成交量累计为 83.33 亿手，同比增加 25.95%，占全市场份额的 98.02%。成交额累计 435.34 万亿元，同比增加 8.33%，占全市场的 76.58%。其中，纯碱、PTA 以及螺纹钢期货位列商品期货以及全市场成交量前三名，成交量分别为 5.56 亿手、5.52 亿手和 5.02 亿手，同比变化分别为 67.98%、2.99% 和 6.81%。成交金额排名前三位的分别是原油、黄金和纯碱，成交金额分别为 28.78 万亿元、23.85 万亿元和 22.56 万亿元，同比变化分别为 −17.55%、55.37% 和 29.69%。

2023 年，我国金融期货共有沪深 300 指数、5 年期国债期货、10 年期国债期货、上证 50 股指期货、中证 500 股指期货、2 年期国债期货和 30 年期国债期货 7 个品种。金融期货成交量累计为 1.68 亿手，同比增加 10.85%，占全市场份额的 1.98%。累计成交金额为 133.17 万亿元，同比增加 0.10%，占全市场份额的 23.42%。

2023 年，我国期权市场共有期权品种 52 种，其中商品期权 40 种、金融期权 12 种，累计成交量 11.23 亿手，成交金额 9403 亿元，同比增长 163.62% 和 47.56%。其中，商品期权累计成交量为 10.69 亿手，累计成交金额为 6712 亿元。沪深 300 股指期权 2419.85 万手，成交金额 1165.07 亿元。

以上情况说明，我国期货市场发展迅速，取得了很大的成绩。中国正在一步步与国际资本市场接轨，中国巨大的经济发展潜力正在不断体现，期货市场正在不断蓬勃发展！

我国期货市场快速发展特别是金融期货快速发展，使我想起了在 2009 年曾经向中国证监会递交了建议推出股指期货的提案，当时证监会积极响应，表示尽快推出，结果在 2010 年 4 月股指期货就在上海中国金融期货交易所（以下简称中金所）正式上市。当时，中金所专门邀请了我们几个专家到上海参加了股指期货上市敲锣的仪式。

我也想到，在几年以前我曾经向中国证监会递交的一个全国政协委员提案，我建议尽快结束我国期货市场无“法”运作的问题，尽快推出中国的期货法。

三

介绍了我国期货市场之后，我接着再给大家简要地介绍一下我国债券市场的历史情况。

自清朝末期我国发行债券开始，我国的债券市场也有 100 多年的历史了。1898 年，清政府模仿外国政府的做法，发行昭信股票，这是中国在历史上正式发行的第一张债券，清政府以此筹措资金，偿还对日赔款。

20 世纪 30 年代，中华苏维埃政权发行债券进行集资、集粮，支持革命战争。

特别是新中国成立后，我国连续发行了 5 期经济建设债券，还发行了历史上著名的人民胜利折实公债。1981 年，我国恢复国债发行，当年发行了 48 亿元国库券，此后国债发行规模逐渐扩大。到 2016 年 12 月 31 日，我国国债现券市场存量规模已达到 25.47 万亿元，地方政府债券存量规模达到 27.53 万亿元，金融债的存量规模为 16.83 万亿元，企业债的存量规模为 6.44 万亿元，公司债的规模为 4.47 万亿元，中期票据累计存量规模为 4.68 万亿元，短期融资券的规模也达到 1.96 万亿元。

到了 2023 年，我国累计发行各类债券共计 71.0 万亿元，其中政府债券 20.3 万亿元、金融债券 10.2 万亿元、公司信用类债券 14.0 万亿元、信贷资产支持证券 3485.2 亿元、同业存单 25.8 万亿元。

我记得在 1995 年，由于震惊中外的国债期货“327”事件，我国关闭了国债期货市场。十几年过去了，我认为条件已经成熟了，因此在 2012 年“两会”期间，我递交了关于恢复推出国债期货的政协委员提案。在中金所国债期货上市交易之后，我又向有关部门递交了建议推出 10 年期国债期货的政协委员提案。目前，中金所推出了 2 年期、5 年期与 10 年期品种的国债期货产品，交易正常稳定。

我国债券市场正在快速发展，成绩很好，但是也存在一些基本的问题。一个是多头管理的问题，几大部委都涉及债券市场，导致管理难以统一。一个是市场分割的问题，我们把债券市场人为切分为银行间债券市场与交易所债券市场。债券市场的分割，进一步造成监管的分割、管理的混乱，降低了市场的效率，阻碍了市场功能的发挥。

四

到目前为止，我国已经形成了一个多层次的资本市场。在我国资本市场的发展中，有一个重要的内容，有一段重要的历史值得关注。下面我想把我国证券市场监管体制演进的历史做一个系统介绍。我国证券市场监管体制发展演进的过程分为以下几个阶段。

（一）证券市场监管体制建设

从 1981 年中国恢复国债发行以来，监管体系经历了由分散监管、多头监管到集中统一监管三个发展阶段。

1. 分散监管阶段（1981 年至 1992 年 5 月）

从 1981 年到 1985 年，我国证券市场以国债发行为主，股票和企业债券发行很少。1986 年以后，以柜台形式存在的股票交易市场开始起步，国债二级市场也逐步形成，特别是 1990 年上海、深圳两家证券交易所相继成立，股票交易开始有了集中的场内场所，市场规模有一定的扩大，但此时的交易市场还是地方性市场试点。在这个时期，对证券市场的监管是分散的、不成体系的。主要表现为以下特征：

一是以中国人民银行为主、多部门介入的监管格局。根据 1986 年 1 月颁布的《银行管理暂行条例》，人民银行为证券市场的主管机关，负责金融债券、企业债券等证券的发行管理，审批股票公开发行，管理证券交易市场。财政部负责国债的发行，并参与国债交易市场的管理。国家计划委员会（以下简称国家计委）自 1988 年逐步介入证券市场的计划管理，会同人民银行制订国内证券发行计划。1990 年后，国家经济体制改革委员会（以下简称国家体改委）介入股份制试点企业的审批管理。

1991 年，由人民银行牵头，设立了由国家计委、国家体改委、财政部、国有资产管理局、国家经贸委、国家工商局、外汇管理局 8 个部门组成的股票市场办公室会议制度，对证券市场进行监管。

二是地方政府在证券市场监管中扮演着重要的角色。尽管人民银行是法定的证券市场主管机关，但由于其监管职责不够明确，加上当时上海、深圳股票市场仍是地方性市场，在实际运作中，证券市场监管职能主要由上海、深圳地方政府和人民银行当地分行承担，地方政府充当了重要管理者的角色。

三是证券交易所的自律监管发挥了重要作用。由于当时缺乏明确的监管主体，上海、深圳证券交易所在实践中承担了重要的监管职责。证券交易所实施的涨跌停板制度、全面开放股价限制等措施，对当时的股市走势产生了重要的影响。

2. 多头监管阶段（1992 年 5 月至 1997 年底）

1992 年 5 月，人民银行成立证券管理办公室；同年 7 月，国务院建立证券管理办公会议制度，对证券市场行使日常管理职能；同年 8 月 10 日，深圳发生了抢购股票认购抽签表的“8·10 事件”，表明我国需要设立专门监管机构对证券市场实行集中统一监管。为此，国务院总结了地方性证券市场试点的经验教训，同年10月，决定成立专门的国家证券监管机构——国务院证券委员会及其执行机构——中国证券监督管理委员会，行使对证券业的日常管理职能。证券委和证监会的成立，标志着中国证券市场的管理重心从地方政府转移到中央政府。

1992年12月，国务院发布《关于进一步加强证券市场宏观管理的通知》，确立了中央政府对证券市场统一管理的体制，明确证券委是国家对全国证券市场进行统一宏观管理的主管机构，证监会是证券委的监管执行机构，并将公开发行股票的试点由上海、深圳等地推广到全国。同时，国务院赋予中央有关部门部分证券监管的职责。此外，地方政府在证券管理中仍发挥着重要作用，从而形成了国务院各部门和地方政府共同参与管理的体制。其主要特点如下：

一是证券委是国家对全国证券市场进行统一宏观管理的主管机构。证券委归口管理证监会，证监会是证券委的监管执行机构。

二是国务院其他部委具有相当一部分证券监管权力。国家计委根据证券委的计划建议进行综合平衡，编制证券发行计划；人民银行负责审批证券经营机构，审批和管理各类债券市场；财政部负责管理国债市场，归口管理注册会计师和会计师事务所；国家体改委负责拟定股份制试点的法规，并组织协调有关试点工作。

三是地方政府和行业主管部门负责选拔推荐公开发行股票的企业，会同企业主管部门审批地方企业的股份制试点。上海、深圳政府归口管理上海、深圳证券交易所。

另外，证监会于1992年10月26日与证券委同时成立，证监会机构性质定位事业单位，不定行政级别，成立之初的工作人员主要来自国务院有关部门中有证券专业知识和实践经验的人士。1995年3月，国务院重新确定证监会为国务院直属副部级事业单位，增加了证监会多项职责。

3. 集中统一监管阶段（1997年底至今）

随着我国证券市场的迅速发展，为加强对证券市场的规范化建设、防范和化解市场风险，1997年8月国务院决定将上海、深圳证券交易所统一划归证监会管理。同年11月，全国金融工作会议召开，党中央、国务院决定对银行业、证券业、保险业分业管理，决定“建立全国统一的证券期货监管体系，理顺中央和地方监管部门的关系”，由“证监会统一负责对全国证券、期货业的监管”。

1998 年 4 月，国务院决定撤销证券委，将其全部职能和人民银行履行的对证券经营机构的监管职能划入证监会，证监会成为国务院直属正部级事业单位；同时，对地方证券监管体制进行了改革，原隶属于地方政府的证券监管部门收归证监会领导，成为其派出机构，并在全国中心城市设立 9 个证券监管办公室（天津、沈阳、上海、济南、武汉、广州、深圳、成都、西安），2 个直属于证监会的办事处（北京、重庆），在 25 个省、自治区、计划单列市设证券监管特派员办事处，自此，证监会成为全国证券市场的统一监管部门。1998 年 12 月，通过《中华人民共和国证券法》，进一步明确了国务院证券监督管理机构（证监会）对市场进行集中统一监管的职责。1999 年 7 月 1 日，证监会 36 个派出机构统一挂牌，从而逐步建立了集中统一的证券监管体系。

2002 年，国务院将原上海金属交易所、上海粮油商品交易所和上海商品交易所 3 家期货交易所合并为上海期货交易所，划归证监会管理。由地方政府的证管办变为证监会的派出机构，其职责发生了重大变化，从为地方推荐企业上市转变为进行市场监管。

（二）证券期货交易所一线监管体系的建设

证券期货交易所扮演着市场交易组织者的角色，对资本市场的稳定、有序运行，起着至关重要的作用。目前，我国资本市场证券期货交易所包括上海证券交易所、深圳证券交易所两个以股票为主的证券交易场所，以及中国金融期货交易所、上海期货交易所、大连商品交易所、郑州商品交易所 4 个期货交易所。以下重点介绍股票交易所的建立。

1990 年 3 月，国家允许上海、深圳两地试点公开发行股票，批准设立上海证券交易所、深圳证券交易所，上海和深圳地方政府分别颁布了有关股票发行和交易的管理办法。两家交易所于 1990 年先后开始营业。1991 年 4 月 4 日，深交所以前一天为基期 100 点，开始发布深证综合指数；1991 年 7 月 15 日，上交所以 1990 年 12 月 19 日为基期 100 点，开始发布上证综合指数。

由于当时一些股票的分红派息方案优于银行存款，加上当时股份制企业数量较少，股票发行数量有限，供求关系由冷转热，大量的投资者涌向深圳和上海购买股票。限量发售的股票认购证严重供不应求，并出现内部交易和私自截留行为，最终导致了深圳抢购股票认购证的“8·10事件”。

1992年初，邓小平南方谈话针对证券市场指出“证券、股市，这些东西究竟好不好，有没有危险，是不是资本主义独有的东西，社会主义能不能用？允许看，但要坚决地试”。在邓小平南方谈话精神的鼓舞下，中国掀起了新一轮改革开放的浪潮。股票发行试点由上海、深圳走向全国。上海、深圳交易所成为全国性的证券交易所。

（三）自律组织的发展

中国资本市场监管体制一方面是监管机构的监管，另一方面是行业自律组织的自我约束。除交易所一线监管机构以外，还成立了中国证券业协会、中国期货业协会、中国证券投资基金业协会、中国上市公司协会四个自律性组织。中国证券业协会成立于1991年8月28日，是中国资本市场最早成立的自律性组织。各省、自治区、直辖市也建立了地方证券业协会。中国期货业协会成立于2000年12月29日，中国上市公司协会成立于2012年2月15日，中国证券投资基金业协会成立于2012年6月6日。自律性组织是依法注册的非营利性社会团体法人。各协会采取会员制的组织形式。协会在国家对证券业实行集中统一监督管理的前提下进行自律管理，发挥政府与行业间的桥梁和纽带作用。

五

下面主要介绍一下我国证券业协会的历史沿革：

中国证券业协会（Securities Association of China，SAC）是依据《中华人民共和国证券法》和《社会团体登记管理条例》的有关规定设立的证券业自律性组织，属于非营利性社会团体法人，接受中国证监会和民政部的业务指导与监督管理。

中国证券业协会自1991年成立以来，有20多年的发展历史，它与中国证券市场的发展几乎是同步的，主要经历了创立发展、快速发展、稳定发展和创新发展四个发展阶段。

1. 创立发展阶段（1991年8月至1999年）：发挥桥梁和纽带作用

中国证券业协会筹建工作会议于1991年8月4日在北京召开，商讨证券业协会成立的相关事宜。1991 年 8 月 28 日，由中国人民银行批准，中国证券业协会正式成立。至此，中国证券业有了全国性的行业自律性组织。同年，第一次会员大会召开并制定了《中国证券业协会章程》，其中明确了证券业协会的宗旨：根据发展社会主义有计划商品经济与市场调节相结合的要求，贯彻执行国家有关方针、政策和法规，发挥政府与证券经营机构之间的桥梁和纽带作用，促进证券业的开拓发展，加强证券业的自律管理，维护会员的合法权益，建立和完善具有中国特色的证券市场体系。

初期创立阶段，虽然证券业协会的定位是自律性组织，但其自律管理的作用尚未体现，而是发挥了政府与证券经营机构之间的桥梁和纽带作用。这种状况一直持续到 1999 年《中华人民共和国证券法》（以下简称《证券法》）的颁布实施。在《证券法》颁布前，中国证券业协会没有明确的法律地位和必要的管理权力，其工作主要集中在宣传普及证券知识和组织相关活动，没有明确的自律管理的目标和具体的自律管理的模式，并不像其章程第一条规定的那样，发挥"全国证券业行业自律性组织"的作用。其职能更多体现的是"传导"与"服务"，而不是"自律"。

2. 快速发展阶段（1999 年至 2007 年 1 月）：搭建自律管理框架，担负自律管理职能

1999 年颁布实施的《证券法》第八条规定"在国家对证券发行交易活动实行集中统一监督管理的前提下，依法设立证券业协会，实行自律性管理"；第一百六十二条规定"证券业协会是证券业的自律性组织，是社会团体法人"。这是国家首次以立法的形式明确证券业协会的性质和法律地位。在《证券法》的法律框架下，协会的自律管理功能有了实质性增强。同年 12 月，证券业协会召开第二次会员大会，并根据《证券法》修订了《中国证券业协会章程》，改变了协会宗旨的表述，修订后的章程第二条规定："在国家对证券发行、交易活动实行集中统一监督管理的前提下，实行自律性管理；发挥政府与会员之间的桥梁和纽带作用，维护会员的合法权益，维持证券市场的公开、公平、公正和有序进行，促进证券市场的健康稳定发展。"由此可以看出，协会开始由发挥桥梁纽带作用向自律性管理职能偏移。

中国证券业协会依据《证券法》进行了改组，并于 2002 年 7 月召开第三次会员大会，完善了组织机构体系并进一步修订了自律规则，将协会职能定义

为“自律、传导、服务”，初步搭建起了行业自律的框架。与此同时，监管机构也开始逐步放松对证券市场的严格管制，把能够通过市场和自律解决的问题，交给市场和协会去做。2002 年 11 月 1 日，中国证监会取消第一批行政审批项目，共 32 项。2003 年 2 月 27 日，中国证监会取消第二批行政审批项目，共 27 项。中国证监会两批共取消 59 项行政审批项目，并明确规定“对改变管理方式的行政审批项目，要做好向行业组织的移交工作，提出由行业组织自律的原则，指导行业组织制定操作规程，建立自律性运行机制”；于是将“证券从业人员从业资格核准”“证券投资咨询从业人员执业资格核准”“基金从业人员资格审核”“证券从业人员培训机构指定”“股票承销商材料备案”“证券从业人员改变受聘机构备案”“证券中介机构聘任人员备案”等移交给中国证券业协会行使自律管理。在中国证监会逐步放权的过程中，中国证券业协会自律管理的自主性和权威性逐步增强。

2004 年 1 月，国务院发布《关于推进资本市场改革开放和稳定发展的若干意见》(简称“国九条”)，为资本市场的改革与发展奠定了坚实的基础，证券业协会按照“国九条”精神开展工作，不断完善协会的自律管理职能。

2005 年 10 月修订的《中华人民共和国证券法》第一百七十六条对证券业协会的地位和职责进行了细致的规定，更加重视自律组织的监管作用，赋予了协会一定的证券监管权。在这一发展阶段，证券业协会逐步建立行业自律的组织架构，建立了比较完善的自律制度体系，自律监管范围扩大，进一步发挥了在证券业各参与者之间的桥梁作用，并担负起行业自律管理的责任。

3. 稳步发展阶段（2007 年 1 月至 2011 年 6 月）：加强自律管理，推动证券业稳步健康发展

2007 年 1 月，证券业协会召开了第四次会员大会，确定未来 5 年的 3 条工作主线是拓展会员单位自律管理、从业人员自律管理和代办股份转让系统自律管理，进一步完善和加强行业自律管理与服务的基础性制度建设。会议审议通过了《中国证券业协会会员管理办法》，对协会会员和从业人员的管理做出相关规定，加强会员的自律性管理。2009 年 2 月，协会召开 IPO 询价对象自律工作会议，对首次公开发行股票中 36 家询价对象采取自律处理措施，推动新股发行工作的规范发展，发挥实实在在的自律监管作用，有效增强协会自律管理的权威性。2010 年 12 月，证券业协会发布《证券公司信息隔离墙制度指

引》，指导证券公司建立健全信息隔离墙制度，完善基础性制度建设。

2011 年 6 月 24 日，中国证券业协会在第四届理事会第五次会议上表示，目前我国行业自律管理体系基本形成，会员单位的自我约束能力明显增强。在这一发展阶段，证券业协会更加有效地履行“自律、服务、传导”职责，不断完善自律管理体系和制度体系，推动证券业稳步发展。

4. 创新发展阶段（2011 年 6 月至今）：深化自律管理，推动行业创新发展

随着我国资本市场的飞跃式发展，证券经营机构整体快速发展壮大，这也使得我国证券行业的发展面临瓶颈，未来业务发展方向亟待创新。作为对证券行业发展起着举足轻重作用的证券业协会开启了创新发展的大门，在深化自律管理的同时，创新服务方式，提高服务品质，推动行业创新。以新“国九条”的出台为界，又可以将此阶段分为创新发展初期和创新发展推进期。

（1）创新发展初期（2011 年 6 月至 2014 年 5 月）：拉开创新发展序幕

2011 年 6 月，协会第五次会员大会的召开拉开了创新发展的序幕，会上提出协会未来要着重提高自律规则的执行效力，加强自律管理力度，实现协会“归位尽责”，要把握证券业发展机遇，推动行业创新发展。2012 年 10 月，根据《国务院关于第六批取消和调整行政审批项目的决定》的有关规定，保荐代表人的注册和变更执业机构登记工作今后将由中国证券业协会进行自律管理。证券业协会能够充分发挥行业组织在人员资格管理和行为监管方面的自律功能，将保荐代表人纳入证券从业人员管理体系统一进行管理，推动市场诚信建设和各方归位尽责。2013 年 3 月 15 日，中国证券业协会发布《证券公司私募产品备案管理办法》，推动私募市场的建立。2013 年 8 月 13 日，发布了《证券公司创新业务（产品）专业评价工作指引》，引导证券公司业务创新。

（2）创新发展推进期（2014 年 5 月至今）：推动行业自主创新

2014 年 5 月，国务院发布了《关于进一步促进资本市场健康发展的若干意见》（简称新“国九条”），证券业协会组织会员单位进行了学习，并提到协会将按照新“国九条”的要求，进一步推动证券经营机构实施差异化、专业化、特色化发展，推进各证券经营机构的自主创新。中国证监会发布《关于进一步推进证券经营机构创新发展的意见》后，协会在 2015 年 3 月修订发布了《证券公司信息隔离墙制度指引》，进一步优化证券公司信息隔离墙制度体系，为经营机构的创新发展提供保障。

在创新发展阶段，证券业协会在政策方针的指导下，不断创新工作理念和思路，提高服务质量，健全体制与机制，加强自身建设，为行业创新发展提供了必要的保障。

六

在序言里林林总总写了许多，可能有一些人看烦了，不想看了可以翻页。不过如果能够结合我介绍的资本市场历史，再去阅读一下市场中的老校友、老专家、老领导对证券历史的口述，可能体会更加深刻。

因此，我要感谢为资本市场口述史提供大量宝贵资料的朋友，他们之中的许多人是资本市场的老兵，他们参加了我国资本市场的设计，参与了我国资本市场的建设，功不可没。

在此，我要感谢深圳理想投资股份有限公司对中央财经大学证券期货研究所多年的支持，我还要感谢为序言提供新数据的博士以及与我们共同进行证券监管历史研究的合作单位，感谢你们提供了许多关于监管的历史资料。

最后，我要感谢中央财经大学金融学院以及校友们，感谢你们的大力支持，才使我们实现了一个多年的小小夙愿！

2024 年 5 月 4 日

目　录

辑一　印　迹

辑二　情　怀

辑三 感 悟

辑四 论 道

辑一

印迹

我的五十年金融生涯和感悟

沈若雷 *

一

我父亲当年认识了我母亲，母亲是马家的大小姐。当时我外公家是开杂货店的，算是比较富足的人家。马家在当地的百姓家是第一大姓。我父亲写得一手好字，那个时候朱家角的好多招牌都是他写的。我就是出生在这么一个小镇上，也算是书香门第。在这样一个家庭的熏陶下，我们全家都比较善良、真诚，也比较正直。我母亲是一个非常慈悲的人，也就有好多的朋友和亲戚过来。我就是在这样的家庭教育下成长起来的。

我父亲在上海虹口的一家叫上海厚诚公司的企业担任高级经理，与我舅舅在同一个单位。我舅舅是这个公司派驻香港的总经理，专门做出口业务。我舅舅是一位爱国人士，虽然他被派驻香港，但在 1949 年新中国成立前，从香港回到了内地。那时是四行两局，四行就是中央银行、中国银行、交通银行、农民银行，两局是指中央信托局、邮政储金汇业局。我舅舅在交通银行和中央信托局工作过。

我舅舅没有小孩，把我当儿子一样对待，非常希望我能够多陪陪他。我 5 岁到了上海，住在皇后区，就在溧阳路、宝安路一带，在那里度过了童年、少

* 沈若雷，中央财经大学 1962 级金融专业本科。

年，一直到考进大学，再到中财大。我高中毕业是 1962 年，那时刚刚经历了经济困难时期。当时大学考试比较难，录取比例也比较低，我这个班 50 个人只有四个人考上了大学。

到了高考填志愿的时候，因为我有 500 多度的近视，所以理工科的门类填报受限制。不过我从小就喜欢读古典文学、现代文学、外国文学，对理工科就不是那么喜欢，在这种情况下，我就选择了报文科类。但是那个志愿表我也不知道应该填什么好，就去问我舅舅。他看了半天，说："我建议你去读中央财政金融学院金融专业，建议你报这个学校为第一志愿。"我问金融是不是搞金属熔化的呢？那时候我没有一点儿金融的概念，不仅是小孩子没有，连大人也没有，大家对金融都没什么概念。那时是计划经济，不知道什么金融，只知道财政，认为财政就是取取钱、贷贷款什么的。于是，舅舅就开始给我解释，金融不是搞金属熔化的，也不是搞研究的。简单地讲，金融就是做银行、保险、信托工作的，资金融通。经过他这么一点拨，我恍然大悟，我也蛮喜欢做银行工作的。但是没有银行系，也没有银行专业，只有金融系。他说："你就读这个系，读这个专业，把它报为第一志愿。"就这么歪打正着，在舅舅的指点下，我走上了金融行业的道路。

感恩我的父母，感恩我的舅舅，也感恩中财大，培养了我，让我走上了金融之路。我从事金融工作已经超过 51 年了。我是 1968 年毕业的，本来应该是 1966 年底毕业，但是从 1966 年 5 月开始，一场"文化大革命"把整个社会秩序给打乱了。我们这些 66 届的毕业生，被耽搁了两年，一直到 1968 年才真正走上了工作岗位。所以我毕业于 1966 年，开始工作是在 1968 年。

从 1968 年到 2019 年，51 年的金融生涯里有很多故事，有美好的回忆，也有教训、经验、感悟。

二

说到我们这所学校，可以说当时条件不是很好。它是在中央财政干部学校和中央金融干部学校的基础上合并建立起来的，归属财政部和人民银行总行管理。当时学校规模比较小，每年招 300 人，共三个系，财政系、金融系、会计系各 100 人，人数最多的时候全校学生就是 1000 多一点。后来金融系又增加了国际金融专业，每年多招 100 人，这样加起来也还是 1000 多人。校园当时就是四个像四合院一样围起来的院子，中间是喷水池。院子里种了不少的芍药花，树木多为洋槐树，长得很高大，夏天的时候知了在树上叫个不停。整个学生居住的区域是一个大的四合院，环境比较好。有一个教室叫“第一大教室”，这个建筑现在仍然保留着。那时候金融系上课往往两个班合在一起上，一个是六一班，一个是六二班。

当时学校虽然面积小，但规格还是蛮高的，学校的几任院长、副院长都是在中国经济界、财政界、金融界非常有影响的人物，一般都是财政部和人民银行原来司局级以上的领导。我读书的时候院长叫陈如龙，是财政部原副部长。他平易近人，非常重视实务教育。学校聚集了一些非常好的教师，这些教师对我们的培养教育起到很大的帮助作用。最有名的教师是刘光第、张玉文、俞天一和王佩真，这是当时我们这些学生认为最好的教师。刘光第是政治经济学的教授，张玉文是货币与银行学的教授，俞天一是工商信贷方面的教授，王佩真是金融学方面的教授，这四位老师对我们的帮助和影响最大。现在除了俞天一老师还健在外，其他三位老师都仙逝了。感恩他们，没有他们的教导和培养就没有我们的今天。这些老师不但教书本上的知识，还教一些实务，更教我们做人的道理。所以，讲到我们这所学校，我觉得最好、最重要的是学校的风气，那就是学校所具有的团结、进取、爱国、奋进精神。

我们这个金融班是非常好的一个班集体，当时有 50 名学生，现在健在的有 41 个人，故去了 9 位。这 50 个人当中大部分是搞金融的，始终为国奋斗，为祖国的金融发展作出了贡献。所以说，学风很重要，校风也很重要，我们学校坚持爱国主义教育，教学生善良、报国、勤奋、努力，始终把事业放在第一位。这使我们在校期间得到了最好的思想教育，掌握了扎实的金融理论。像张玉文教授毕业于北京辅仁大学经济学系，与王光美同志是同班同学。她的金融知识非常扎实，培养了大量的金融高才生。她已经故去了，如果现在她在的话应该近 100 岁了。现在很多大学生毕业了不知道应该怎么做，而我们这些人毕业了就会做金融实务了，就会在金融机构很熟练地开展工作，这是中财大的一个传统，这些年来这条路仍然坚持，就是比较重视实务教育。我觉得这个是一所大学应该坚持的，教书育人，不光是教书，还得讲实务知识，还要学做人的道理，这是中财大坚持的方向。

1968年正值“文化大革命”期间，这场史无前例的“文化大革命”冲击到了方方面面，触及了每个人。在这样的历史条件下，我们毕业了。当时金融系毕业生是100人，其中有四个人不能去报到，两个人去浙江单位，一个人去北京单位，一个人去甘肃单位。浙江单位是中国人民银行浙江省分行；北京是中国科学院哲学学部；甘肃是中国人民银行甘肃省分行，这四个名额就取消了。正在这个时候，国防科委第五机械工业部来要学生，是关于国防和保密工程的，应该是制造导弹方面的，当时他们要四个人，这四个人一定要出身好、政治可靠，如果有一点污点就不能要。后来就找了四个人，包括我和郭良勇，他后来是浙江证券的董事长，还有董贵金和北京人李慧珍，就把我们这四个人先定了下来。当时是有争论的，为什么定了我们四个人？当时国防科委态度很明确，看成分、看表现。因为我父母都是共产党员，共产党员是最可靠的。还有就是谁到上海、谁到浙江、谁到甘肃、谁到北京的问题，我写了一封信给班主任刘春阳，她还健在，90多岁了，部队转业回来的，很讲原则。我说，这四个人当中有两个上海人，两个北京人，根据离家近的原则，两个上海人应该到浙江，两个北京人应该留在北方。后来分配基本听取了这个意见。之后，其他96个人全部分配出去了，大部分集中在贵州、云南、广西、甘肃、新疆、青海，最好的地方就是湖北、江苏、四川，基本是在县城，没有到大城市的。

我们四个人被分配到国防科委五机部，后来五机部搞两派斗争，造反派一看来的都是保守派，就不要我们，于是就把我们四个人名单取消，退回到学校了。后来我们去找老师，怎么办呢？开始我们四个人是优先分配的，现在变得没有地方去了，学校给浙江省分行打电话，说这两个人不能退，这是国家给的资格，是列入国家人才分配计划的，你们不要了这两个学生就没地方去了。又给中国科学院哲学学部去了信，给甘肃人民银行去了信，后来四个人保留下来了。这就派生出了一个问题，谁到北京、谁到甘肃、谁到上海、谁到浙江杭州，都是省级单位，96位学生当中没有一个是分配到省级单位的，只有我们这四个人去了，也算是歪打正着吧。最后，我和另一个人被分配到浙江省分行。从此，我在中国人民银行浙江省分行开始了第一份工作。

三

我讲四个故事。

第一个故事，我是怎么进入这个领域的。我是 1992 年到的上海，担任中国工商银行上海市分行行长、党委书记。工商银行上海市分行静安信托营业部成了整个资本市场的一个新起点，第一张股票就是在静安支行的静安信托营业部发行的，俗称大飞乐，股票代码 00001 号，上海飞乐音响股票 00001 非常有纪念意义，赠送给当时的市长朱镕基同志留作纪念，这也是新中国成立以来的第一张股票。

1992 年我到了上海市分行，当时证券发展逐渐地清晰起来，股民越来越多，在这样的阶段，光靠一个营业部是不行的。我们就向上海市政府汇报，建议成立一个证券公司，当时就起名为申银，因为有工商银行加入，申是代表上海，银是代表工商银行，所以叫作申银证券公司，上海市政府非常支持，而且各方面开绿灯，并指定财政支持，这很不容易。财政作为第二大股东，工商银行就是第一大股东。这样我就兼任了第一任董事长，董事就由财政和工商银行出任，基本上就是两个大股东，没有其他的股东，我们工商银行占 60%，财政占 40%。

上海申银证券公司是新中国第一家证券公司，第二家是上海万国证券公司，申银和万国当时平起平坐，是国内数一数二的大证券公司。到了申银以后，我担任董事长，就要物色谁来出任总经理，要把这个班子搭起来，这是最重要的一个团队，成立一家证券公司要有证券公司方面的团队，工商银行这方面没有基础。物色来物色去，看中了一个人——阚治东，这个人在新中国的证券市场有他的一笔，也是一个传奇式的人物。他身上有很多很多的故事，由他出任了第一任总经理。他到日本学习过，在野村证券专门学证券。这个人现在看来是选对了，他有过这段学习经历，有这方面的基础。领导班子要配套，不仅要有行政领导，还要有把握政工方向的领导。当时选拔了工商银行上海市分行专门管干部工作的一位同志，政工处的干部科科长姜国芳，由他担任副总经理。一个管业务为主，一个管行政、政工为主，最后还需要有一个管财务的。我就物色了工商银行南市支行的缪恒生，会计科科长，熟悉财务和会计，他担任第二副总经理，这样就把他们三人搭成了一个班子，成为一个管理团队。

我外出工作时就把这个管理团队带出来，他们出去做大的活动我都一律支持，能够参与的我就去参与，每次出去之前都讨论好大致方向和方针，我不做具体工作，但做总的把关，方向要掌握好。碰到一些重要的问题，比如说要去市政府汇报，要争取市政府的支持，到宝钢这样的大企业去做工作，到上海氯碱总厂去做工作，到浦东新区去做工作等，这些都是我亲自去。一般的具体事情我不过问，放手让他们去做。做错了，我要批评他；做对了，我要表扬他。比如到四川去做都江堰那个企业的上市，都是我跟他们一块去的，与企业所在地的省政府、市政府和有关金融单位一起商量，都是带着阚治东、姜国芳和缪恒生一起去的，住在同一个酒店，做同一件事情，所以建立了比较深厚的友谊。

后来又增加了中央调下来的李明山任第三副总，这样，一正三副。管理层还有两位老同志——都是静安信托营业部当时的经理和副经理，一个叫王贵显，一个叫吴传全，这两位老同志在上海的证券市场都留下了他们浓厚的一笔，是有功之臣，是第一只股票的发行人。这两位老同志在这个班子里面做老师、做顾问，当时四位老总年纪都很轻，所以有两位老同志带他们四位年轻的，就把申银的价值带起来了，有年老的、有年轻的，有政工干部，也有从中央调下来的，这就决定了这个公司的业务会开展得相当好。选拔干部是很重要的，这个班子搭建起来，我负责指导方向，把把关，具体的都是他们做，有明确的分工——整个行政领导阚治东负责，政工管理方面姜国芳负责，财务方面缪恒生负责，业务方面的开拓由有政府部门工作背景的李明山负责。我很开心的是这四位都工作得很好，现在都健在，都已经退休了。

这四位为我国证券事业都作了大贡献。我是工商银行上海市分行第二任行长，兼任上海申银证券公司董事长，在我培养的人当中，工商银行也好，申银证券也好，都没出过大问题。所以我讲的第一个就是怎样培养班子成员，怎样搭建公司架构。这是我做的一些工作。

四

第二个故事，经历了一场大的金融风波——“327 国债期货”事件。“327”是国债期货合约的代号，发行总量是 240 亿元人民币。时任万国证券公司总经理管金生预测的兑付价格在低于市价 147—148 元时，万国证券成为市场空头主力。而中国经济开发信托投资公司（简称中经开），隶属于财政部，是多头主力。管金生为了维护自身公司利益，1995 年 2 月 23 日下午 4：22，在收盘前 8 分钟时，大举透支卖出国债期货，做空国债。万国证券亏损 16 亿元。当时万国的公司规模不太大，16 亿元伤到公司的骨子里去了，万国拿不出 16 亿元，在 2 月 24 日那天（礼拜五），发生了挤兑万国营业部的事件，各个营业部都发生了挤兑。挤兑是什么概念？就是大家都要来取款，因为你损失了 16 亿元，民众放心不下，担心放在万国账户的钱，所以纷纷来取款，在门口排长队等着取款。万国面临挤兑的风险，还好那天是星期五，营业到关门，周六、周日不营业，有两天时间可以商量对策。

这件事情引起了上海市政府的高度重视，在 2 月 25 日紧急召开了一个经济会议，参加的人很少，有徐匡迪市长、王丽萍副书记和管政务的专家，还有计委主任韩正，其他还有证管办的杨祥海主任、人民银行副行长林毓琍、浦东发展银行行长裴静芝、公安局局长刘云耕、计委副主任程静萍，还有一个计委办公室的副主任和我。

主持会议的是徐匡迪市长，他说："今天找大家来研究怎么解决万国的挤兑问题，股民纷纷到万国各家营业部去取自己的投资款。这是个重大的事情。我们要把万国和管金生区别开来，管金生是管金生，万国是万国，不能相提并论。管金生是多行不义必自毙，他与中经开对着干，现在损失了 16 亿元，这是管金生的错误。万国是一家证券公司，它背后有几百万股民。"他说："管金生是咎由自取，是他个人问题，但是不能让万国背后的股民们受损失，所以我们要救万国，不是救管金生。"这话讲得非常清楚。

然后，他请大家发表意见，其实意思就是怎么来挽救这个局面？怎么使整个上海滩能够保持一个稳定的金融环境和良好的局面？怎么防止出现一场大的挤兑风暴？就怕发生在万国证券的挤兑，如果我们处理得不好，它会蔓延开，会影响到其他证券公司，其他证券投资者也会失去信心，也会发生挤兑。同样，证券公司的挤兑，如果波及其他银行，银行也出现挤兑，那对上海滩的金融环境是个极大的破坏，会造成重大的金融危机。

浦东发展银行裴静芝行长第一个发言，他说："现在证券的资金多集中在工商银行，工商银行是唯一的清算行、存款行，要救只有工商银行来救。"

这时我就得发言了，我说："当着这么多领导的面得说'是的'，工商银行的清算工具在同行业中比较先进，所以承担了所有证券资金的清算工作，所有证券公司都在工商银行开立账户，由工商银行进行清算代理结算。但现在的情况，不是讨论这个业务应该归谁不归谁的问题，他在这个场合这么说是不对的。今天要研究的是怎样来挽回这个局面。”我说完后领导们都非常赞同。我也明确表示了一个态度，工商银行可以出手相救，可以把这个挤兑的问题平息下去。

我接着说：“正好今天是礼拜六，还有一天可以调动资金，调度资金的余地还有。但是要工商银行一家相救的话，得具备三个条件，以此为基础我才能够出手平息这个事情。第一个条件，请市政府给我下达一个任务，为了金融稳定，希望工商银行能够在万国出现危机的情况下，帮万国处理挤兑的问题，我不能自己决定做这个重大的事情。第二个条件，我们是专业银行，不是中央银行，这个事情涉及中央银行的管理，中央银行要允许工商银行出手相救，要给我一个指令。市政府有个指令要求帮助处理这个问题，人民银行也要有个指令我才能够去处理这个问题，去帮助解决危机。这两个指令是先决条件，不然工商银行自己决定去干就超出了我的能力范围和法规。第三个条件，就是必须要有抵押，我拿资金出来帮助万国，万国要有足够的资产抵押到工商银行，这是贷款的原则，也是融资的原则，不能把万国救活了，最后搞垮了工商银行上海市分行，这个我也没办法向国家交代。我可以给万国证券支持，但它必须拿出抵押物放在工商银行上海市分行，一旦万国出大问题的时候，工商银行还能够收回抵押物，避免工商银行的损失，毕竟工商银行的损失也是国家银行的损失。”具备上述三条，我表态可以支持，这三条缺一不可。

最后，就我提出的这三个条件展开讨论。计委的同志表示，应该支持工商银行提出的条件，给一个指令。人民银行的同志顾全大局，也比较尊重地方领导，最后也表示支持。这两个条件具备了，我答应了。会议就这样结束了，也定下了这个原则。

当天下午，我就派工商银行上海市分行计划处处长刘向东处理此事。当时，刘向东与管金生商量抵押品抵押的事儿，要解决挤兑问题，需要准备 10 亿元人民币，10 亿元人民币要一个一个营业部分发下去，礼拜天给付，礼拜一上午开门的时候每个网点都有足够的资金给他们提。还好，有礼拜六、礼拜天这两天的准备时间。当时商量的是 10 亿元人民币，要有 15 亿到 16 亿的抵押品，不能一比一抵押，万一贬值了呢？用什么抵押呢？我当时定的原则是，第一是房产，他的办公大楼全部抵押。凡是有产权的都抵押了，但这个算起来也不到 5 亿元。如果有国债最好，企业债券我们不要，但是国债也只有两三亿元，还有七八亿元怎么办呢？股票，我挑里面好的股票，不好的股票不要，不要垃圾股。送了第一百货、陆家嘴等，这样就抵押了 15 亿元。最后的程序是由计划处处长刘向东跟管金生两人共同签字。

通过礼拜六、礼拜天的协商，一直到礼拜天晚上，管金生的字还没签下来。他觉得是把一个公司卖掉了，在他的手里没了，把最好的资产都拿出来了，房产没了，好股票也没了，将来他怎么生存？当时我态度很明确，你不抵押，我资金到不了位，如果你签了字，礼拜一保证资金全部到你的各个营业部。最后在 12 点整，也就是 2 月 26 日的晚上 12 点整，在万国大厦管金生的办公室，管金生签字了。他也觉得不签不行，第二天的局面控制不好，那将是一场大动乱。

到第二天 10 点钟开门，各个营业部全部资金到位，每一个要取款的人取 3 万元给你 3 万元，取 10 万元给你 10 万元，信心有了，开始排队，后来不排队了，恐慌心理消除，这样就平息了万国的挤兑风险，也稳定了上海的金融资本市场，稳定了金融秩序。

当时股民们知道背后是银行在支持吗？不知道，这个不能对外说，知情的只是市政府的一些决策人，非常小的范围。我是贯彻人，去执行的人。我手里拿着股票，拿着房产证，股票是实的，就算跌掉 1/3，也是足够的，因为是 15 亿元的抵押品，结果只用了 5 亿元资金，还有 5 亿元资金没有动。我保护了我们自己，也保护了工商银行的利益，就用 5 亿元资金解决了一场挤兑风波。

接下来讲申银证券和万国证券的合并，这次合并我起了主要的作用。当时第一个风波平息以后，万国没有救回来，毕竟大伤元气，没有挤兑是好的。但是它要再有大的动作、大的发展就很难了。在这个时候，上海市计委找我谈话，提出工商银行跟申银办得比较好，万国出了这么大的问题，能不能讨论一下万国跟申银的合并，两家合，就少了一个竞争对手，扩大了干部力量，这个合并应该是一个强强联合。

当时做我工作的人就是市计委主任韩正。之前我跟韩正建立了非常好的工作关系。他希望做做工作，让工商银行把万国给收购了。我说，这个事情我要申请工商银行总行，后来我就根据他的要求打了报告给工商银行总行，当时张肖行长亲自来调研，看后表示同意。

我们在 1996 年完成了对万国的兼并，成立了申万证券。1996 年，国家下发文件，现任银行行长不能兼任证券公司董事长。这样，我就辞去了申万的董事长，让我们工商银行退休的德高望重的原副行长夏弘宁担任，他原来当过上海市蔬菜公司的总经理，是从财贸口转到银行的。他是夏丏尊的孙子。夏弘宁是申万合并以后的第一任董事长，申银万国证券公司董事长。

申银和万国的合并，我做了大量的工作，既要做申银方面的工作，又要做万国方面的工作。业务的主要竞争对手，互相是有成见的，要把两支力量拧在一起是个难事。我把大家请到香港一起坐下来谈。当时管金生已经辞职了，高国富是董事长，主持工作的是副总王培君，还有一位女同志，姓李，是书记。申银的这边是四位领导。大家一起在香港讨论怎么实现合并。申银和万国两方坐在一起讨论多次，最后合并，原来的职务能够保留的尽量保留，董事长由夏弘宁担任，总裁还是由申银的阚治东担任，副总裁王培君，姓李的那位女同志任副总裁。高国富调到上海久事公司去当总经理。合并起来的两家在思路和风格上有很大的不同。比较有开拓精神的是万国；比较守规矩、谨慎的是申银。但是我觉得不是坏事，大家互相补充，学一点他们的开拓精神，保持原有的一些必要的谨慎，防范风险，所以申万合并以后就没有出过大问题。

五

第三个故事，是我的一句名言：成也证券，败也证券。为什么说成也证券呢？我在担任工商银行上海市分行行长期间，对证券做了大量的工作，成功吗？是成功的，平息了一场证券市场的挤兑风波，避免了上海滩出现金融危机；成功地把两家大证券公司合二为一，形成了当时最大的证券公司，我还是申万唯一一位名誉董事长。

败也证券。1997 年 2 月，当时我正在北京参加全国工商银行分行行长会议。朱镕基副总理参加了这次会议。当时他坐在主席台最中间，他的右手边是中国人民银行行长戴相龙，左手边是中国工商银行行长刘廷焕。我坐在下面分行行长的位置，中间第一排。朱镕基开始讲话，他点了七位分行行长的名字，其他六位行长他叫不出名字，唯一叫出名字的就是我。他问道：“上海分行行长沈若雷同志，来了没有？来了就站起来。”我就站起来了。他说你好大的胆子，你支持发放汽车按揭贷款，你向我汇报过吗？这个时候我怎么说呢？我的级别是分行的行长，我不可能直接向国务院副总理汇报我的工作，这是违纪的。现在汽车按揭贷款都已经非常流行，可在当时是非常超前的，当时的业务发展水平比较低下。我是提前打了报告，工商银行总行没权批，又把报告上报给人民银行审批，人民银行总行经过研究后，同意工商银行总行的报告，批准上海市分行作为试点推行汽车按揭贷款，然后工商银行总行再批准工商银行上海分行政策司办汽车按揭贷款，所以我们这样做完全合理合法，一步一步都是走过程序的。但是在这样一个场合，我没有勇气说我是经过工商银行总行批准的，我更没有勇气说这是人民银行总行批准给工商银行的。作为一位分行行长，我没有这样的权力，也没有这样的资格去这样推，所以我不能讲。后来朱镕基副总理看我也不回答，也不申辩，就说："你坐下，也不会因为这个事情撤你的职。"总理说完这句话我就不懂了，怎么涉及撤职的事情了。

我们当时都蛮艰苦的，到了晚上，就住在工商银行总行的招待所，这个招待所的条件蛮普通的，有个乒乓球房，我喜欢打乒乓球，这个乒乓球房在地下室。那天鬼使神差，我脑子里一直在想，今天怎么会点我的名，朱总理怎么会认识我？我也没有跟他共过事，我也没有在他当市长的时候在上海工作过，他怎么会了解到按揭贷款是我弄的？一连串的问号，想来想去想不明白。我到地下室去找乒乓球室，地下室有个玻璃门，没有贴任何标志，我就一头撞上去了，撞得满脸是血，把鼻骨都给撞坏了。后来，办公室主任郑志光把我送到解放军 301 医院，医生说鼻子不能上石膏，只能采用胶布固定位置，用长条纱布塞满两个鼻孔，固定鼻子，很难受，呼吸完全靠嘴巴。我躺在床上睡不着觉，12 点钟来了一个电话，单位值班室打进来找我。银行行长最怕半夜里打电话，准没好事。我不能接，也不能说话。是办公室主任接的，听完了他告诉我，值班人员报告，今天国务院联合调查组进驻工商银行上海市分行，中国人民银行、审计署、财政部、国家计委四个单位组成联合调查组，以人民银行为主，调查组的负责人叫谢平。这个调查组进驻，我就觉得不对了，工商银行一直都是平平安安的，怎么会有国务院调查组来调查？这个时候打来这个电话，上午又是总理的点名批评，我一晚上没睡着。这事对我打击太大了。

后来调查组认定，工商银行贷款给申银万国证券公司，支持申银万国证券公司炒卖股票，抬高股价，还发放给其他证券公司贷款，起到了推波助澜的作用。调查组其实是把证券的代垫头寸算作贷款，认为是骗钱。因为工商银行是唯一的一家证券资金存管单位，各家证券公司都在工商银行开户，万国的、申银的、海通的，互相之间有一个资金的来往，对 T+1 到不了账的资金，发出的在路上的资金，在证券公司账户外面，工商银行是把这部分资金作为银行贷款给证券公司。当时把查处的这个方案报给国务院办公会议，办公会议决定要处分工商银行上海市分行的行长，因为这个代垫头寸的事是贷款，算下来一共是 146 亿元人民币，本来银行是算余额数的，但他们算的是累计数，说是 1996 年整个一年当中，发生了 146 亿元的代垫头寸款，这一年下来是 146 亿元，平均每天几千万很正常。说 146 亿元支持证券公司去买股票，这吓死人的。每天垫 3000 万元、4000 万元、5000 万元，一年下来 146 亿元。办公会议决定还要处分证管办主任杨祥海、工商银行上海市分行副行长、海通证券总裁李慧珍和申万总经理这四个人。

后来是工商银行总行行长跟上海市委副书记两个人找我谈话。先是肯定我一直以来对上海市作的贡献，以及我做的很多工作。接着说这件事情，他们说上面已经定了，你有什么想法？我谈了几点想法：第一，这个事情本身不是工作上的失误，不是我本人的错误，是一个工作程序，代垫头寸不是贷款；第二，我没有参与过任何把股市价格抬起来这样的活动；第三，既然国务院办公会已经定了，我坚决执行，对我的处分我坚决服从，但是请处分我一个人，对我所有的部下，包括上海市分行的副行长、计划处处长以及营业部的总经理，这些人都是没有责任的，他们都是为了工作，没有他们的任何责任，不应该让他们来承担这件事的责任。他们问我有什么希望和要求？我说：“我唯一的希望和要求是，虽然我会离开现在的位置，由市政府安排去做其他方面的工作，但把我的组织关系、行政关系放在我工作了 30 多年的工商银行。”他们都表示同意。我说我将来退休也就是在工商银行退休，我对工商银行是有感情的，因为毕竟工作了这么长时间，我没有到其他单位去工作过，这是我唯一的一份工作。

最后，他们要求我推荐一下接任人选。当时我说，在我们的班子里，德才兼备的、政治业务能力强的有一个人——吉晓辉，他可以接任。他们问我，他现在什么职务？那时吉晓辉刚从行长助理提拔为副行长。他们说不行，现在需要的是正行长，如果是刚刚提上来的一个副行长马上就任正行长，尽管业务熟悉，但锻炼得不够。工商银行上海市分行是个大行，现在一下子接任就有问题。

他们问我有没有其他的人选，说你再扩大点思路。我说我们原来的副行长兼浦东分行行长姜建清，具备接任的两个条件，但是他已经在前两年调到上海城市合作银行（就是后来的上海银行）任行长了。我于 1997 年 6 月调离工商银行上海市分行。组织上经过考察，任命姜建清为工商银行上海市分行行长，两年以后姜建清调任工商银行总行副行长，由吉晓辉继任。我对推荐的这两个人都是满意的，也是蛮感动、蛮骄傲的。一个是世界上最大银行的董事长，一个成为上海滩最大银行的董事长、国际集团的董事长、市政府的副秘书长，他们的工作能力强，做得比我好。这也符合历史规律，长江后浪推前浪，一代胜过一代，不然的话，这个时代就不发展了。

六

第四个故事：在香港工作 16 年的经历、经验和体会。

我于 1997 年 6 月被公派到香港，在香港一共工作了 16 年，一直到 2013 年重新回到上海，结束了我公派香港的工作任务。我是受上海市政府的指派，到香港上海商业银行工作。香港上海商业银行的前身是 1915 年诞生在上海的“上海商业储蓄银行”。1948—1949 年这家银行迁离了上海，一部分迁到了中国台湾，就是现在的“台湾上海商业储蓄银行”；一部分迁到了香港，就是现在的“香港上海商业银行”。它们的关系是：台湾上海商业储蓄银行（以下简称“台行”）是香港上海商业银行的母公司；香港上海商业银行（以下简称“港行”）是台湾上海商业储蓄银行的一家独立核算的子公司。港行原来有两个股东：台湾的上海商业储蓄银行占 80%；美国的富国银行（Wells Fargo）占 20%。

这 16 年是我一生金融工作最好的实践。从原来的社会主义商业银行到了资本主义的商业银行；从原来境内的一套商业银行的做法接触到了境外商业银行的做法。对我来说，知识面更加丰富了，得到了更多的社会主义商业银行和资本主义商业银行各方面的实践经验。我非常珍惜这 16 年的境外工作经历。我参与了整个台行、港行和上海银行三家银行的互相交流、友好往来和密切合作，并由我策划和积极推动，建立起了三家银行 16 年非常密切的战略合作关系。

香港是国际金融中心之一，有非常健全的金融管理办法、健全的上市公司规则，特别是国际金融基础非常好。它的资本市场比较健全，世界排位居前。

在这16年中我也经历了许多波折，许多金融变化，包括几次金融危机等。香港地区的金融市场基础好，金融管理当局、证券市场、证交所的管理都比较健全。我对证交所的游戏规则和它的整个程序都有比较深刻的理解和体会。总的看法是：香港地区的资本市场管理和运作比较健全，它会关注上市公司动态，一旦发现上市公司、股东、股票交易有异常，或者发现经营有问题，它会非常快地发出指引，主动和有关上市公司联系，这一点是内地需要加以借鉴和学习的。上市公司需要监管部门监督、关注，及时发出询问、指引，有的要上市公司作出书面回答。上市公司董事会，包括独董，都要对指出的问题逐一回答，这是市场运作中很重要的机制。它较好地坚持了一个准则：上市公司合规经营。上市公司一定要按规则办事，谁都不能例外。我在一家上市公司担任独董的时候，证管部门会主动打电话，询问情况并要求回答。我们的监管部门需要在这方面不断加强，对上市公司紧密关注，发现苗头，就把问题解决在萌芽状态，这比出了问题再去纠正、再去查办要好得多。我的另一个体会是：香港非常重视从法制和会计制度方面去约束各家上市公司，以至于约束各个单位，所以在香港办一个公司，特别是上市公司，离不开两个重要的岗位，一个是律师，一个是会计师。公司的日常运作、中报和年报的产生、很多问题的解决等都离不开律师和会计师。会计师还要负担审计工作，非常重视审计工作，审计后的年报才能够上报、发公告。我们做得不那么严格和规范，今后需要加强资本市场管理，在两个“师”上去努力，加强公司治理、加强各项业务管理、加强风险控制、加强法治建设。

我是1997年6月过去的，之前市政府主要领导、人民银行组成了一个谈判小组，同台湾、香港方面谈判，怎么让台行中的上海股东能够享受到股东权利进入董事会呢？谈判成功，于是1997年6月我就过去了。我过去了以后，港行原来的80%和20%的股份就变为上海市政府委托的公司占有22.4%的股份，台行的股份从原来的80%减少到57.6%，美国的富国银行仍保留20%的股份，三大股东共同管理香港上海商业银行。我出任上海方面委派的董事，并成为港行行政委员会五人小组成员，重大决定和问题由五人行政管理委员会来决定。当时这个董事会应该说是由我所见到过的非常有威望的人士组成的，年龄都比较大，我是董事会中最年轻的一位。董事长是90岁的老先生史宝楚，我们曾笑说他是世界上年龄最大的银行董事长。他非常敬业，勤勤恳恳，每天都坚持上班，那种敬业精神我至今印象深刻。他既是董事长，又是行政总裁，又是银行的总经理，三个重要职位“一肩挑”，非常不容易。董事会成员里有荣家的后代，因为港行和台行的创始人是陈光甫先生，他是中国近代史上非常有名的一个人物，他背后的有力支持者是荣宗敬，是荣家的长子。荣宗敬的儿子是荣鸿庆，他是台行的董事长，又是港行的董事。荣鸿庆的儿子是荣智权，既是台行的董事，也是港行的董事。除了这几位以外，其他港行的董事也是非常有名望的、在社会上非常有影响力的人物，其中有安子介先生、邵逸夫先生、李荣森先生（香港利舞台的老板）、田长霖先生（美国著名华裔科学家）、李庆言先生（新加坡航空公司董事长），还有查懋德先生（查家也是非常有名的一个大家族）。我们这些人组成了港行董事会。还有一点，我们开董事会讲上海话，荣家的人、安子介、查懋德、邵逸夫都是一口上海话，境外银行用上海话来开董事会，这也是非常难得的。

在与他们的相处当中，我既要维护祖国的利益、维护上海的利益，同时也要和他们很好地相处，和他们坐下来求大同、存小异，把这家银行管好。我的体会是，只要本着一颗坦诚之心，为了这家银行的健康发展来共同议事、共同讨论问题，他们是能够接受的，也能够共同建立起一个非常好的工作关系和非常好的朋友关系。祖国利益这个原则不能丢，祖国的地位必须牢牢地维护。求大同，大家都是中国人，都要把这家银行办好，都要保持友好往来、友好关系；存小异，由于制度不同，个人经历不同，所在区域不同，存在不同的界线和处理事务的方法。在求大同的基础上保持个人的特点、看法，允许存在不同的界限。求大同、存小异是面对不同对象应当坚持的一个准则。

我和他们建立了非常好的工作关系和私人关系，像朋友一样地相处，我们可以在一起开玩笑，也可以在一起讨论国际和国内的一些大事。我记得很清楚，就像邵逸夫，他很关心祖国的经济建设、上海的经济建设，经常询问这些情况。他讲得最多的、给我印象最深刻的一句话是“我现在不是想赚钱，我现在想的是怎么样把我这些钱用好、用出去，能够对国家起点作用”。所以，他经常跟我说，他在哪里哪里办了一所希望小学，哪里哪里为大学建造了邵逸夫楼、邵逸夫体育馆、邵逸夫游泳馆等。他为我们国家的教育事业作出了不朽的贡献，他资助的希望小学、中学超过 1000 家。我们一些著名的大学都有他投资的大楼和项目。我觉得他们这些爱国人士，像安子介、邵逸夫、荣家的父子两代，他们对祖国有深厚的感情。港澳人士当中像他们这样有爱国之情的人还是不少的，今后我们仍然要和他们交朋友，仍然要和他们共同为祖国的经济建设、祖国的繁荣富强作出贡献。

从 1915 年的上海商业储蓄银行开始，这家银行就有一个显著特点：追求的理念是为社会服务、为民众服务。它的口号是“做一家小小的银行，为大社会服务，为劳苦大众服务”，这个理念坚持了 105 年，一直到现在。它强调的一是服务优异；二是把管理做好。所以他们追求的首要一点是求好不求大，哪怕小一点也要保持一个非常良好的工作状态，能够为社会服务好、为民众服务好，值得我们借鉴。不是光求“大”，也不是光求“快”，首要的是求“好”。有了“好”，你才能“大”，才能“快”。“快”和“大”要服从于“好”，“好”始终放在第一位。一切工作、一切管理都要求“好”，有了“好”再去考虑逐步壮大，再去考虑速度增快。“快”和“大”服从于“好”，没有“好”不存在“大”，就是“大”了也要出问题，也会垮。“快”也同样如此，有“好”才有“快”，你光“快”不求“好”，你的“快”是无的放矢，你的“快”也会尝到苦果。

综上，我有四个方面的感受：第一点，香港上海商业银行先追求“好”，再考虑“大”和“快”。我觉得这是商业银行应该坚持的道路。商业银行应当严格管理、谨慎操作，这是立行之本。现在香港上海商业银行已经建行 105 周年了（1915—2020）。它是香港地区唯一没有上市的商业银行，没有上市的原因是股东结构不清晰，特别是涉及海峡两岸关系。我在香港工作期间，为了推动港行的上市曾经做过很多工作，包括把三家上海银行——台行、港行、富行建立了一个战略联盟，统一了行服、统一了信用卡的卡式，也提出了一些相同的理念和观点，开通了三个行的律师通道，推动三行开通行长联席会议制度，每年都会召开三个行的行长联席会，也推动建立了有关部门业务联席会，共同讨论落实三个行的合作事宜，我每年都会参加三个行的行长联席会。但是由于海峡两岸关系的一系列变化，也由于股东结构不清晰，所以原来想象的三家银行联合上市的理想计划最终也没有成功，这是我一个很大的遗憾。我觉得这三家银行同根同源，名字都非常相似，也有非常接近的理念，所以我希望今后的董事会能够把这一理想计划做成。上海商业银行许多方面的业务都是从商业角度出发，从商业角度去分析贷与不贷，没有行政命令，是一个非常成功的商业银行。我们国家的商业银行应该坚持用商业的、用商品经济办法管理银行，为社会服务、为企业服务、为人民大众服务，始终把服务放在第一位，去经营、去管理，这样的商业银行才能走上一条健康的、持续的发展道路。

第二点，香港上海商业银行始终把防范风险放在非常重要的位置，始终通过董事会、各个专业委员会把住风险关，重大问题都要经过董事会和行政委员会来集体讨论决策。作为商业银行要时刻防范金融风险、防范贷款风险、防范外汇风险，上海商业银行做得非常到位，风险观念非常强，防范风险的行动非常一致。我进入香港上海商业银行董事会的第二年就发生了亚洲金融危机，这场金融危机来势很猛，以美国索罗斯集团为代表的外国资本势力大量收购股票，然后大量抛售，打压亚洲各国的金融，包括当时的泰国、马来西亚都受到了索罗斯等“金融大鳄”的侵入。中国香港同样也受到了以索罗斯为首的“资本大鳄”的金融打击，也造成了香港地区的金融危机。但是当时香港特别行政区政府、香港金管局、财政司联手对索罗斯的动作进行了针锋相对的斗争。我记得当时各家银行都非常积极地配合香港特别行政区政府的行动，而且这个行动是成功的。当时建立了一个盈富基金，把所有的港股指数和盈富基金 100% 挂起钩来，用盈富基金稳定上市公司股票。我认为，内地也可以考虑建立一个同个股充分挂钩的类似于盈富基金的基金，吸引更大量的股民，用比较稳妥的办法投资购买股票。通过盈富基金组织入市，当时的盈富基金对粉碎索罗斯之流起了很大镇定作用，稳定住了整个股票市场、整个金融市场。当时香港上海商业银行的董事会专门就金融管理局和财政司的一系列指引讨论怎么来积极执行。首先提出来要稳定我们银行自己的存款，支持香港金融当局和财政司来组织资金。在整个 1998 年，香港上海商业银行非常稳定，没有受到金融危机的影响，而且当年的盈利比 1997 年有 20% 的增长，这是相当不容易的。

第三点，要充分保护股东的权益，尊重股东，为股东谋取应有的利润，这也是商业银行经营中必须重视的问题。在我加入上海商业银行的 16 年中，我通过参加董事会和有关的专业会议，与高管层的接触、座谈，一系列的共同调研等，我感受到这家商业银行非常重视股东利益，非常重视保护股东应有的权益，股东权益不断增加，股东分红不断增加。这一点说起来容易，做起来难。不能人家相信你投资你，放了大量的资金给你作投资，投资了你这个企业，投了你这家银行，而你对他们的红利和报酬考虑很少，只考虑怎么扩张，怎么加快发展速度，忽视了一个好中求好、不断增加效益的健康之路。这一点对我们的企业、上市公司、商业银行有非常好的借鉴作用。香港上海商业银行每年都能够拿出40%左右的利润进行股东分红，使股东放心、安心，坚决支持整个管理层。所以，上海方面加入香港上海商业银行以后每年都能够拿到3亿—5亿港元的分红，当时投入这家银行不到20亿港元，从1997年到现在23年的时间，已经将近200亿港元的股东权益了，分红来的利润也好几倍于初期投资。这是一条健康发展的道路。对我们大陆股东来说，在台行的那部分股份曾经占整个台行30%左右的股比，在新中国成立后的50多年时间里，它的股东占比能够做到长期不稀释、长期保持在30%左右，单独记账，每年的分红盈利都计入单独记账的账户上去，这体现了对大陆股东的珍重，体现了对大陆股东权益的保护，难能可贵。后来海峡两岸关系变化，产生了一些复杂因素，所以台行现在单独上市了。1949年到现在70年了，漫长的岁月，现在大陆股东的占比有所下降，股东权益有所稀释，但是我的看法还是保留得比较好。特别是实现了香港上海商业银行的股份让大陆进入，体现了台行对大陆股东权益的充分尊重和保护。我们要充分尊重股东，充分保护股东权益，这是经济走向良性发展，上市公司走上健康、高效发展的必经之路。

第四点，台湾、香港、上海，大家都是炎黄子孙，都是中国人，血浓于水。我们在今后岁月当中应向这个方向去努力、去实践，共享和平、共享繁荣、共享幸福。“台独”必定灭亡，“港独”必定灭亡。我们当时有统一的行徽，这个行徽就是把三地都反映在同一个画面上，有台北的101大楼、有香港的IFC大楼、有上海的东方明珠，把这三地紧密地联系在一起。我体会，只要本着一个目标，我们共同发展、共同繁荣，求大同、存小异，共同努力为推动祖国大陆和港台地区的金融发展、金融交流，推动祖国大陆和港台地区人民大众密切的交往，成为海峡两岸暨香港一家亲作出我们的尝试、努力和贡献。我体会，这是人生的一大乐事，我做了我应有的工作，我感到非常欣慰、光荣和自豪。16年时间过得很快，回忆这16年的往事历历在目，我能够为祖国大陆和港台地区的和平、共同繁荣作出一点有益的贡献，是我一生的大幸。

七

我是在1997年去中国香港工作的，2013年结束了公派任务，回到了上海，正式开始退休后的生活。由于从事了这么长时间的金融工作，对金融部门很有感情，现在自己身体情况还好，几十年的工作积累了不少的经验、资源、人脉，如果不发挥作用觉得有点浪费，仍然可以为国家、为人民作点贡献。

2012 年，沈若雷在中央财经大学香港校友会年会及经济论坛上发表主题演讲

我几十年习惯于做事，如果让我待在家里不做事会非常难受。趁自己现在身体状况还可以，有一定的经历，有一定的思路，所以我退休后还继续在资本市场做一些工作。我与原来的同事——我的秘书单卫东，还有从香港回来的工商银行香港分行的原副行长、工银国际原执行副总裁余宏，筹建了一家公司——股权投资基金管理公司。我们主要的精力还是放在一些好项目的推进上，做一些咨询、财务投资顾问这方面的工作，做了三年多。现在我的工作重心，放在国家最需要的一些行业当中，第一是环保，第二是节能，第三是大健康，重点在做这三方面的工作。同时也在高科技航运技术推广方面做不懈的努力，成立了一家上海舟泰航运有限公司，还有一个上海舟重航运科技有限公司，主要推动航运新技术、新专利落地。我觉得这四个方面都会对我们国家的经济发展、人民健康的需求有一定的促进作用。我觉得这样的生活才更有意义，人生的价值才能得到更多的体现。

忘记年龄，继续努力，为国家、为人民再作贡献！

2019 年 11 月 28 日

（季仙华根据采访沈若雷记录整理）

中国金融期货市场的蛰伏与重生*

贺　强

在国际期货市场，金融期货是占据主导地位的品种，目前全世界金融期货交易的份额在期货市场中的占比达 90% 以上。

1992 年，我国的国债期货由上海证券交易所推出。在短短两年多的时间里，国债期货从冷清到火爆，最终因为“327”国债期货过度投机事件而导致关闭，直到几年以前才重新恢复推出。

1993 年，我国股指期货在海南自发产生，但是“昙花一现”，仅仅存在十几天，就被证监会叫停，之后便陷入了漫长的蛰伏。2010 年 4 月 16 日，中国金融期货交易所股指期货挂牌交易，才重新拉开了我国金融期货发展的序幕。

从“蛰伏”到“重生”，我国金融期货市场发展历经坎坷。直到今天，人们对于金融期货的认识仍然不统一，导致它至今发展缓慢。

然而，有这样一位学者，近 30 年来一直关心着金融期货，坚定不移地支持着期货市场的发展。作为全国政协委员和长期研究我国资本市场的学者，中央财经大学金融学院教授贺强始终关注和研究我国期货市场的发展，曾经向有关部委提交了关于尽快结束我国期货市场无法可依，推出期货法、为股市提供避险工具，推出股指期货、恢复推出国债期货等有关期货市场内容的提案 10 余件，为我国期货市场的发展与创新作出了应有的贡献。

——编者注

---

* 原载《当代中国期货市场口述史》，中国金融出版社 2018 年 12 月版。

我是从 1985 年开始研究股份制，1986 年初曾公开发表了《股份制是社会主义公有制的一种新的实现方式》的论文。到了 1990 年，我国先后诞生了期货市场和股票市场。于是，我把研究的范围自然延伸到我国的证券市场。1994 年，我创立了国内第一家证券期货研究所，重点跟踪我国的股票市场与期货市场进行研究。长期以来，我坚持理论联系实际，发表了大量有关股市与期市的研究论文。

从 2008 年开始，我担任了全国政协委员和全国政协经济委员会委员，连任了三届。在这期间，我共向全国政协提交政协委员提案 77 个，其中关于期货市场的提案就有 10 多个。我不仅关注股票、期货的发展情况，更注意关注和研究金融期货的历史与实践。

国债期货的一波三折

1992 年 12 月 2 日，上海证券交易所（以下简称“上交所”）首次尝试推出了国债期货交易，挂牌了 12 个品种的期货合约。可以说，这是我国最早产生的金融期货。

国债期货上市初期交易十分冷清，上市当天只有两个机构象征性地交易了一口（当时管一手叫“一口”）。到 1993 年 10 月总成交额也只有 5000 万元左右。原因主要有三个：第一，当时的投资者不懂国债期货，因此不敢参与；第二，一般人都认为期货交易风险很大，因此不敢交易；第三，也是最重要的原因，当年股市出现跨年度的上涨行情，投资者的热情都在股市上，于是国债期货无人问津。

（背景：1992 年 10 月，中国证监会宣告成立。当时，股市正处于暴跌之中，为了重振股市，证监会、上交所采取了一些措施，其中包括股票拆细，把原先大小不一的股票面值，统一拆成面值 1 元。在这些利好之下，股市出现了一个跨年度的暴涨行情。股市一直上涨到 1993 年 2 月，沪市涨到 1558 点的历史最高点。2 月 23 日，上海华联商厦上市，开盘价高达 84 元，市场涌出了大量抛售盘，股价被砸下来了。当天上市两只新股，全部暴跌，导致整个大盘被带了下去。从此，股市便进入了漫长的三年熊市。）

国债期货刚刚推出就陷入低迷，与当时的股市连续上涨密切相关。但是到了 1993 年以后，股市持续下跌，使各大金融机构开始逐渐把目标转入国债期货市场。但是最终导致国债期货市场爆发的主要因素有两个：

一个因素是在 1993 年底，上交所为了搞活国债期货市场，调整了国债期货的规则。上交所降低了国债期货交易的单位，把每口相对应的国债从 20 万元降到 2 万元；把保证金比例降低至 2.5%；从只允许机构入场改为私人也允许入场。上交所通过一系列措施，吸引了投资者纷纷入场，国债期货市场逐渐活跃起来。

还有一个因素是在 1994 年初，时任国务院副总理的朱镕基同志提出了今后证券市场要以债市为主的方针。（背景：当时国家财政比较缺钱，但是又不敢多发钞票，多发便会引起通胀，因此当时的策略就是每年大量增发国债。）在这种背景下，国债期货市场大幅暴涨，股市则越跌越深。

机构一开始进入国债期货市场时，还比较谨慎，会分析一些原因来决定国债期货的买卖。但是随着国债期货市场进来的资金越来越多，机构就完全演变成了投机炒作。机构在交易的时候，什么原因都不分析，基本就是赌央行每个月公布的保值贴补率。所有机构都开始预测这个数值是多少，以此为做多和做空的依据。（背景：1988 年，爆发的抢购风潮引发了严重的通胀，通胀率达到 18.8%，为了稳定存款，央行推出保值贴补率政策。在 1988 到 1993 年之间，由于利率下调，保值贴补率曾经被取消。但是 1993 年后，我国又开始出现新的一轮通货膨胀，保值贴补率被重新推出。）可以说，央行每个月公布的保值贴补率成为国债期货炒作的唯一理由。

（背景：1988 年，国家开展价格闯关。当时我们缺乏经验，认为只要把价格并轨，价格统一了，“官倒”自然就消亡了。然而，消息一经公布，老百姓就认为未来价格会大幅上涨，于是开始疯狂地购买商品，商品价格出现暴涨。1988 年的通胀率达到 18.8%。因为抢购风潮和通胀高企，当时银行存款大量流失，同时与高通胀率相比银行存款处于负利率状态。为了稳定存款，央行当时推出了一个政策，叫作“保值贴补率”，就是在正常存款利息上面增加几个点的利息，主要是为了稳定存款。

1988 年抢购风潮后，我国针对严重通胀，制定了治理整顿三年的政策。紧财政、紧金融，政策全面收紧。紧缩政策能够有效抑制通胀，却带来了经济低迷。1988 年全年 GDP 增速 11.3%，到了 1990 年一下子掉到了 3.8%。于是，从 1990 年 1 月开始，货币政策放松，刺激经济。利率由 11.34% 连续下调到 7.56%，引起经济大幅上涨。1992 年经济增长率达到 14.2%，出现严重的经济过热。随之产生了 1993 年以后的严重通货膨胀，1994 年我国的通胀率高达 24.1%。）

国债期货的疯狂与关闭

1994 年，国债期货价格一路大幅上涨，变成了国债期货年。1995 年 1 月 7 日，上交所公布了一个特大喜讯，国债期货当天成交量突破 1000 亿元大关。但是，沪深股市当天成交额总计不到 1 亿元。

期货市场的火爆与股市形成了鲜明对比。这个时候，机构出现疯狂炒作的行为，国债期货市场已经完全变成了“资本的战场”，谁的资金多就能压垮对手，从而获得暴利。而且当时的保证金比例是很低的，个人客户保证金为 500 元 / 口，券商期货参与期货交易的保证金仅为 200 元 / 口，一口合约价值 20000 元。保证金越低，就越容易产生过度投机的风险。

1995 年 2 月 23 日一早，财政部公布要提高 1992 年国债的保值贴补率。因为 1992 年国债利率是偏低的，此举是为了补偿投资者。（背景：1990 年，经济低迷，为了刺激经济，利率从 11.34% 连续下调到 7.56%。但是 1992 年之后，出现了经济过热和严重的通胀，利率从 7.56% 又连续上调到 10.98%。因此，1992 年就成了利率的洼地。当时谁都没有想到，这一阶段的利率上调与下调，就成为三年以后国债期货“327”事件的导火索！）

这个巨大利好一出台，国债期货“327”，即马上要兑付的 1992 年发行的三年期国债期货，立刻被以中国经济开发信托投资公司（简称“中经开”，前身为中国农村开发信托投资公司）带头的多方拼命拉高。国债期货“327”这个品种，一下子从开盘的 148 元拉至当天的涨停板 152 元。当天有我的学生在交易现场，回来跟我讲，中经开当时在场内主管交易的负责人是戴某某，操盘手们都管他叫“老戴”。当时他在现场，就像指挥员指挥战斗一样。他看到空方压出了大量的盘子，他站那把手一挥说：“把它给我掀掉！”于是操盘手就拼命大量买入，此外还有其他很多机构和个人也纷纷跟进。结果，国债期货“327”在一个上午就涨了 4 块多钱，直接打到涨停板。每一口上涨 4 块多是什么概念？就是每涨 1 块钱，空方就损失 200 元。上涨 4 块钱，空方的 500 元保证金就血本无归了，这叫作被打爆了仓！

空方的代表是当时在资本市场叱咤风云，有着“证券王国”称号的上海万国证券。以当时万国证券的情况来看，一旦到期交割，它需要拿出 60 亿元资金，这远远超过了它的注册资本金，因此结局肯定是破产。当天下午开盘之后，多方认为大局已定，操盘手吹着口哨、跷着二郎腿，根本就不看盘了。坐等收盘，梦想着从此过上亿万富翁的生活。但是，谁也没想到，就在临收盘前 7 分零 21 秒，行情突变，国债期货“327”上千万口的空单砸了出来，从 152 元一直砸回到 147.40 元。多方还没来得及反应，收盘了。这个反转出乎所有人的意料，等着坐收渔利的多方投资者一下子从天堂坠入了地狱。

上交所管理层也感到非常震惊，一收盘，紧急召开了一个会议。这个会议非常短，只有 15 分钟，但是异常高效。会议公布了两条决定：一是发现上海万国证券有严重的违规行为，要继续调查；二是最后 7 分 21 秒的交易掐尾不算，维持 152 元为收盘价。就这么一句话，多方又从地狱回到了天堂。收盘前后的大起大落、大悲大喜极大地刺激了投资者的神经，最后以中经开为首的多方彻底打垮了以万国证券为首的空方。这就是震惊中外的国债“327 事件”！后来英国《金融时报》将 1995 年 2 月 23 日这一天称为“中国证券史上最黑暗的一天”。这次事件引起了中央的高度重视。在随后的 5 月 17 日，中央电视台播出了一个新闻，国务院主要负责人鉴于国债期货“327”事件对国际、国内造成的重大恶劣影响，因此决定暂时停止国债期货交易。说是暂停，但一停就停了 18 年。

“327 事件”过后，我们也做过深入分析，为什么国债期货市场过度投机如此严重？可以说原因很多，但我认为最重要的原因有两个。第一个原因是当时现货市场的买卖双方没有形成普遍的套期保值需求。当时都是计划价格，现货价格波动性很弱，没有什么交易风险，国债交易也同样如此。所以，进入国债期货市场的机构目的不是套期保值，而是为了通过炒作来获取巨额差价。因此，它能不过度投机吗？第二个原因是我们产权制度改革没有到位。所有进入国债期货市场的机构都是一个姓，都姓“公”，都是国有机构，那时候金融机构不允许私人开办。他们所运用的资金也姓“公”，都是国家的钱。拿着国家的钱拼不心疼，敢于拼杀，就是亏光了，换一个地方照样当行长和董事长。但是赚了呢？可以提成分红，个人致富。国债期货市场之所以出现疯狂的投机，在更深层次上，就是由于存在这两大原因。

股指期货重启金融期货新篇章

除了国债期货之外，我国最早的金融期货还有股指期货，很多人不知道它曾经在 1993 年短暂出现过。1993 年，我国海南证券交易中心就曾经推出了有关深圳综合指数与深圳 A 股指数的股指期货。当时，在深圳一家证券公司的营业部曾经开通了海南的股指期货交易。但是由于当时的条件很不成熟，被管理层及时叫停了。虽然只存在了十几天，但是它是我国金融市场的一个创新，是资本市场自发的一个萌芽。

在 2003 年，我就指导一名研究生对我国推出股指期货存在什么障碍、应该具备哪些条件等问题进行了研究，并写出了毕业论文。2006 年 9 月 8 日，我国成立中国金融期货交易所（以下简称中金所）。成立后的中金所做了很多金融期货的准备工作，特别是起草了股指期货的交易规则、风险管控、管理办法等，也做了很多模拟交易。但是，成立了好几年，股指期货一直没有被批准。

2009 年两会期间，我提交了个人第一个关于金融期货的政协提案——《关于加强证券市场基础性制度建设，适时推出股指期货的提案》。很多人想不通，为什么我要在爆发金融危机，国际衍生品交易出现很大问题时，递交这样一个提案。当时我国经济增速从 2007 年第三、四季度开始下滑，受国际金融危机影响，一路暴跌。2009 年第一季度，我国 GDP 增速已经跌至 6.1%。在这种情况下，提出有关股指期货的提案，管理层能够采纳吗？

许多人有所不知，我看到在 2008 年股市暴跌的一年中，很多股民被套牢，很多大型机构基金也损失惨重。为什么会这样？就是因为我们当时的股市没有任何一种避险工具，大机构没有任何办法，只能眼巴巴地看着股市跌，眼巴巴地看着基金投资者遭受损失。而股指期货可以作为证券市场的避险工具，可以为投资者规避巨大的证券市场风险，这就是我当时提出适时推出股指期货提案的最主要原因。此外，我还看到，国外的期货交易所在 2008 年的金融危机中不仅没有出任何问题，而且成功地为投资者转移和分散了风险，可以说是危机中的“救命稻草”。衍生品市场引发大危机的原因主要是高盛等美国投行自己推出的场外衍生品出了严重问题。交易所场内的金融衍生品交易是很规范的，不但没有出问题，而且为投资者规避了巨大的风险。所以，我提出要坚定金融创新的信心，不断完善证券市场基础性制度建设，适时推出股指期货。

2009 年 9—10 月，证监会有一个领导公开讲话表示要推出股指期货。这是对我这个提案的响应。2010 年，国务院批准了股指期货交易。2010 年 4 月 16 日，中金所挂牌交易沪深 300 股指期货合约，金融期货重新登上历史舞台。挂牌这一天，中金所特意邀请我去上海，在现场参加了股指期货开盘的敲锣仪式。

沪深 300 股指期货当时设置的是 100 万元 / 手，面值很高，有人认为门槛太高了。另外，股指期货交易开户需要 50 万元，把许多散户挡在门外。这一做法是有道理的，我是理解的。因为大多数散户是不懂股指期货交易的，而且股指期货交易的风险又比较大，设置这样的门槛是为了保护中小投资者的利益，我认为确实很有必要。

国债期货涅槃重生

2010 年股指期货推出之后，市场上对于推出国债期货交易的呼声越来越大。2012 年，我写了一个《关于重新推出国债期货的提案》。为什么我在这个时候递交这样一个提案，而且认为我国具备了重新推出国债期货的条件呢？因为在 1995 年导致国债期货失败的两大客观因素，都发生了变化。首先，国债现货市场上出现了普遍的套期保值，规避风险的需求。随着我国国债市场规模不断扩大，国债年度发行量不断增长，可流通国债规模不断扩大。国债发行和现货交易利率日益市场化，国债市场形成了充分竞争格局，利率的波动，对持有国债的大金融机构可能造成较大的风险，普遍产生了强烈的避险需求。

其次，在产权制度改革方面。我国产权制度改革进一步深化，包括大银行在内的国有机构都与以前的“一大二公”具有很大的不同了，大多数的国有金融机构都已经转变为股份制公司，拥有了相对的独立性。因此，这些机构不能，也不敢像以前“吃大锅饭”似的，随便拿国家的钱到市场上拼资金了。他们的资金使用都需要董事会、股东大会把关。

除了这两点外，我在提案中还提出：重推国债期货有利于实现“十二五”规划对于发展资本市场的要求；有利于促进国债发行，缓解财政支出困难；也有利于转移、分散国债风险；有利于推动利率市场化改革，完善金融调控机制等。总之，我认为国债期货停了 17 年后，已经具备了恢复交易的条件。

2013 年 9 月 6 日，阔别 18 年的国债期货在中金所重新推出，当天挂牌成交的是 5 年期国债。后来，我又写了一个提案，建议推出 10 年期国债期货交易。后来，经管理层批准，10 年期国债期货也成功推出来了。今年 8 月 17 日，2 年期国债期货在中金所成功挂牌上市，进一步完善了我国国债期货体系。

金融期货任重道远

截至目前，我国共有沪深 300、上证 50、中证 500 股指期货，5 年期国债、10 年期国债、2 年期国债 6 个金融期货品种。然而，我国金融期货的发展、完善还有很长的路要走。

首先，目前在股指期货方面存在的主要问题是交易低迷。2015 年，我国股市经历异常波动，出现了一种声音，说股市下跌是股指期货引发的。客观地说，这种观点是没有道理的。实际上，我们的股指期货体量很小，没有那么大的力量把现货市场说砸下来就砸下来。

而且现在做股指期货是要盯着现货市场价格涨跌趋势来做决策的，现在是股票市场决定股指期货市场，而不是股指期货反过来决定股票现货。只是现货市场很多股民因为被套牢，遭受了损失，把“怨气”发泄到股指期货身上了。

针对这种舆论，中金所当时为了“自我保护”，采取了一系列限制措施，严格控制股指期货交易，包括“日内开仓不能超过 10 手”，导致交易量很小。但是，据我们了解，在 2015 年的股市异常波动中，股指期货反而发挥了一定的套期保值规避风险作用。当时深圳的很多基金经理，每天基本不用看行情，天天“斗地主”！因为他们在股指期货市场锁定了现货的价格，价格不论如何涨跌，跟他们已经没有关系了。所以，股指期货在这次事件中是发挥了正向作用的，这是应该肯定的。

此外，之前的市场还有一个说法是中国股市定价权被新加坡和美国掌握着，因为当时我国没有股指期货。股指期货的不断发展能够助力我们拿回自己的定价权。而股指期货的冷清最终会导致其功能无法发挥，从而让 A 股定价权重回境外市场，严重影响国家金融安全。2017 年，中金所采取了一些放宽的政策，但是交易量还是没有明显回升。我感到很痛惜，因为中国股市总是暴涨暴跌，风险巨大，股指期货对于规避风险是非常重要的，应该倡导机构甚至倡导股民学会利用避险工具规避风险。为此，我在今年又写了一个提案——《关于促进股指期货市场功能正常发挥的提案》。

除了加快推进股指期货功能正常化，我认为我国当前金融期货市场发展完善的另一个重任是应当尽快推出股指期权。期权是衍生品市场重要的工具，关于股指期权的提案我写得很早，从 2013 年就开始写，一直写了好几年。期权在国际市场有着举足轻重的地位，发展意义不言而喻。与股指期货相比，它是更加灵活的避险工具，风险可控，更有利于机构投资者运用。可以说，股指期权是股票市场的“保险”，通过对股票资产的保值，促进保险、社保和养老资金等长期资金以资产配置的方式放心进入股市，减少市场短期交易行为，改善市场生态环境，优化投资者结构，促进市场健康发展。

需要注意的是，在推出股指期权方面，有的专家提出来要做个股期权，我是坚决反对的。在中国没有做个股期权的市场条件，因为个股体量较小，容易被机构操纵。

我认为在期货市场未来的发展中，重要的一个方面是监管者要与时俱进，要思想解放。期货市场的监管者一定要不断地学习，认真地了解市场，了解不断创新的市场，从而让金融期货为我国资本市场发展壮大贡献出应有的力量。

2018 年 12 月

亲历从股份制到多层次资本市场

贺　强

1982 年，我进入中央财政金融学院（也就是现在的中央财经大学）担任教师，至今已经 40 多年了。1985 年，我就开始研究股份制，并在 1986 年初在我的母校中南财经政法大学（原湖北财经学院）校刊第一期发表了有关股份制的论文，题目是《股份制是社会主义公有制的一种新的实现形式》，比较早的给股份制正名。

上交所于 1990 年 12 月 16 日正式开业，我就自然而然地从股份制到证券市场形成了系统的研究。1991 年夏天，我考察了上海的证券市场。1993 年，我开始主讲《证券市场与证券投资》这门课程，后来又创办了证券专业的硕士研究生学位。1994 年 4 月，我们成立了当时国内高校第一家证券期货研究所，开始系统地对中国资本市场进行全方位的研究。此外，我还是一位老股民，1993 年就开户入市进行投资了。对于资本市场而言，我可以说是三位一体，有教学、有研究、有实践操作。我对资本市场的体会也就更深刻一些。

我从事证券研究和教学 30 余年了，培养了大批资本市场人才，很多学生已经成为资本市场的中坚力量。我感到非常欣慰，体会了什么叫作桃李满天下。可惜现在证券市场里面的许多人没有系统地学习过资本市场与证券的理论，对资本市场的认知存在许多模糊的地方，甚至把对的当成错的，把错的看成对的，出现了一定的认知混乱。我真心地希望，证券市场、资本市场中的人都要认真地学一遍有关课程，这一点非常重要。许多人以为，市场天天的暴涨暴跌就是正常的，证券市场就应该如此，实际这是投机型的市场，不是投资型的市场。我们要建立和发展的市场，应该是投资型的市场，这两者有着本质的区别。证券市场不仅仅是用于炒作、博取差价的，而是通过投资获取合理收益的市场。

1994 年，我们成立了证券期货研究所。当时我为所里确立了两个宗旨，一是理论与实践密切结合，二是宏观与微观密切结合。后来通过研究，视野进一步扩大，我又加了一条宗旨，就是国际与国内密切结合。按照三个宗旨一直研究到今天，证券期货研究所也取得了一系列重大成果。

早在 20 世纪 90 年代上半叶，也就是 1990 年至 1995 年期间，我就对中国企业的改革进行了深入的研究。实际上企业的基础和关键是企业的产权。我们通过研究提出了企业三重产权理论，从国营企业改革到国有企业，最后进一步改制为股份有限公司发行上市，那么他们的根基是产权的不断变革。研究成果出了一本书，叫《中国企业改制与证券市场运作》，获得了北京市优秀科研奖。90 年代中期以后，我又提出了一个全新的研究"中国股市的方法"，就是经济周期、政策周期与股市周期的互动关系研究，获得了国家自然科学基金的资助，这对当时中央财经大学是零的突破。这一次我们与成思危先生共同进行了研究，帮助成先生写了一本关于证券市场的重要著作。成先生起的书名非常简单，叫《诊断与治疗：揭示中国的股票市场》。意思就是，一方面诊断当时证券市场存在哪些问题，另一方面开出药方怎么解决这些问题。这部著作出版后，获得了第六届国家图书奖提名奖，并被业内专家广为赞誉。中国社科院金融所李扬教授就曾评论这本著作是他所见的迄今为止研究中国证券市场最深刻的一本书。后来我们自己又出版了一本专著，书名叫《经济周期、政策周期与股市周期互动关系研究》，由法律出版社出版。这本书获得了北京市优秀科研奖。我认为证券市场与股市不是孤立运行的，不是天马行空，它们运作的大背景就是经济与政策。因此，我们从宏观到微观，从理论到实践展开了全方位、全系统地研究。事实证明，这项研究对把握股市未来发展方向具有决定性的意义，对理解中国的经济与政策的关系具有重要的作用。

三个周期的互动关系可以说是我们独创的一种研究方法。证券市场是舶来品，我们的证券市场没有自己的什么理论，但是我们通过长期研究提出了自己的理论和方法，这一点非常重要。

20 世纪 90 年代，我还发表了大量有关资本市场与证券市场的论文。1998

年这一年，我公开发表的论文与文章就达到了 280 篇。到今天，我发表的论文和文章有 500 多篇，出版的书籍有 50 多部，主持和参加的各项科研课题有二三十个，主要内容都是资本市场研究。

我在证券教学方面获得了北京市优秀教师称号，在科研方面获得过北京市先进工作者称号。2023 年 7 月 9 日，北京大学光华管理学院曹凤岐金融发展基金给我颁发一个“经济与金融理论突出贡献奖”，这是对我在资本市场的教学研究给予的充分肯定。

2007 年，我担任了北京市政府参事，有一部分是专门研究北京市的问题，写参事建议给北京市委书记和市长。2008 年，我又担任了第十一届全国政协委员和经济委员会委员，到现在我连任第十一届、十二届、十三届三届全国政协委员和经济委员会委员。其间，发挥专业特长，履职尽责，共计提交了 104 个政协提案，60% 多是有关资本市场的提案。

2008 年 3 月，我提交了《关于股市印花税改为单边征收》的提案，当时我们的市场受到美国金融危机的冲击，大幅下跌，交易成本很高。我认为降低交易成本，提高交易效率，是市场永恒的主题。因此我提出了印花税“单边征收”,“买时不征收，卖时征收”的建议。当年 9 月 18 日，美国政府因为没有救助雷曼兄弟，导致雷曼兄弟破产，这也导致了全世界股市大幅暴跌。当天晚上，财政部突然公布，经国务院批准，股市印花税改为单边征收。

第一个提案在半年时间就获得采纳，使我感到，作为政协委员，并不是像有些人讲的是花瓶、是摆设。只要有深入的研究和调研，提的建议具有合理性，提的建议就有可能被有关部委采纳、吸收。因此，这个提案被采纳以后，我就把研究重点转移到了有关提案的研究和调查上。后来我又连续提交了建议推出股指期货、恢复国债期货交易、尽快推出期货法等一系列资本市场的提案。特别是在 2009 年，我提交了一个《规范发展第三方支付》的提案。当时我们通过调研看到第三方支付（当时也叫电子支付）像雨后春笋一样，一下在全国出现了好几百家，我感觉这里面存在巨大的金融风险。我建议央行把第三方支付管起来，通过审核，持证上岗、发牌照。很快我就接到了央行的电话，告诉我所提提案很重要，已经列入央行重点提案，准备组织八部委联合考察团专题调研。当时我们考察团到了杭州阿里巴巴集团，马云向我们考察团的成员们汇报了支付宝的情况。他说现在阿里巴巴能让我睡着觉，淘宝网也能让我睡着觉，但是支付宝让我整天睡不着觉。因为当时我们有调研，支付宝在那个时候已经沉淀了 100 多亿的资金，但是这些资金属于什么性质没有一个说法，他们一分钱也不敢用，老老实实存在银行，连利息也不敢拿，而且就怕谁告状，有可能像杭州的那位女士进监狱的，所以他整天睡不着觉。而且他当着我们八部委联合考察团的面公开地说，现在如果国家愿意，我的支付宝可以免费送给国家。

但是，令马云自己也没想到的是，第二天下午我们要回北京，在他们集团内部又抓紧开了一个会议。考察团团长当着马云、全体高管公开宣布，我们中国人民银行决定给你们支付宝发放国内第一块业务牌照。由于这个宣布来得太突然了，当时全场鸦雀无声，所以担任团长的央行副行长又做了解释，你们知道这是什么意思吗？这是我们中国人民银行给你们发了绿军装。听到这句话，马云开心地笑了，热烈鼓掌。从此，中国的第三方支付进入了有监管的发展阶段，因此到现在没有发生任何重大风险。

我是少数民族，也是无党派界别的全国政协委员，中央统战部、全国政协办公厅都曾聘请我为特约信息员，在社会中出现什么明显的问题和情况，可以直接写信向上报告。我提供的信息以及我提交的提案，很多都被证监会等部委采纳了，可以说采纳率还是比较高的。

但是有一个提案比较遗憾，连续写了 12 年，到现在还没有政策推出，这个提案就是《建议恢复 T+0 交易》。实际上，发达国家包括我国香港地区的股市都是 T+0 交易。我国在 1992 年也推出了 T+0 交易，后来在 1995 年 1 月 1 日取消了 T+0 交易，变成了 T+1 交易，一直到今天。T+0 交易实际上有许多的好处，特别是现在，股市总体资金不足的情况下，它可以在不增加总体资金供给的情况下，极大地增加市场的成交量，因为 T+0 可以当天买当天卖，甚至可以来回做几次，就使成交量极大地增加。另外，T+0 交易有利于投资者及时止损，这一点对散户和股民非常重要。

在 T+1 交易的情况下，股民发现哪只股票大幅上涨，可能欠缺考虑，盲目地跟进，但是随后又出现了大幅的暴跌，在 T+1 交易的时候，即使当时给你套牢了，股票连续暴跌，但是你不能卖出，只能等到第二天才可以卖出，这样你的风险就会无限地放大。而 T+0 交易，买入以后发现情况不好，可以立刻卖出，及时止损走人，避免风险的扩大。

实际上，广大的股民适合 T+0 交易，因为船小好调头，而机构船大难调头，因此推出 T+0 交易有利于保护散户的利益。可是在 T+0 交易的问题上，也可能有一些人会有一定的担心，怕引起股市过度的活跃，出现失控的现象，因此到现在 T+0 交易还没有推出。

在这 104 个提案中，有一个提案我认为值得骄傲，那就是我在 2010 年向中国证监会同时向国务院办公厅提交的《关于为了解决中小企业融资难问题》，建议在中关村三板市场基础上把它做大，建成全国统一的证券场外市场的提案。我们研究所长期对中国证券场外市场有跟踪研究，同时我每年都参加几次经济委员会组织的对中小企业民营经济的考察活动。我深刻地认识到，要想解决中小企业融资难，只靠银行贷款是不行的，必须要大力发展资本市场，大力发展多层次资本市场，向中小企业直接融资。证券市场多层次不仅仅是交易所推出几个板块，实际上交易所的几个板块它是同一个层次，真正意义的不同层次的资本市场应该是场内与场外的多层次，场外市场更适合向中小企业融资，直接融资必须要大力发展。我在当年提交了提案，没有回音，于是第二年我就继续提交了这一内容的提案。

最终，国务院出台了红头文件，要建立“全国中小企业股转公司与股转系统”，就是后来大家熟知的“新三板”。目前，“新三板”市场从发展看是存在很多问题，但也在很大的程度上为中小企业提供了直接融资，扶持了一大批中小企业的发展。特别是现在“新三板”的基础上又建立了北京证券交易所，在场外市场基础上建立了场内市场，这也符合证券市场发展的历史规律。北交所建立以后，股价就持续地下跌，一直下跌到今年的 9 月，中央政治局和中央金融工作会议一再强调要活跃资本市场，所以北交所为了响应号召，在 9 月就发布了高质量发展北交所的文件。我也对这一文件进行了解读，观点发表在《中国证券报》上。

现在活跃资本市场，由于总体资金不足，沪、深还处在比较低迷的状态，可是最近北交所突然出现了大幅暴涨，率先活跃了起来。我希望北交所的这种活跃，能够像星火燎原，引发整个资本市场的活跃。我更希望北交所的这种活跃，能够从短期的活跃演绎为长期的活跃，但也一定要采取措施，防止出现像过去那样暴涨暴跌的情况。

2023 年 11 月 28 日

（季仙华采访整理）

附：贺强委员提交提案统计表

年份	个数	提案名称
2008	个人提案 3个	1. 关于我国证券市场单边收取证券交易印花税的提案； 2. 注意总结美国次贷危机教训，防范我国金融体系风险； 3. 关于保障食用油行业安全的对策和建议。
2009	个人提案 6个	1. 关于防范美国金融危机对我国实体经济冲击的对策； 2. 关于在国有控股上市公司绩效考核中引入市值指标的提案； 3. 关于加强证券市场基础性制度建设，适时推出股指期货的提案； 4. 关于加大金融支持力度，彻底改革我国经济增长模式的提案； 5. 关于协调市政规划与高校园区建设矛盾的提案； 6. 关于将社保卡纳入《中华人民共和国社会保险法》范畴的提案。
2010	个人提案 4个	1. 关于有效解决中小企业融资难，大力发展证券场外交易市场的提案； 2. 关于将北京市作为低碳金融创新试点城市的提案； 3. 关于规范和发展电子支付服务产业的提案； 4. 关于转变经济发展方式，大力发展低碳经济的提案。
2011	个人提案 9个	1. 关于进一步完善证券市场，有效保护投资者利益的提案； 2. 关于做好中关村试点范围扩大工作，加快建设统一监管的全国性场外交易市场的提案； 3. 关于建立我国养老金融体系，有效解决社会养老问题的提案； 4. 关于在有潮汐式堵车的城市设置可调方向车道的提案； 5. 关于大力发展网络创业带动社会就业的提案； 6. 关于加快推进汽车安全技术研发及产业化的提案； 7. 关于建立一个具有真正国际意义、对外开放的国际板市场的提案； 8. 关于大力发展云计算产业的提案； 9. 关于充分利用多种方式，显著提高直接融资比重的提案。
2012	个人提案 6个	1. 关于从国家立法层面加强农民土地财产权保护的建议； 2. 关于从立法层面促进商业银行理财业务健康发展的提案； 3. 关于大力促进第三方支付业务创新的提案； 4. 关于建议中国股市恢复 t+0 交易的提案； 5. 关于重新推出国债期货的提案； 6. 通过我国股市的金融创新彻底改革股票发行制度的提案。

续表

年份	个数	提案名称
2013	个人提案 10 个	1. 关于从源头抓起，采用多种方式搞好城市菜篮子工程的提案； 2. 关于大力支持我国移动智能终端操作系统自主发展的提案； 3. 关于建议重新修改《证券法》的提案； 4. 关于将我国证券交易所与期货交易所改为公司制的提案； 5. 关于通过立法确立优先股制度的提案； 6. 关于完善债券基础法律制度，统一规范发展债券市场的提案； 7. 关于政府财政资金以市场化方式引导中小企业融资的提案； 8. 关于制定《期货法》促进期货市场创新发展的提案； 9. 关于推出股指期权，完善资本市场风险管理体系的建议； 10. 关于改革宏观调控方式，保持物价稳定和经济平稳运行的提案。
2014	个人提案 9 个	1. 关于建议完善刑法，严厉打击针对非金融机构的违法犯罪行为的提案； 2. 关于加快大数据应用，促进社会经济健康发展的提案； 3. 关于加快扶持全国自主移动智能终端操作系统发展的提案； 4. 加快农村电子商务发展，推动新型城镇化； 5. 关于促进保险资金合理运用金融期货的提案； 6. 关于推出沪深 300 和上证 50 股指期权，完善资本市场风险管理体系的提案； 7. 关于加强各地政府协同合作，将雾霾治理落到实处的提案； 8. 关于促进互联网金融健康发展，注意防范金融风险的提案； 9. 关于重塑投资者信心，股市恢复 t+0 交易的提案。
2015	个人提案 9 个，联 名提案 2 个	1. 关于加快推出股指期权，完善资本市场风险管理体系的提案； 2. 关于大幅降低开户门槛，进一步推动新三板市场发展的提案； 3. 关于恢复股市 t+0 交易的提案； 4. 关于进一步丰富股指期货产品系列的提案； 5. 关于完善金融监管机制，充分释放市场活力的提案； 6. 关于在北京开展碳期货交易试点的提案； 7. 关于注册制要创造条件循序渐进的提案； 8. 关于完善税收优惠，推进员工持股计划的提案； 9. 关于促进我国信贷资产证券化市场发展的提案（联名提案）； 10. 关于完善个人征信体系，加快征信市场发展的提案（联名提案）； 11. 关于认清经济形势，正确把握政策方向的提案。

续表

年份	个数	提案名称
2016	个人提案8个	1. 关于充分发挥股指期货功能，不断丰富股市避险工具的提案； 2. 关于恢复股市 t+0 交易的提案； 3. 关于打击违法违规行为，保证互联网金融健康发展的提案； 4. 关于深入理解与全面推动供给侧结构改革的提案； 5. 关于推动互联网金融创新监管的提案； 6. 关于推动新三板市场规范发展的提案； 7. 关于推动注册制改革重在创造条件的提案； 8. 关于把握我国经济运行的态势与特点　提高宏观调控协调性的提案。
2017	个人提案6个，联名提案1个	1. 关于恢复股市 t+0 交易的提案； 2. 关于解决“财税 140 号文”所涉及问题的提案； 3. 关于加强国家碳市场公共基础设施建设的提案； 4. 关于恢复发展股指期货，促进金融衍生品市场功能发挥的提案； 5. 关于允许国内创新性金融服务商跨境侨汇服务的提案（联名提案，第一提案人贺强）； 6. 关于建立 ppp 退出机制的提案； 7. 关于加强互联网金融监管不能“一刀切”的提案。
2018	个人提案4个	1. 关于在去杠杆条件下推出股市 t+0 的提案； 2. 关于保持我国移动支付产业全球领先地位的提案； 3. 关于促进股指期货市场功能正常发挥的提案； 4. 关于上市股指期权助力资本市场风险防范的提案。
2019	个人提案7个，联名提案1个	1. 关于加强我国大宗商品企业价格风险管理的提案； 2. 关于提升新三板流动性，扩大中小微企业、民营企业直接融资的建议； 3. 关于发挥资本市场的作用，促进粤港澳大湾区建设的建议； 4. 关于大力支持移动支付“走出去”的提案（联名提案，第一提案人贺强）； 5. 关于设立科创板应该注意几方面问题的提案； 6. 关于修订《证券法》提高违法犯罪成本的提案； 7. 关于证券市场应该如何对外“通”的提案； 8. 关于深圳创业板如何进行注册制改革的提案。
2020	个人提案5个，联名提案1个	1. 关于大力发展证券基金投资咨询业务的提案； 2. 关于进一步推动科创板改革创新，试行 t+0 交易制度的提案； 3. 关于联合降低支付费用，共同为小微商家纾困的提案； 4. 关于完善股权创投基金税制，促进企业创新的提案； 5. 关于创业板试点注册制需要注意配套改革的有关建议； 6. 关于将 9 月 1 日设立为全国就业促进日的提案（联名提案，提案人为莫荣、贺强等）。

续表

年份	个数	提 案 名 称
2021	个人提案4个	1. 关于进一步推动私募证券投资基金健康发展的提案； 2. 关于在大盘蓝筹股试行 t+0 交易的提案； 3. 关于加快建设国债期权市场的提案； 4. 关于如何深入运用财政政策与货币政策支持中小微企业发展的提案。
2022	个人提案8个，联名提案1个	1. 关于尽快解决公办幼儿园教师缺编问题的提案（联名提案，提案人为刘焱、贺强）； 2. 关于彻底改革我国股市涨跌停板制度的提案； 3. 关于保护股民利益，规范发展量化交易的提案； 4. 关于进一步运用结构性货币政策工具，帮助小微企业复苏的提案； 5. 关于充分发挥独立基金销售机构优势，助力公募基金投顾行业发展的提案； 6. 关于促进中小企业数字化转型的提案； 7. 关于发展数字经济的过程中实现高质量就业的提案； 8. 关于在北京证券交易所试行 T+0 交易的提案； 9. 关于建立中国式、科学化、全新独立董事制度的提案。
2008 至 2022 年，贺强连任三届全国政协委员 15 年期间，共提交 104 个提案，其中：个人提案 98 个，第一提案人为贺强的联名提案 2 个，与其他委员联名提案 4 个。		

二十五载后回首看经济与金融的潮起潮落

陶　冬*

笔者于 1994 年投身于香港金融市场，在投资银行研究部和私人银行打滚了 25 年之后，回首再看金融，谈一点个人体会，供后来者参考。

笔者入行那时，香港没有一位专职研究中国经济的经济分析员，投行的香港经济研究员在研究香港经济之余，每年花一点精力写 1—2 篇关于中国经济的报告；如今较大的投行均有一支团队专门研究中国经济，研究问题的深度和广度与当年相比已经是数量级的差别了。这个背后，乃是中国经济的腾飞和中国资本市场爆炸性的增长。

1994 年时，中国经济体量仅相当于一个欧洲中型国家的 GDP，而当年在香港上市的也只有区区 4 只 H 股。1997 年中国移动（当时叫中国电讯）IPO 前路演时，客户劈头问的第一句话是“我为什么要买中国的电讯股”？当年中国不过是新兴市场中的一小部分，美国、欧洲推起来很费力；如今世界前 20 大市值公司中，中资公司已经占下半壁江山了。1998 年中国才推出第一批美元主权债，现在中国企业在海外发债已经成为家常便饭。

沧海桑田，25 年间中国已经成为全球金融市场最重要的一环，而伴随着中国经济的腾飞，中国资金、中国企业也进入了资本市场的深海。建立经济特区、国企改革、加入 WTO、银行改革、基础设施建设等，是中国经济腾飞的几个标志性政策，改革与建设是过去 20 余年的主旋律。

* 陶冬，中央财经大学 1984 级财政专业研究生。

同时，中国抓住了三个大的国际机遇。第一个，是 1997 年的亚洲金融危机。人民币不贬值奠定了中国在区域中的地位，随后产业链形成和内需市场彻底地将自己变为亚洲地区的经济核心。第二个，是 2008 年的全球金融危机。政府的四万亿经济刺激方案，稳定了中国的人心，也拯救了世界经济。更重要的是此举催生了中国内需经济，为经济转型带来巨大的推动力，也一举奠定了中国在世界经济中的地位。第三个，是 4G 移动应用。不成功的 3G 政策为 4G 应用提供了一张白纸，也带来了历史性的机会，借力于资本市场和庞大的国内需求，4G 应用在电子商务、移动支付、手机游戏等领域百花齐放，中国打造出一个傲视全球的移动 + 产业，并为许多行业及产品带来了颠覆性的变革。

中国经济的腾飞也伴随着许多问题，其中最突出的是债务比率飙升，并向居民部门蔓延。其他国家的债务杠杆主要集中在政府财政，而中国负债最重的是没有印钞能力的企业部门。改革步伐放缓是另一个突出的矛盾。中国经济的长年高速增长，很大程度上得益于制度上的突破，由此释放出制度红利，提高生产效率。人民币国际化戛然而止，在某种程度上避免了一场大规模的资金外流，但是长远来看对于提高经济效率、改善国民福祉不利。

如今，中国经济走到了下一个十字路口。以房地产热、基建热为代表的水泥时代已经接近尾声，如何在即将到来的数据时代令企业得以赋能，经济获得新的增长点，是政府、企业、个人需要共同努力的新课题。

在以 5G、人工智能、区块链、云计算为特征的数据时代，几乎所有的产业、产品、服务与消费都会受到一次颠覆和洗礼，金融也不例外。金融领域在垄断之下产生着许多超额利润，但是数据时代的去中心化、去中介趋势势必改变过去的产业业态，冲击现有的暴利。在数据时代，金融不会死去，但是现有的暴利模式可能被颠覆。以美国为例，1986 年的投行指的是经纪业务，1999 年的投行指的是 IPO 业务，2006 年投行指的是结构产品业务。金融精英们制造出一个又一个拳头产品，借此获取暴利，在泡沫中狂欢、破灭，再制造新的“拳头”产品，这个周期变化在中国也是万变不离其宗。“一招鲜吃遍天”失灵了，金融受到监管、科技创新和市场扁平化的三重挤压，需要通过变革来寻找新的定位、新的产品、新的服务模式。

对于有志从事金融业的年轻人，笔者有此看法。笔者这代人一个职业生涯平均转换四份工作，多数时候转工也不出金融领域。下一代人一个职业生涯可能平均要转换四个职业，可能在几个不同的行业中，而且许多人多数时候在家里工作，甚至以外包的形式工作。人工智能和通信技术的飞跃式革命，估计会重新定义职场和职业生涯，金融业也无所逃遁。在金融业内，必须要不断学习；同时必须善于适应职业变化趋势，这是下一代职业人的必备要求。

江苏证券交易中心组建过程

赵建平 *

一、引　言

根据中央财大校友会、金融学院、证券期货所、龙马资本研究院邀请函，我作为中国资本市场亲历者之一，投稿《砥砺前行　资本印迹——财经人资本市场口述史》一书，把 20 世纪 90 年代曾活跃于中国资本市场的区域证券交易中心这一历史性证券市场组织的组建过程和展业情况记录下来，从一个侧面反映中国资本市场在形成初期的艰难探索。若能为新时期发展资本市场提供借鉴，那就是最好的愿景了。

20 世纪 90 年代，中国大陆多数省、市（直辖市）设立过地区型证券交易有形市场。1994 年 7 月 12 日，江苏证券交易中心（下称“中心”）就是在这一背景下于南京开业的，2001 年初根据国务院有关文件，该“中心”并入华泰证券股份公司。

二、形势背景

二十世纪八九十年代，中国农村开展了全面的土地承包经营责任制改革。

* 赵建平，中央财经大学 1979 级金融专业本科。

城市改革从国有企业放权让利开始，再到利改税，尝试建立社会主义市场经济体系。经济多元化冲击“文化大革命”以来形成的高度集中的金融体制，特别是国企改革、乡镇企业、外资、港澳台资、民资出现和大发展，市场化融资需求强烈，产权的流动与交易势在必行，催生直接金融市场迅速发展。

1984 年 11 月，上海发行了第一只股票——飞乐音响股份有限公司；1986 年，工商银行上海市分行静安支行信托部设立股票转让交易柜台。1990 年 11 月 26 日，中国人民银行总行批准成立上海证券交易所，同年 12 月 19 日正式开业。这是新中国成立以来中国大陆建立的第一家证券交易所。深圳证券交易所于 1989 年 11 月 15 日筹建，1991 年 4 月 11 日中国人民银行批准成立，并于同年 7 月 3 日正式成立。

两大证券交易所设立后，券商代理业务发展很快，特别是上海、深圳以外地区的券商，通过远程交易系统，也能买卖上海、深圳两地上市股票了，然而当时的远程通信网、股票交易系统远远跟不上迅速增加的股票交易量，江苏地区许多券商都存在交易通道不畅、交易受阻、订单成功率低等问题，引起股民与券商矛盾，影响券商业务发展。1992 年，江苏省政府酝酿设立一个地方证券市场，集中与上海证券交易所联网，集中代理江苏券商经纪业务，解决与上交所交易受阻的难题，同时也尝试建立地方交易中心，为权益凭证、长期债券建立二级转让区域市场。1993 年，人民银行江苏省分行抽调三位同志筹备中心。1994 年 3 月 24 日，江苏省政府以苏政发〔1994〕34 号文印发《关于成立江苏证券交易中心的通知》。

根据省政府文件，江苏证券交易中心为省政府直属事业法人，注册资金 1000 万元。中心实行会员制，不以营利为目的为会员提供交易场所和设施；管理中心上市的有价证券交易活动；办理有价证券报价、登记、托管、清算、交割、送配股利、代保管业务；提供证券市场信息咨询服务；与合法的证券集中交易系统联网，交易上市证券，办理登记、过户、清算、交割、集中传输信息。中心设会员大会、理事会和监事会，实行理事会领导下的总经理负责制，财务上自收自支。

在当时的历史背景下，中心最急迫的任务就是为在江苏地区的证券商提供上海、深圳证券交易所远程交易通道。

根据江苏省政府要求，为加快中心建设，1994 年 4 月上旬人民银行江苏省分行调整中心筹备组，临阵换将，我由省人行金融研究所长调任该中心总经理，加入金融改革的激流中。原筹备负责人离职，另外两位人员，也是省人民银行调过去的同志。同时原工商银行江苏省分行林坚同志在省人行的支持下主动应聘；原南京自动化研究所工程师胡习文主动要求加入中心。以上人员初步组成了江苏证券交易中心的创业团队。

三、组建历程

20 世纪 90 年代中期的中国还属于短缺经济时期，特别在能源、通信、商业地产等领域严重短缺，卫星等无线通信、网络工程等刚起步，短时间内建设一座先进的金融级大型电子交易系统，筹建难度是相当大的，也是今天我们生活在过剩经济时期的人们难以想象的。

或许是无知者无畏，我只身拿着一张任命通知书就离开人民银行了。没了“铁饭碗”，两个口袋空空，上无片瓦下无立锥之地，开头几天只好在原研究所长的办公室开会，深入研究省政府批示，反复研究如何组建中心，深入分析中心的通信和网络工程方案。通过学习省政府、省人行有关文件，通过深入讨论，创业团队的绝大多数人摒弃了门户之见，统一了认识，铆足了干劲，几天后编制形成了加快筹备建设中心的初步计划——命名为“6・18 工程”，即从 4 月 22 日起经过 57 天工程建设，到 6 月 18 日完成中心交易网络建设，达到开业运营条件。报经省人行、省政府批准后，我们根据筹备计划编制成网格计划进度表，倒排计划，分工负责，筹备工作全面启动。

首先，落实交易中心注册资本和营运资金。省政府办公会上原计划给予中心的 3000 万元资金因省体改委领导更换而没有了下落。我多次向省人行汇报，又和省人行领导一起向省政府领导汇报，省政府分管领导批准从省政府财政周转金中借给中心 600 万元作为开办费，要求到期归还。中心建设工作进入实质性进展阶段。

中心选址是工程建设的第一要务。中心的选址比较苛刻，第一要具备能容纳 200 个交易席位的交易大厅；第二要具备良好的通信条件、无线信号干扰小；第三要具备集群迅速疏散的安全环境；第四要具备后勤保障和交通便利。我和几位创业者蹬自行车、挤公交车，满南京市跑，终于找到一处满足基本条件，性价比很高的酒店——南京森信华侨大酒店三层，总面积1150平方米，其中交易大厅330平方米。经过反复勘探、比较、谈判，4月26日签订了租赁协议，选定了中心展业办公地。这距我的任命通知下来仅有五天的时间。

4月28日，江苏省政府副秘书长陈德明率领我和戴文桂一同赴上海证券交易所，经过洽谈，签署了中心与上海证券交易所直联交易合作协议。胡习文还在原单位派往外地出差，联系后直接赶往上海，参与了和上海证券交易所对口部门的谈判。

5月10日，南京装潢装饰公司中标，次日展开交易大厅改造装修工程。

5月14日，为解决最为急迫的通信问题，我持省政府领导批示率员向南京市邮电局请求尽快帮助解决电话和远程通信问题，南京市邮电局长和分管领导及有关部门负责人当场开会，决定组织专门班子，铺设一条从鼓楼电信局到华侨酒店长约4000米的光缆专线，确保30天建成投运。300门电话提前接通，完全满足了我们的计划需要。

5月18日，中心与上海新力电脑工程公司签订合同，建设安装中心电脑网络和交易大厅电脑配置。为确保PC能保证中心开业之需，还制定了B方案，从另一家电脑商租用20多台，另购买了组装机近20台。

5月21日，中心与39家券商签约，成功发展为首批会员，订购席位55个。

5月29日，中心与东大集团、常州电子研究所签署交易大厅显示屏合同。

6月，组织第一批会员交易员和我们公开招聘的员工到上海交易所培训。

6月18日，中心与上海证券交易所试联网调试。7月1日，正式联网调试成功。

其间，中心与上海新力电脑工程公司合同中200台PC落空，情急之下启动B方案，保障了联网调试和开业。

正式联调的当天我在杭州开会，散会后已是晚上，匆匆吃了饭就驱车连夜赶回南京，到达中心楼下已是子时，然而中心交易大厅灯火辉煌，装潢公司、电脑公司和我中心员工济济一堂，在联网调试成功之余，共同紧张开展善后工作。眼前的一幕让我的眼眶湿润了，多么可爱的员工，多么宝贵的精神啊！

江苏证券交易中心建立前后，股市上演了十几个月的大萧条，上海股市由1992年最高时的1500多点跌到1994年上半年的300多点，上海的券商大撤退，股市严重失血，个别的股民倾家荡产，在这样严峻的形势下中心逆势而上，将承受多大的压力呢？

由于人员都扑向工程建设和发展会员，我们几个创业人员三个月都没有发工资，没有奖金，人事关系就放在身上，没日没夜地就想着如何加快工程建设和开业筹备。工程最紧张的时候，工程部员工和有关人员在中心大厅打地铺加班，中心骨干一周不回家与老婆孩子照面是常有的现象，以致一位员工家属把门锁上不让进门，最后我出面才前嫌尽释。

为了节约建设经费，在安装大型 UPS 时，我们没请专业建安公司，而是全体员工出动，用肩扛、用杠撬，将重达 1 吨半多的庞然大物准确无损地安放进预定位置。在工程建设的其他方面我们也力求处处节约，促使筹备开业总支出比预算节约 800 万元。

对于中心的网络工程建设，上海证券交易所工程部来的专家现场评价，工程质量一流，配置设备一流，环境装修一流，传输速度一流，末了他又加上一句，人员素质一流。中心设施设备配置在国内交易市场中是先进的、规范的，既有地面通信也有卫星无线通信，在地面通信故障时自动切换至卫星通信，确保远程交易正常，这在 20 世纪 90 年代中期是不容易做到的。后来江苏省科协还向外商投资企业推介中心的远程地空通信系统，提升了江苏省通信能力形象，引起包括加拿大外商的关注。在交易系统电源保障方面，中心建设了三重保障，第一套是双回路供电，第二套是大型不间断电源组，第三套是柴油发电机组自动切换。三套电源保障了在能源严重短缺条件下远程市场交易正常，规避了运行法律纠纷。

四、开业典礼

1994 年 7 月 12 日上午，江苏证券交易中心举行开业典礼，江苏省政府主管领导、省人大、政协有关负责人、省政府有关厅局、省人民银行负责人和有关部门负责人、上海证券交易所领导和有关部门负责人、会员单位负责人、特邀代表、交易员和全体中心员工济济一堂，大家屏住呼吸等候隆重的开业锣声。9 时，人民银行江苏省分行副行长束恒长宣布典礼开始。首先我作为中心总经理报告江苏证券交易中心筹备过程，以及中心的宗旨、业务范围、组织活动方式等，介绍了设施设备的可靠性和先进性，介绍了交易中心今后工作的努力方向。衷心感谢中心筹建过程中给予帮助的有关方面。江苏省体改委负责人致了祝词。人行江苏分行行长林振雄作了重要讲话，对中心提出了工作要求。9时半，束恒长副行长请江苏省人民政府副省长俞兴德为开业大典鸣锣开盘。随着俞副省长的敲锣声，交易大厅响起热烈的掌声、欢呼声。随即江苏国际信托投资公司证券部在41004号席位上买入上海石化股票300股，确认后显示第一笔买卖成交。

与热闹的开业典礼形成对比的是中心开业后股市依然下滑，交易冷清，交投沉寂，券商业务少，对开通交易通道需求不足，每天的交易量经手费根本不够员工工资，10多个交易日天天如此，中心面临着现实的生存危机。

然而危中有机，机遇是上天留给有准备的人，这句话在我们开业18天后应验了。7月31日晚，国务院发布了关于促进中国股市规范发展的若干意见。次日，上海、深圳证券交易所跳空高开，股市反转连日大涨。股民见机蜂拥入市，新开账户供不应求，中心每天要发展新会员，每天要开通新席位，中心业务蓬勃发展。到当年底，中心业务量已位居全国交易中心业务量的前三位。

江苏证券交易中心与上海交易所通道运行稳定后，在省政府的领导下加快了与深圳证券交易所的联网步伐，于次年初实现顺利联网交易，成为提供国内双证券市场交易通道的交易中心。

1995年，江苏证券交易中心推出地方交易市场，先后上市13只股票存托凭证，为江苏证券二级交易市场提供了全省有形实验场所，为金融改革提供了地区方案。

五、建立区域证券交易市场的意义

1. 解决了券商交易通道不足问题，促进股票市场发展

江苏证券交易中心建立的初衷之一是为了解决券商与上海交易所通道不足的问题，这是特殊的历史时期产生的特殊问题，具有历史期限性。当时的上海交易所交易系统设计具有局限性，上海与全国的通信正在由模拟信号过渡到数字信号的过程中，信息载体正由铝线更换为光缆，这就限制了上海以外的券商与交易所的直连，直连通道少又限制了券商经纪业务发展，这才产生了各省市的交易中心，为本地区券商集中代理传输交易信息。中心开业后的主要业务是代理两大交易所通道业务，到 1995 年末发展会员 64 家，出租交易席位 158 个，联网交易量稳居全国交易中心前两位。江苏地区券商交易通道不足的矛盾基本解决，券商交易通道引起的矛盾和纠纷趋于消失。中心起步虽晚但业绩增长全国罕见。

2. 提高区域券商组织程度，规避市场系统风险

江苏证券交易中心实行会员制，汇拢了省内大大小小的券商，通过会员活动和为会员提供服务，增强了券商在区域内的组织程度。过去大家的关系主要表现为业务竞争，彼此互不往来，出现问题没有行业协调，形成很多关系死结。现在通过会员关系，能够及时开展协调，提高了会员组织程度。其次，会员券商每天业务交易都产生交易头寸问题，交易中心成为事实上的信用融资中心，为此在调研基础上，交易中心开展了“融资融券”业务，及时解决会员券商头寸不足或抵押券不足的矛盾，促进了券商业务发展。

提高会员券商组织程度对于应对证券交易系统性风险具有重大意义。1995 年 3 月上海证券交易所爆发“327 国债”期货事件，上海交易所决定废止最后异常交易，一时间空头券商面临巨大损失，在中心透支普遍，金额巨大，如果强行即时平仓，将造成大面积券商倒闭，甚至引发区域性或全国性金融危机，中心果断决定规范稳妥处置，既要规范结算，又要根据券商透支情况分类处置，不搞“一刀切”，这样许多券商才能逐步清理客户交易，经过三个多月的逐步清理完全解决了这一突发重大的系统性风险所带来的后遗症，全省会员券商没有一家因中心结算倒闭，也没有引发次生危机。“327 国债期货”事件在江苏没有引发系统性金融危机与江苏证券交易中心举措得当密不可分。

3. 建立区域证券交易市场，促进多层次产权流动

20 世纪 90 年代中期，中央对经济体制进行全面改革，建立现代企业制度，产权形成和产权交易开始提上政府议事日程。江苏省作为全国经济大省，公司制度推行较早也较顺利，一些地方集体企业、乡镇企业、地方国有企业改制以后，产生产权流动需求，但上海交易所上市控制十分紧，银行和其他金融中介大多还没有开展该类业务，少数中介组织开展的产权转让业务不规范，亟需有形的集中产权交易市场。中心通过反复调研，决定分步开展地方产权交易，先开辟地方证券交易市场，推动符合条件的股份公司的标准化证券在中心挂牌交易，在近一年的时间里先后推出 13 只股票存托凭证挂牌交易，为这些企业的股权流动提供了便利。

其次，组织筹备江苏产权交易中心，为尚未实现标准化证券化的产权买卖提供合法的交易市场。

再次，为促进公司制企业发展，撬动产权以及二级交易市场，江苏证券交易中心设置泛亚太投资公司，开创了江苏投融资市场新局面。

在筹建和展业过程中，江苏证券交易中心造就了一批证券市场有生力量，后来中心被合并，绝大多数创业骨干和中层干部被其他券商或基金聘为高管或骨干，继续为江苏证券市场作出贡献。

江苏证券交易中心奋勇、艰难、激情的创业过程，不仅促进了江苏证券、产权业发展，也感动了业界和媒体，新华日报集团闻讯派遣《现代快报》记者前来采访，满含深情地写了一篇《一群托起太阳的年轻人》作为特别报道，整版发表在《现代经济报》上，热烈支持了这样一个创业创举，高度评价了创业者的业绩，热情赞颂了这样一群年轻的创业者。

2019 年 11 月 1 日

“向天空借指标”

华海波 *

我国证券市场发端于 20 世纪 90 年代初，正值我国从计划经济向市场经济的过渡阶段，难免有深刻的计划经济痕迹。

计划经济的基本特征就是政府以“总量计划控制，额度分解”的模式分配经济资源，进而试图控制整个社会经济活动。

最初的证券市场就是按照这种模式进行管理的，由国家计划经济委员会牵头制订证券发行的总量计划及分解至各省、各部委的具体数额，各省、各部委把获得的份额分配给相关的企业，获得份额的企业才有资格申报发行证券。股票如此，债券也大体如此。

中央分配给各省、各部委及二次分配给各企业的计划数额，就俗称为“额度”或“指标”。“指标”就是入场券，没有“指标”，企业就不能合法跨入资本市场的门槛。如果企业想 IPO 上市、想发债融资，前提条件就是必须有“指标”。

“指标”成了证券市场最重要、最紧俏的资源。

为了获取证券“指标”，尤其是股票额度，各地方政府、各企业可谓“八仙过海，各显神通”。有的省政府找在任的中央领导同志（前任省委书记）关照，希望增加额外的股票发行额度（没有成功）；有的民企干脆花几千万的高价从额度富余的中央部委购买股票发行指标，有的国企用内部职工股公关、争

* 华海波，中央财经大学 1994 级会计专业研究生。

取优先上市的机会；至于省长、省委书记亲自到北京、到中央部委为省内的企业协调争取股票额度也不少见。

那时做投资银行业务，最重要的是去“搞定”拿到额度或者下一年度有可能拿到额度的企业，有远见的投行就会想办法帮助企业从地方政府或中央部委“抢”到额度，所谓最有创造力的投行就是在政府部门的额度总量之外找到合法、合适的理由，为企业从中央政府争取到额外新增的指标，如同让“天上掉馅饼”，专业人士戏称为“向天空借证券指标”。

1994 年，我从中央财经大学会计系研究生毕业，正好赶上了证券市场轰轰烈烈的年代，有幸全程参与了“向天空借股票额度”的整个过程，若干年后，又成功复制了“向天空借债券指标”的经历。

案例之一：向天空借股票发行额度

1992 年 10 月 25 日，中央宣布成立国务院证券委员会和中国证监会。国务院证券委由来自体改委、计委、央行、财政部、国资局等部委的领导同志组成，负责证券市场的宏观决策和政策协调，证监会负责证券市场的日常监管。

1993 年，国务院证券委和国家计委联合发文，第一次面向全国分配 50 亿元的股票发行额度；1994 年，第二次面向全国分配 55 亿元的股票发行额度。具体分配情况如下：省级政府每年 1.5 亿元、计划单列市和副省级城市每年 0.5 亿元、国务院的产业部委（如煤炭部、机械部、医药总局、轻工总会等）每年 1 亿元。

1994 年下半年，资产评估界的重量级人物孙月焕（后任中企华资产评估公司董事长）带着吉林省长春市的北方五环股份有限公司的惠总裁来北京，希望我们帮助其 IPO。北方五环是长春市的一个民营控股、国有参股的企业，是为了帮助长春市筹备建设第六届亚洲冬运会（计划于 2007 年 1 月举行）主体育馆、新闻中心、运动员村而特别设立的企业，起名“五环”就是因为奥运会的五环标志。

北方五环的实际控制人范日旭是一个不寻常的资本天才，当时已经用“借鸡生蛋”的手段控股了吉林轻工、厦门国泰两家上市公司，本着“少花钱、办大事”的理念，范日旭提出要通过外部融资解决亚洲冬季运动会的场馆建设资金，银行贷款不足以解决数亿元的全部建设资金，于是，想到了到资本市场IPO融资。

当时，吉林省和长春市（副省级城市）已经把1994年度的股票额度分配完毕，都给了国企。北方五环希望省、市从已分配的额度中各切割625万股票额度给北方五环，凑足1250万股，满足IPO的最小额度，被拒绝，因为有部分政府官员认为：长春市政府用市中心的南岭公园东侧的两块土地（新闻中心、运动员村）等价交换一个体育馆，冬运会结束后，新闻中心大楼就是北方五环的高级宾馆，运动员村就是北方五环可供出售的房地产，由此认定北方五环是一个披着体育外衣的房地产开发公司，按照中央当时的政策，房地产公司不能分配新股上市额度，否则有政策风险。

地方已经没戏可唱，范日旭就把目光转移到北京，希望北京的中介机构能帮助其解决上市的股票额度问题。

我当时的单位在北京保利大厦办公，同一层办公的还有另外一个机构，就是中国证监会某部门。我们公司当时的业务重点是帮助国企到海外上市，国务院先后三次批准的赴海外上市的45家国企中，我们公司担任财务顾问的有21家（主承销商都是摩根士丹利、高盛、美林等国际大投行）。当时的香港红筹股大王、大中华区最大的投资银行机构——香港百富勤证券的CEO梁伯韬为了拜会我们公司的董事长孙效良，曾三次专程从香港飞北京。

孙效良董事长曾是国家体改委专职委员兼生产体制司司长，生产体制司下辖的股份制处就是代表体改委参与安排新股额度的具体经办部门，他在国家体改委工作期间，主持起草了《股份有限公司规范意见》，在《公司法》颁布之前，这是指导全国企业股份制改造的唯一法规性文件。他也是中国证监会第一届发审委委员，在当时的证券界有较大的影响力。

范日旭凭借其闯荡江湖十几年练就的敏锐眼光，认定我们单位最有可能帮助北方五环争取到新股额度，于是，安排其北京办事处的两个人共同参与。

我的领导、分管投资银行部门的朱总，还有我和北方五环那两位同志共四人成立了业务小组。朱总才华出众，擅长从一堆复杂混乱的信息中抓住问题的关键点，并且能用非常简练通俗的语言概括表述清楚。

当时，参与股票额度分配决策的主要部门就是证券委办公室、国家计委财金司证券处、国家体改委生产体制司股份制处。朱总带着我、北方五环惠总裁拜访了国家计委财金司证券处处长，安排我陪同惠总裁去拜访国家体改委生产体制司股份制处处长，其间孙效良董事长带我去列席一个会议，因为国务院证券委办公室主任马忠智也参加，按照事先的约定，我们向马主任咨询了相关问题。各方交流后的汇总信息是：

1. 中央各部委 1994 年度的新股指标均已经分配完毕。

2. 允许暂借 1995 年的指标启动上市准备工作，但是申报证监会之前必须拿到正式的新股指标。

3. 预计 1995 年的新股额度仍然只限于产业部委和地方政府。

我们内部开会讨论，认为：北方五环不是传统的产业部委所属的企业，拿不到中央产业部委的股票额度；而且，又是个人老板控股的民企，国有资本仅仅参股，分享不了地方政府的股票额度。当时的东北经济比较繁荣，无论计划单列的长春市还是整个吉林省，排队申请上市的国企一大堆，而且地方政府中有人对北方五环的行业属性有不同的认识，北方五环如果老老实实在后面排队，不知要等到猴年马月。由此，我们初步判断，通过中央部委或地方政府的两个正常途径申请新股额度可能性很小，必须另辟蹊径。

“蹊径”在哪里？谁也不知道。

唯一可行的方法就是从两条看不到前景的道路中寻找其中一条可能有“蹊径”的道路进行探索，看看通过“蹊径”有没有突破的可能。相比较而言，从地方政府申请股票额度的可能性更小，于是我们决定把工作重点放在北京，放在中央部委，放在北方五环所在的行业部委。

北方五环的上级主管部门是长春市体育运动委员会，算是体委系统的企业。在当时的主流观念中，体育行业就是为国争光的竞技体育或者诸如拔河、广播操比赛之类的群众体育活动，是依赖政府投入的社会福利性活动，没有人（包括我们）意识到体育运动能创造财富，也没想到体育行业是一个产业，更不要提股票上市的事情了。

怎么办？

一个偶然信息带来了意想不到的转机。

茶余饭后，我们在闲聊曼联足球队能否实现英超三连冠，突然，有人随口提及曼联俱乐部是一家上市公司。震惊、疑惑、好奇、兴奋，为了求证，我们专门打国际长途电话咨询香港的同行，才获知：1991 年曼联俱乐部在伦敦证券交易所 IPO 上市；全世界第一个上市的足球俱乐部是英超的托特纳姆热刺俱乐部，上市时间是 1983 年。

哇！足球俱乐部能上市，北方五环这种涉体育的盈利企业就更应该能上市。思路一下子打开了，“蹊径”找到了！

立即行动，在朱总的统一指挥下，我们找国家体委领导汇报，用英国足球俱乐部上市的案例阐述“体育是一个产业”这个“革命性”的理念。恰巧原广西北海市市长张发强刚刚调到国家体委主管体育创收工作。张发强副主任有地方经济管理的经验，视野开阔，很自然地接受了“体育产业”这个新概念，把其分管的负责体育创收的部门更名为体育产业司，并进行宣传布置，接着开座谈会、发简报、在《中国体育报》等体委主管的媒体宣传体育产业，让社会各方面接受“体育跟煤炭、冶金、纺织等一样是一个产业”这个新概念，推动体育产业的舆论传播。

当时，恰逢其时的还有一个大背景，就是 1994 年春天启动的中国足球职业联赛，尤其是甲 A 联赛的轰动效应出乎意料。俱乐部、赞助商、球迷、广告商、媒体乐在其中，社会资本的投入、比赛冠名权出让收入、球队冠名收入、赛场广告收入、球衣赞助广告收入、电视转播权收入、比赛门票收入、运动员球衣出售收入等，让组织管理足球职业联赛的中国足协尝到足球职业化、足球产业化的甜头，在体委系统颇为引人瞩目。可惜，体委系统几十年来形成的“躺着等待国家拨款”的惯性思维没有根本性的改变，没有从足球职业联赛、足球产业化这个“点”延伸拓展至“体育是一个产业”的新高度，他们考虑更多的是“如何争取国家更多的拨款”“适当搞点创收改善员工福利待遇”这些比较具体的问题上。

在舆情烘托的基础上，在北方五环的极力推动下，国家体委派出工作组赴长春对北方五环的上市可行性进行了考察。

工作组由三人组成：国家体委正司级干部魏纪中，我们公司的董事长孙效良，财政部法规司一位已退休副司长，魏纪中担任组长。我作为工作组的随行秘书之一同赴长春，另一个秘书来自国家体委体育产业司，是北京体育大学本科毕业才三年的年轻人。

吉林方面热情接待了工作组。我记得我们是下午到达长春大房身机场，当天的晚饭是吉林省委副书记出面宴请的。第二天的晚饭，由吉林省常务副省长、长春市市长等出面宴请。

第二天，工作组开始工作。上午，实地考察北方五环公司总部和不久前刚开工建设的冬运会场址。下午座谈会，首先由工作组中唯一的证券专家孙效良发言，他用朴素的语言简练地阐述了北方五环上市的价值、对建设长春冬运会的帮助、对整个体育产业发展的示范作用，效果很好。工作组组长魏纪中关心的问题是：

1. 北方五环是一家怎么样的体育产业企业？

2. 上市募集的资金会不会被挪用？如果没有投入冬运会场馆建设，怎么办？

3. 北方五环股票上市后如果跌破发行价格，股民会不会向国家体委索赔？除此之外，国家体委还有没有别的风险？

4. 国家体委今年拿到股票额度后，以后年度还有没有股票额度？

后来才知道，魏纪中最关心的就是第四个问题，他的眼光比较长远，已经在考虑体委系统第二家企业上市的事情了。果然，1998 年，他作为董事长带领中体产业上市，体委系统有了第二家上市公司。

考察结束，魏纪中比较认可，他委托我们起草了一份考察报告，作为他向国家体委党组汇报的初稿。在国家体委伍绍祖主任、张发强副主任、徐寅生副主任等的大力支持下，国家体委党组研究后决定，同意推荐北方五环以国家体委的名义申请股票发行额度。

通过“蹊径”，我们已经隐隐约约看到成功的曙光，赶紧为国家体委起草了向国家证券委、国家计委申请股票发行额度的文件初稿。同时，为了确保成功，还为伍绍祖主任起草了给分管证券工作的国务院副总理的私人信件初稿，伍绍祖主任略加修改后，亲自用软笔书写，向分管证券工作的副总理汇报“体育是一个产业，希望中央像重视奥运金牌榜一样重视体育产业，要求体育产业享受其他产业的上市政策和待遇”。

分管证券工作的国务院副总理在国家体委的申请报告上作了肯定性批示，并转给了当时参与分发股票额度的国家计委主任陈锦华、国家体改委主任李铁映，由此，国家体委获得了 1500 万元的新股额度并分配给了北方五环。

为了表示鼓励和支持，长春市政府从原分配给长春长岭摩托（也是我们做的）的 1994 年度股票额度中扣减 180 万股，调拨给北方五环。

北方五环于1996年通过深交所发行了1680万股新股，7月中旬在深交所成功挂牌上市，号称中国体育产业第一股，股价被爆炒，一度还是深交所第一高价股。

其间，北方五环的老总们做了大量的幕后协调工作，省委副书记、常务副省长出面接待专家组就是由驻点长春的王董事长安排的，国家体委方面的工作主要由驻点北京的惠总经理负责。总体而言，北方五环的沟通能力强大，花钱不多效果很好。

国家体委拿到新股额度的消息，让中央的其他政府部门、事业单位诸如统战部、全国妇联、团中央、工商联等也深受启发。在证券委办公室一位副主任协调下，证券委把股票额度的分配范围由产业部委扩大至凡是提出申请股票额度的所有正部级的政府部门和事业单位。

多年之后，据证监系统一位领导回忆，类似北方五环这样向“天空”借股票额度成功IPO的案例还有一个。中央领导曾视察上海某国企，明确表态支持该国企尽快IPO上市。为落实中央领导指示，1997年在没有明确股票额度的情况下，该国企申报IPO并成功上市。其他没有拿到股票额度的上海国企就此事咨询上海证管办，上海证管办的一个处长幽默地回答，“额度是向天空借来的”，这就是“向天空借额度”说法的最初源头。

案例之二：向天空借债券发行指标

企业债，一直由国家计划经济委员会主导，其管理更为细致，越过各省、各部委直接把额度戴帽子分发给各企业。如2007年度，分给浙江省上虞市交通投资公司8亿元企业债额度、分给中国铝业20亿元企业债额度等。

到了我开始做债券融资的2012年，已经有很大的进步。由于公开发行企业债的规模受“不超过净资产40%”“最近三年平均利润能覆盖一年的债券利息（预计）”以及“不超过所在地政府上年度一般预算收入”三个因素限制，所以，国家发改委不再直接戴帽下达额度，而是实施“指标管理”的模式：除了符合条件的经营性企业可以申报产业类的企业债之外，地方政府的平台公司实施“211”指标的政策：副省级城市每年可申报2个平台类的企业债，一般地级市或直辖市的区每年可申报1个平台类的企业债，财政一般预算收入前

100 名的县（百强县）每年可申报 1 个平台类的企业债（国家级经开区、国家级高新区可参照百强县的政策）。

发债融资的好处多多，榜样的作用无比巨大。有条件想发债融资，没有条件创造条件“向天空借指标”也要发债融资。作为券商，我们当然乐意帮助没有发债资格的企业寻找发债的机会。

2012 年 5 月 10 日，浙江省舟山市的领导邀请我们去舟山市下辖的岱山县考察一家拟上市的汽配企业，企业老板姓什么没有记住，名为“中棠”二字（我们戏称为中堂大人），老板告知：民族证券已经介入较长时间了，地方政府领导对来自北京的民族证券了解不多，委婉地表示如果我们省内券商愿意，他可以帮助、协调让我们替代民族证券或者与民族证券一起共同介入，被我们当场婉言谢绝。虽然我们当时在做的 IPO 项目也不多，但是兄弟券商已经在做的项目，我们不能滥用人脉资源强行取而代之或介入分享，这是行业的规矩，也是投行人员的基本职业底线。

午饭后，岱山县金融办领导炫耀说岱山县还有几个“中堂大人”，县财政局副局长兼国资办负责人柴忠堂就是其中一位。言者无意，听者有心，我当即提出要见一见这位柴局长，目的很明确，就是建议岱山县申报企业债。

赴岱山出差之前，我专门研究过舟山市的发债指标问题，认为岱山县有发行企业债的可能：

1. 2011 年度，岱山县的一般预算收入只有 9.4 亿元，距离百强县的一般预算收入差距巨大（当时排名第 100 名的县政府财政一般预算收入约 25 亿元），不具备单独申请发行企业债的资格。

2. 作为地级市，舟山有一个发债指标，2010 年的发债指标给了市交投公司，2011 年的指标给了定海区国资公司，2012 年的指标准备给普陀区国资公司，但是普陀区尚未决定是否申报企业债。如果普陀区 2012 年放弃申报企业债的指标，岱山县可以向舟山市借指标（舟山市只有两区两县，嵊泗县的经济规模更小）。

3. 如果借不到舟山市的指标，就以国家级的舟山群岛新区名义申报企业债，另外三个国家级新区（上海浦东新区、天津滨海新区、重庆两江新区）都发行了企业债，我个人由此推断：国家级新区每年可申报一个企业债。

柴忠堂曾是中学老师，学习能力强大，悟性也高，虽然是第一次听说岱山县国资公司能发债，颇为意外、稀奇，但是很有兴趣，希望我回去后提供一些资料供他学习参考。

回到办公室，我向单位的债券专家求教，他们普遍不看好，认为岱山这样的贫困海岛县不可能“搞到”发债指标。他们提醒我：实践中只有“区”借用地级市指标的案例，还没见过“县”借用地级市的指标；另外，三个国家级新区都是由原来几个“直辖市的区”的其中一部分组团而成，原来的“直辖市的区”本身就有单独的发债指标，国家发改委从未明确过是用了“直辖市的区”的指标还是国家级新区的单独指标。

2012 年是我从事债券融资业务的第一年，虽然有强大的股权投行业务经验（我做过 A 股、B 股、H 股 IPO 业务，30 岁已经是投行部的负责人），还有不错的研究分析能力（做 IPO 行业研究，写过若干行业研究报告，因此还收到两个券商邀请担任研究所所长的 OFFER），但是，在债券融资领域，我还是一个新入门的“菜鸟”。凭借着无知者无畏的闯劲、曾经“向天空借股票额度”的经验和多年来慢慢滋生逐渐积累的自信，不想轻易放弃：

1. 地级市的下辖区本来是没有发债指标的，国家发改委也没有明文说可以借地级市的指标，“区”借“地级市”指标是券商和地方政府努力的结果。地级市的下辖区与下辖县没有本质区别，我们可以想办法，尝试做一个“县”借“地级市”指标的先例，毕竟国家发改委没有明文禁止。

2. 国家级新区发债，是借用所在“直辖市的区”的指标还是单独的国家级新区的指标？发改委没有明确的说法，属于可争取、可沟通的范畴。

3. 国家级经开区是国家发改委和外经贸部联合审批的，国家级高新区是科技部审批的，它们都有单独的发债指标，国家级新区是国务院审批的。我想：国务院下属部门审批的开发区有单独的发债指标，国务院自己审批的国家级新区能没有发债指标？

我的上述分析，后来在实践中证明是普遍真理，但是，因为舟山群岛新区行政区划的特殊性，反而碰了壁。但是，在当时发挥了作用，我的部下一位姓姜的同志认同了我的分析和预判，他当时已经有两年债券融资的经验了。他负责跟柴忠堂沟通，提供债券业务介绍资料，收集岱山县发债的财务数据及相关材料，并在 6 月底制作了《岱山县国资公司发债方案》，通过邮件发给柴忠堂。为此，我们还去了两趟岱山，每次都得到柴副局长和县金融办的盛情款待。

其间，发生了另一件与发行企业债本来不相关最后却密切相关的事情。2012 年 6 月，舟山市金融办到岱山县召开座谈会，推介证券交易所刚刚推出的中小企业私募债，得到了岱山县领导的大力支持。于是，县金融办、工信局派人去舟山市第一个发行债券的市交投公司学习、“取经”。

市金融办推介的中小企业私募债和舟山交投公司已经发行的企业债是两个完全不同的债券品种，前者是面向民营的中小企业，由证券交易所核准；后者主要是面向地方政府的国有平台公司，由发改委审核，两者之间差别很大，缺少共性，互相之间没有任何借鉴的价值，显然是找错了“取经”的对象。恰恰是因为找错了学习的对象，将错就错，从另一个侧面成功推动了企业债的进程。

舟山交投公司告诉岱山县的学习“取经”人员：发行企业债，必须是国有的政府平台公司，要由国资办牵头，要注入土地资产，要有合适的投资项目。

岱山县领导听取了学习“取经”人员的汇报，有针对性地决定由分管土地、国资的县领导分管发债工作，分管发债的县领导随即安排财政局副局长兼国资办负责人柴忠堂牵头研究、准备。柴忠堂自豪地向分管发债的县领导报告，已经悄悄准备近两个月了，省城的券商也做好了方案。看完方案，分管发债的县领导大喜过望，在县长办公会议上向县长做了汇报，县长当场拍板，请省城的券商尽快进场开工。列席会议的金融办主任急匆匆地在县政府网站上发布了请我们帮助发行企业债的新闻，并电话通知我们下周一务必进场开工。此时，我们与分管发债工作的县领导尚未见面。

浙江省发改委财金处的两位处长完全没想到不发达的岱山县计划申报企业债，但是他们思想解放，善于接受新生事物，经过我们详细的解释说明，他们接受了我们提出“以舟山群岛新区的名义为岱山申报企业债”的思路，并且表示只要国家发改委财金司能认可，他们一定提供便利和帮助。下一步的工作就是如何获得国家发改委财金司领导的认可了。

功夫不负有心人。我从宁波市发改委副主任处获悉，国家发改委财金司司长计划在 2013 年 5 月 10—12 日先后到义乌、杭州、宁波考察，当即与省发改委财金处、宁波市发改委副主任分别商量了向司长汇报的两个方案：11 日，杭州，请浙江省发改委领导出面，汇报了岱山县以舟山群岛新区名义申报企业债的方案；如果司长没有明确答复，12 日，宁波，由宁波市发改委副主任带我到宾馆向司长单独汇报请示。

当时的财金司司长先后毕业于清华（本科）、人大（硕士），思路敏捷，视野开阔，听了浙江省发改委领导的汇报后，当场表态“原则上支持舟山群岛新区单独申报企业债”。几个小时之后，他接到通知，要求当天夜里必须返回北京办公室，宁波之行取消。

天遂人愿！岱山县发债的指标问题似乎已经解决了！

2013 年 9 月下旬的某一天，我们同时申报了舟山群岛新区蓬莱国投债、云南西双版纳景洪国投债，国家发改委受理了西双版纳景洪国投债的申报材料，拒绝了岱山蓬莱国投债。

我们大吃一惊，几个月之前，财金司司长都原则同意了。现在，财金司内部的证券处居然不同意?!

陪同申报的浙江省发改委财金处副处长马上找证券处处长沟通，了解情况。原来，财金司司长回到北京，安排证券处研究舟山群岛新区发债指标问题，证券处认真研究后认为：

1. 舟山群岛新区与舟山市的行政区域完全相同，所以，舟山群岛新区就是舟山市，这一点跟浦东新区、滨海新区、两江新区的情况完全不一样。

2. 浦东新区、滨海新区、两江新区都是在原行政区划中“划出来”的一个单独的、副省级的特殊区域，可以给予单独的发债指标。

3. 舟山群岛新区的行政区划跟舟山市完全重叠，所以，不能给予额外的发债指标。舟山只能有一个发债指标，或者以舟山群岛新区管委会的名义，或者以舟山市政府的名义。2013 年 8 月，国家发改委已经受理了舟山市普陀区国资公司申请发债的材料（也是我们承做的），就不能受理岱山县申报发债的材料了。

浙江省发改委财金处、岱山县政府和我们券商都傻眼了，所有的活都干完了，省发改委的同意转报文件都出具了，就等着国家发改委受理这个环节了，如果此时前功尽弃，真不知道如何向岱山县人民交代！

身材高大的柴忠堂有一颗久经考验的大心脏，没有任何抱怨，只是平静地安慰我们：“说不定明年能借到舟山市的指标，大不了延后几个月到明年初再申报。”

我们不甘心延后至 2014 年上半年再申报！

最主要的是2014年能不能申报？还有不确定性。首先，舟山市2014年的指标能不能给岱山县？其次，“县”借用“地级市”的发债指标，尚无先例。当时，只有新疆阿克苏地区的阿克苏市（县级市）在2012年10月借用阿克苏地区的指标发行了债券。新疆是个特殊的区域，而且阿克苏是边疆地区、少数民族地区，况且国家发改委证券处的老处长正在新疆挂职，多重因素决定了这个案例没有借鉴意义。第二个“县”借“地级市”指标的案例，就是我们刚刚申报的云南西双版纳州景洪市国投债，也属于边疆地区、少数民族地区债券，跟阿克苏债有共性。岱山县既不是边疆地区，也不是少数民族地区，如果想获准成为第一个“普通”的县借用地级市指标的案例，需要有说服国家发改委的合适依据。合适的依据有哪些？暂时还没找到。

走投无路之际，没有人能帮助你，只有自己能拯救自己！

我幻想着有“柳暗花明又一村”的奇迹，却不知道到哪里去寻找通往奇迹的小路，当时唯一支撑我的就是项目启动前因一连串巧合而产生的“这个项目一定能成功”的预感，所以，不甘心就此罢休，不愿轻易放弃，也没有惊慌失措，只是平静地思考哪里可能有救命稻草。

各种办法中，我觉得可行的就是从国务院颁布的文件中去寻找政策依据。

国务院最近几年颁布的涉及舟山的文件只有一个，就是关于设立舟山群岛新区的文件。打印出来，读！！！

第一遍，快速读完，茫然。

第二遍，仔细研读，还是左手摸右手，什么感觉都没有。

第三遍，忽然读到“赋予舟山群岛新区省级社会经济管理权限”这句话，顿时眼前一亮、灵光一闪、豁然开朗，既然“副省级”权限的城市可以有两个发债指标，“省级”权限的舟山群岛新区为什么不能有两个发债指标?！救命稻草找到了！问题解决了。

我马上电话告知此时还在北京、焦虑不安的浙江省发改委财金处副处长，建议按这个理由向财金司提出申请，财金司司长肯定同意，证券处处长也一定找不到拒绝的理由。

感谢财金司司长的开明，感谢证券处处长的理性，舟山群岛新区依据“省级社会经济管理权限”获得了额外的发债指标，岱山债申报材料终于被正式受理。据说，用“区域的行政级别”这种理由申请到发债指标的，还是第一例。

2014 年 10 月，蓬莱国投债成功销售发行，创下了当年同级别债券的最低利率，负责债券销售的资本市场部负责人是中央财经大学金融专业 96 届的研究生。年底，该项目以“全国最穷发债县、最低票面利率”入围了 2014 年度《新财富》最佳债券融资项目，是我现在的证券公司多年来唯一入围《新财富》的投行项目。

几年后，因为企业债申报、审批阶段的腐败问题，发改委系统有多人被捕入狱（包括拒绝受理岱山债的证券处处长），极个别没有发债指标的地方政府耗费近千万公关费“搞”发债指标的事情也被曝光。原本没有发债指标最终能发债的案例就很少，像岱山县这样用各方都没想到的理由，正大光明地获得企业债指标的可能就是孤例，而且整个沟通过程中没有任何额外的公关开支。

多年以后的今天，重新评价这两个案例，会有新的认识。两次成功地“向天空借额度”，对当事人来说很有价值——突破了政府管制的篱笆、实现了追求的目标，北方五环 IPO 上市，蓬莱国投发债融资 10 亿元，我所在的单位也获得了可观的收入。那么，对整个社会的发展、整个行业的进步、对投行市场的开拓又有多少价值呢?!

这是两个成功突破计划经济限制的案例，等于在计划经济的篱笆上用合法、合理的理由拨开了两个口子，为情况类似的其他地区、其他企业提供了借鉴的依据，为更多的区域、更多的企业提供了突破计划经济篱笆的想象空间。篱笆上的口子越来越多、口子越来越大，篱笆的价值就自然失去了，以额度、指标为代表的计划经济管理模式就逐渐失去存在的价值。所以，“向天空借额度”的最终目的，就是为了“让额度消失、让指标消失”，这也是当年看似投机之举的最终价值所在。

随着改革带来的进步，“向天空借指标”已经成为历史和回忆，但是，“向天空借指标”对行业的正确发展有一定的启迪作用，其背后隐含的“帮助客户解决最主要的问题、服务取胜”投行理念迄今仍在发挥作用。

当时的股票发行市场、债券发行市场，项目的审核通过率都非常高，券商之间的实力差距无法充分显现，券商之间的竞争主要就是人脉资源的竞争。“向天空借额度”则不同，不需要任何特殊的人脉资源，只需要找到同行没有发现的市场缝隙，只需要有能力做同行想干而干不了的活，只需要比同行干得更好。比拼的是异于同行的独特视野，比拼的是券商的专业能力，比拼的是有没有“敢做同行做不成的事情”的英雄主义气质，归根到底，就是要拥有同行不具备的综合能力，凸显差异性的优势能力，所以，“向天空借额度”是投资银行业务从“比拼人脉资源”转向“比拼本身能力”的第一步，很多人脉资源不足的券商逐渐走上了一条通过“提供创新服务、提高综合实力”的健康之路。到了现在，头部券商开拓市场，重点宣传的是“股权项目的审核通过比例、债券项目的销售能力”，至于曾经引以为傲的人脉资源，则是羞于启齿了。

“向天空借额度”，实践的是“帮助客户解决最主要的问题进而获得商业机会”最朴素的投行理念，时代变迁，“解决主要问题、服务取胜”的投行理念没有改变。额度制的年代，券商面临的最主要问题就是帮助客户拿到额度；有了额度以及现在不需要额度的时候，最主要的问题就是客户自身条件不能满足发行要求，投行就需要帮助客户进行重组、整合、规范，发掘客户自身被其他中介机构忽视的亮点，最终满足发行条件；更高的境界是绕开客户自身条件的限制进行量身定制、开发一个新的融资品种。比如，去年我们首创的全国第一个项目公司的项目收益债，一个注册才一个月的公司，尚未营业，没有收入，除了现金，没有其他资产，按照规则无法申报传统的债券品种，但是，我们根据“客户有回报不错的投资项目、有合适的担保方”，为客户设计了全新的项目收益债，最终审核通过并成功发行。所以，有了向天空借额度的投行思维和习惯，与时俱进，就会发现满地都是项目，遍地都是白银，只愁干活的员工不够。

2019年10月

辑二

情怀

资本江湖　往事随风

张喜芳 *

收到贺强老师微信，希望我参与“财经人资本市场口述史”的撰稿，作为新中国成立 70 周年和母校 70 周年大庆的纪念之作。初接这个任务，觉得无从下手。仔细回忆若干片段，讲几段故事聊作回忆。

一、1992 年深圳，准会计初识股市

1992 年正是我的大学时代，那时候学校有组织模拟炒股。因为我学会计，当时对股票不敏感，兴趣也不是那么浓厚。那一年，大街小巷、电视、报纸都在谈论小平同志的南方谈话，倒是让我非常有想去深圳看一看的冲动。于是一放暑假，我和同班同学卫巍揣上 100 元人民币，就踏上了南下的火车。卫巍有家人在深圳创业，接待了我们。第一次在格兰云天酒店喝早茶，当时感觉楼真是高。第一次感受粤式服务，比北京餐馆那个温馨度可是强太多了。第一次看到客人把找零的硬币给服务员当小费，一个很愉悦地给，一个很感恩地接。第一次遇见台风，几十分钟内倾倒了无数的大树，我们躲进了路旁的一个小店里，中餐喝了一碗 8 元钱的皮蛋瘦肉粥，至今似乎还很心疼的样子。

而真正第一次印象深刻的，却是原始股认购证的疯狂。台风过后，银两所剩不多。有朋友跟我俩说，卖掉身份证能有 100 元，可以换张认购凭证。或

* 张喜芳，中央财经大学 1991 级会计专业本科。

者去帮人排队，50 元钱一次。最终我们还是没有干。但是当时邮局成捆从外地寄来的身份证、窗口排队的热闹情形，确实让我困顿了。原来股票是这么疯狂，原始股如同当年加州发现了金矿一样。这以后，我开始关注这个稀奇的东西，竟未曾想自己日后的职业生涯从此与之也如影随形。

二、1999 年“瞎猫碰上死耗子”预见“5·19”行情

1999 年，我出任中国电力信托投资有限公司投资部负责人，当时也正在忙着处理旗下的证券营业部脱钩。此前，市场一度低迷，国企改革也处在攻坚克难时期，交易所开始实施特别处理制度，取消职工股发行、印花税调整等。

1999 年 3 月初期的一天，我突发奇想写了一篇文章，题目叫《股市也要“扭亏解困”》，大体是相对当时国企扭亏解困的热门词来引申的。文章的主要内容是股市低迷对振兴经济没有好处，需要依靠发展解决问题，振兴股市可以为经济布局调整打下强心针。这篇文章很快发表在《求是》杂志 1999 年第 4 期。

5 月初收到编辑部寄来的杂志，墨香犹在，至今记忆犹新的是心有忐忑又有期待。巧合使我年轻得意了一阵子，因为杂志还在案头上没翻阅完，一场史无前例的行情貌似毫无征兆地就爆发了。1999 年 5 月 19 日，星期三，不少股民此前还在准备割肉走人。开盘后，网络股带动大盘暴涨。本以为这只是昙花一现，未料就此走出了一波汹涌激荡的行情，其间央行继续降息，证监会官员指出股市上升是恢复性的，《人民日报》特约评论员文章再次强调股市是恢复性上涨。这波行情可以用波澜壮阔来形容，是全体经历过的中国股民绝对不会忘却的一段历史。自 1999 年 5 月 19 日到 1999 年 6 月 30 日，上证指数马不停蹄地从 1058 点涨到了 1756 点，这轮牛市最终持续上涨到了 2200 多点。

三、团队里走出的最牛散户

为了尊重隐私，姑且隐去他的真名，化名“夏奇”吧。夏奇曾是安徽一个中学的物理老师，不甘命运的安排，后来又考上了首都经贸大学的研究生，我大概记得他学的是数量经济或金融工程专业。1998 年毕业后通过校园招聘进

入公司，分配在我这个部门。夏奇为人低调，生活简朴，但有着近乎固执的坚持。当时我们一起做内蒙古华电的配股主承销商，那个时候经常看见他和上市公司董秘及财务总监调研，哪怕是电话沟通。他近乎狂热地研究 PT、ST，信念坚定地告诉我说，现阶段壳资源不可能浪费，一定死不了，重组是最大的财富增值点。

但真的很遗憾，身在国企，如何炒得 PT 和 ST？我没能够也没有能力支持夏奇，只记得其中有一年给他分仓了几百万资金，但是不可以买 PT 和 ST，日子倒也过得平淡无奇。后来他不操盘了，有一天到我办公室，提交了一份建议报告，观点鲜明、措辞质朴但结论强势。我看了后笑着问他，你最近还做些什么呢？他笑着回答我，买了点一周见一次面的股票。我说，这是 PT 水仙、PT 双鹿之类啊，你胆儿可真肥哈！

2006 年，夏奇辞去了公职。他是少见的自己做好研究以后敢于 all in 的人，不了解他的人会视为疯狂，但我以为这后面也是一种超于常人的自信。后来的聚会中我才知道，他连抵押自己和姐姐的房子在内，从 200 万本金起步，当时五年下来已经实现 150 倍的业绩，火箭般跻身亿万富翁行列。他在 S*ST×× 一战成名，自此之后，多次转战于 S*ST×× 等股票，一时间成为资本市场的传奇。

至今有三四年没有见过夏奇了。早些年，我们老部门人员每年还会有场聚会，喝酒、聊天、忆往昔，如今主要就是一个微信群了。他的财富后来还有增长，但一如既往的低调。多年前见过一面，当时他仍然住在南二环两居室的房子里，开着一辆不起眼的帕萨特，每天除了研究股票，就是接送孩子。记得老同事说他有时候做做社区义工。想起夏奇，我常常很感慨的是，橘生淮南则为橘，生于淮北则为枳，投资也许成王败寇，但是我们怎么才能养护好适合人才生存发展的土壤，真的是个大课题。

四、2007 年牛市，减持的回忆

2005 年前后，中国的资本市场进入正式实施股权分置改革阶段。同时，从 2003 年开始社保基金、QFII、保险资金等资金开始进场，这轮涨势也极其疯狂，仅 2007 年 4 月、5 月两个月，上证指数从 3000 点上涨到了 4200 点，涨幅高达 40%。

在此之前，我们投资的法人股由于没有流动性，几乎都是在一级市场以略高于净资产的价格进行退出的。当时我所在公司持有浦发银行初始投资 1.2 亿股左右，出资额也是 1.2 亿元左右，决定进行减持。决策层最终审批退出了授权，同意以每股不低于 35 元的价格在二级市场出售。每天看着活跃的买盘，我和同事犹豫了，在 35 元以上出售 200 万股以后，我们做了一个大胆的决定：等。这样的等待其实压力也是很大的，价格一旦下行，未能执行决策，属于执行不力，也会造成巨大的收益损失。但如果价格继续上扬，收益也是非常可观的，一旦错过，也可能终生遗憾。幸运的是，当时我的上级领导默默支持了我们的想法。最终浦发银行当年最高价格在 64 元，而我们平均减持价格是 58 元。数月的等待很煎熬，但是增加了 20 多亿元的收益，也是职业生涯中非常难忘的一次经历。

公司原始投入的 30 亿股建设银行股份也已经在香港上市。H 股流通在建行和交行当时是被允许的特例。当时全球著名的一家投资银行发来报告，认为建行股价 4.6 港元已是中期顶点，建议尽快安排闪电配售。我则认为股价还有较大上行空间，给出了否定意见，也引来了内部强烈的质疑，因为大家认为顶级投行给出的专业意见应该认真考虑。压力也随之而来，不靠投行减持 H 股是件很麻烦的事情。尽管如此，最后我还是以电话通知券商下单的方式，直接在香港二级市场实施了部分减持。幸运的是，我们后来减持平均价格在 7.2 港元，也实现了较好的收益。

两次减持，回想起来还是有些后怕的。一旦市场走软，价格下跌，要承受的责任和压力非常之大，但确实也是开心的回忆。

五、资本市场纷纭的那些往事

一些其他关于资本市场的记忆，碎片化地提一提。

第一件是当年做投行捡了个项目，我和林建军（中财 1991 级投资专业）一起到内蒙古出差，做内蒙古华电的配股主承销商。到那里，吃饭时偶然知悉伊利股份和当时的投行合作不太愉快，对接上一聊，项目很快就确定由我们承接了，算是顺手牵羊的一次经历。

第二件是出事的投资经理。当时我出任董事长的投资公司下面有个小伙子，股票做得不错，是个人才。突然有一天他被带走了，后来也判刑了。原来，他在上一家单位有老鼠仓，后来被监管部门给查实了。这让我很感慨，人这一生走阳光大道多好。

第三件是2015年经历股灾。2015年6—8月，市场发生了令人刻骨铭心的股灾，让人发自肺腑地产生了对风险的敬畏。那一年，我们的团队真的很优秀，及时果断进行了减仓，算是“躲过一劫”。到9月，总经理提出加仓的想法，遭到了投资总监和投资经理的一致反对，也包括委托资金的保险机构方。最后在我的办公室开了一个小范围的会议，大家最终勉强同意加仓。当然后来的结果印证了，时任总经理的判断是正确的，我唯一正确的事情就是作为董事长毫不犹豫地选择了支持他。

第四件是亲历湘财证券重组。湘财证券由陈学荣先生创办，曾一度辉煌鹊起，在市场转型期也一度困难重重。这也算是国内券商风险处置的经典案例，也是央企和民企新湖控股一次成功的合作“混改”，总体上算非常成功的风险处置。记得重组完成后，湖南证监局杨晓佳局长请我们工作午餐，我也戏称为“猫请老鼠”吃饭，监管部门请被监管对象吃饭，也算是一种鼓励吧。

第五件是有幸参与“蛇吞象”经典案例：东北热电重组为国电电力。东北热电于1997年上市，装机规模不大。1999年，国家电力公司决定筹划东北热电重组。当时，中国电力信托投资有限公司已经改组为中国电力财务有限公司，因此券商由中信证券出任，我带领的团队则作为财务顾问。国家电力公司成立了领导小组和工作小组，我出任工作组副组长。2000年初，历经千辛万苦，重组终告完成，正式更名为国电电力，此后实施10∶8超比例配股，演绎了一场“蛇吞象”神话。2002年，该公司并入中国国电集团，成为五大发电集团旗下的核心成员企业。

最后是擦肩而过的私募江湖。1998年，时任国家发展计划委员会某处长和我聊起产业投资基金，后来由我公司出面协助组织了第一次产业投资基金管理办法研讨会。印象中是2007年前后，这个办法终于出台了。2008年，我和当时主管领导汇报后，就准备申请发起设立电网产业投资基金，后来在向能源局时任领导（已落马的某位）汇报的时候，他认为由于电力改革有些遗留事项还没有处理完，我们这个想法只能暂时被搁置。从1998年第一次研讨产业投资基金开始，近 20 年以后我离开直投机构，才重新开始在私募机构兼职，也算百感交集。

回顾资本市场发展的历史，我们目睹过许小年先生的“千点论”，也目睹了贺强、刘纪鹏等成为资本市场、股权分置等改革的重要推动学者。贺强教授是我母校的老师，私下受教不多，但很敬重他。与刘纪鹏教授是 1998 年相识，也算一见如故，至今仍是不错的忘年交。还有资本市场争议颇多的李大霄先生，他当时提出“1664 点时需要勇气，3000 点需要耐心”的时候，我还是非常接受的，当时我们是在一个系统里共事。后来市场似乎把大霄看成了“死多头”。实际上，抛开各种“顶”和“底”论，我们在宏观层面的交流中，感觉他还是很有深度的。在资本市场进程中，由于投资关系，也有幸与诸多官员和大佬有过见面机缘，这些人有些还是好朋友，有些人已经是省部级官员或者大企业集团掌门人，也有些已经无法联系上了，只剩下手机里冷冰冰的电话号码。也许，这就是江湖起落的一个现实写照吧。

当年我们投资银行部共事五年的 22 个兄弟姐妹，也各有去处。除了前述提到的“夏奇”自甘做“无业游民”以外，有不少同事还留在电力体系，不少已经成长为央企司局级干部，其他如今分布在发电集团、国金证券、申银万国、西南证券、长城证券、新华联、医院、保险公司等机构，大都在核心岗位发挥着作用。每每聚首，无限感慨，我们这一个小小的投行部门，也算是见证资本市场发展的一个分支。

回首资本市场，风起云涌，潮起潮落。未来，仍需仔细前行。这些记忆一直提醒我，资本市场中侥幸永远是最大的敌人。

与我国基金业共同成长

胡立峰 *

另辟蹊径取道基金

1994 年 7 月，我从中央财经大学金融系金融专业本科毕业后进入企业工作，主要从事企业的财务投资与证券投资，算是开始从事资本市场相关的工作。1998 年 5 月，我进入厦门联合信托投资公司证券营业部工作，开始进入证券行业，成为一名证券从业人员。1999 年，股市出现了“5·19 行情”，股票市场一时火爆。在厦门市思明区闽南大厦底层的联合信托证券营业部内，人声鼎沸，那个时候还没有网上交易，各色各样的股民拿着股票交易卡热闹非凡地在大厅交易着。那个时候还没有证券分析师这个行业，这项工作叫股评或者咨询。我和同事轮流在证券营业部的交易大厅咨询台值班，接受股民的咨询。

看到行情涨的时候，股民是怎样的欢乐，行情跌的时候，股民是怎样的捶胸顿足。对证券市场最微小的细胞有了一个切身了解，对证券市场的交易规则、交易制度也有自己的观察。这段基层经历对我很重要。

以前对于职业路径没想那么多，进入证券行业以后就有了想法了。相对来说，证券行业是个崇尚个人自我奋斗的行业，对人才尊重，对自我价值认可，发展空间很大。只要你努力，你就可以做很多事情，也可以得到大家的认可。

---

* 胡立峰，中央财经大学 1990 级金融专业本科。

我也琢磨在证券行业中怎样选择一个研究的突破点。有一次和大学同学王小刚（中财 1990 级财政系）聊天，他说可以关注一下证券投资基金，基金刚开始，未来会是个大行业，当时做的人很少，发展空间大，容易做出成绩。在大学期间，我和王小刚就是热爱股票学习研究的志同道合的同学。当时在证券营业部工作，本职工作是股票咨询，基金研究是副业。

自从开始基金研究，每次基金报表出来的时候，我都会亲自录入一遍，包括做表格、做统计。虽然很多人会觉得这种方式很原始，并且效率低下，但是他们忽略了最重要的一点，亲自做一遍之后，我的整个分析研究思路就出来了。如果总是从很高的角度看问题，可能永远都看不到很多细节，包括基金交易的周转率、财务数据以及操作风格等。我一直很注重细节，细节决定成败。

从 1999 年 7 月开始，我大量发表基金研究的文章，仅 2000 年就在《中国证券报》上发表文章近 60 篇。2001 年 4 月 10 日，我正式入职银河证券，随后来到北京工作。

2001 年初，我国只有 33 只公募基金，基金资产规模 845.62 亿元，银河证券却拥有发展战略的眼光，在当时就决定组建基金研究中心，这也是吸引我的原因之一。2001 年 6 月 12 日，中国银河证券股份公司基金研究中心正式成立，基金研究中心承担了基金研究与基金评价两大业务工作，成为国内第一家专业基金研究评价机构。

2005 年底，根据银河证券工作安排，我担任基金研究中心负责人，这个时候市场上已有 218 只公募基金，基金资产规模 4691.16 亿元。这些基金运行的究竟怎么样？应该用什么样的标准来衡量它们？投资者该怎样来选择？基金公司和基金经理如何知道自己在市场上的业绩排名与相对位置？当时我们决定开发一个为基金业和社会认可的较为客观的标准基金评价、排名系统。

我们刚开始决定做这个系统的时候非常难，因为没有参考，数据怎么搭、系统怎么建，都要自己琢磨。2005 年底到 2006 年，应该是我工作以来最辛苦的时候，每天工作十几个小时。大学期间的学习经历和基层营业部工作经验发挥了作用，我按照符合中国国情的基金评价思路、方法，设计出符合国情的较为实用的基金评价体系。

我们中心在国内第一家建立了完善、准确、专业的中国基金行业数据库，这帮助我们打破了专业基金研究经验和信息技术之间的藩篱。如果没有强大的数据库，很难做到公平、客观地评价。

2006年，国内第一个从专业基金研究角度出发的具有自主知识产权的基金评价系统——“中国银河证券股份公司基金研究分析系统”上线运行。这个系统在基金基础数据、研究标准、业务规则、技术开发、研究模型、研究产品和应用展示等方面形成自主的一体化体系。

银河证券所有的基金评价均由该系统做出，这是由计算机定量计算的结果，由一套统一的标准适用所有的基金，也就是说“用一把尺子衡量基金”，保证基金评价的独立、客观和公正。

该基金研究评价系统坚持不懈地记录和评价着中国基金市场的发展，努力成为公正、客观的基金行业第三方评价机构。经过不断地完善和补充，如今已经形成基金绩效统计、基金行业统计、基金投资组合研究、基金管理公司投资管理能力综合评价、基金资金流量研究、基金新品导航、基金重仓股研究、基金投资价值分析、基金管理公司分析等核心研究产品。

截至2019年12月初，我国公募基金发展规模与1998年开始阶段相比，呈现了巨大增长。基金数量从1998年末的5只发展到2019年9月末的5945只。基金资产规模从1998年末的107.42亿元发展到2019年9月末的137727.55亿元，其间增长了1281倍。

公募基金承担着重要使命与任务

美国对华为公司的“禁令”，标志着中美信息技术科技战全面打响，重点是5G、芯片、操作系统等信息技术领域。信息技术领域科创企业需要股市提供长期资本支持，信贷资金、债权资金等无法承担此任务，也需要公募基金与私募基金发挥专业机构投资者的资源配置与价值识别功能。公募基金通过专门的科创主题基金、科创板基金，着重在增量上加大供给力度。

沪深A股市场在我国科技创新的发展中承担着越来越重要的任务。信息技术领域的科创企业需要股市提供长期资本支持，信贷资金、债权资金等无法承担此任务，也需要公募基金与私募基金发挥专业机构投资者的资源配置与价值识别功能。在天使投资、风险投资、股权投资的私募基金领域，形成一定规模的丰富、多元的科技创新孵化、支持安排及其体系。二级市场的A股需要为科技创新企业提供更大力度的支持。科创板是目前最大的股市增量改革，通过对新一代信息技术等六大硬核科技提供专门的支持，接纳这六大领域企业上市并且试行注册制，为更多的信息技术类企业上市提供支持。同时通过退市制度安排，形成资源的优胜劣汰与市场的新陈代谢。

公募基金作为目前规范的也是规模最大的机构投资者，承担着越来越重要的职责。公募基金面向社会散户，通过专门的科创主题基金、科创板基金，在做好投资者适当性与风险提示教育的前提下，吸收一部分有风险承受能力的散户资金形成公募基金，通过基金的专业运作，服务支持科创板以及信息技术企业的科技创新。

没有终点的攀登

黄付生*

闯入金融行业

对金融行业的第一次认知，是在读大学的时候看《参考消息》，有一则华尔街投行的报道，具体内容已经模糊了，后来关注到烟台的两家上市公司张裕的 MBO 和东方电子等。由于本科的专业是计算机类，当时从来没有想过今生会和金融有什么交集，对金融的概念更是模糊的。

机缘巧合，进入中财读研，莽莽撞撞在 2005 年 11 月进入筹备期的某公募基金实习，便注定了成为我一生的职业。当时证券市场的主角是招商银行等银行股，股权分置改革是所有上市公司的头等大事，回过头来看，它即将孕育一场波澜壮阔的牛市。市场的平淡，无法掩饰初创公司的艰辛以及股东、高管间的纠葛。这家公司半年的经历，同时筹备组的几个核心人员都成为这家公司的灵魂人物，三个总经理、一个副总经理后来也都成了金牛基金经理，成就了基金投资圈的传奇。黎明前的黑暗，同样让人看不到希望，市场的低迷和公司的动荡，待了半年后，就离开了。

---

* 黄付生，中央财经大学 2004 级国民经济学专业硕士、2007 级国民经济学专业博士。

从事宏观分析的生涯

2006年底，市场已经显著回暖了，中国工业化的进程加速前进，全球的工业品和石油等价格都节节攀升。股票市场也走出了明显的上升趋势，无论公募还是券商，都开始了大规模的招聘，七八年的熊市，券商的各个业务线都人手短缺。

2007年初，我有幸进入了中信建投研究所，跟随诸建芳从事宏观研究。当时的中信建投刚刚被中信证券和中央汇金整合，脱胎于华夏证券。研究所的体系更是一脉相承，汇聚着当时一批最著名的卖方分析师。宏观、机械、钢铁、策略等都是当时的新财富分析师，当然那时候的新财富影响力和身价远远不能和现在比拟。中信建投主要高管都来自中信，整个公司也是人心惶惶。但市场的回暖和新生力量的不断加入，让这家老牌的新生券商同样生机勃勃。但知名的大牌分析师仍陆续出走，宏观首席诸老师在我入职不到三个月后就离职去了中信证券。当时中信证券接过国信的旗帜，大肆高薪挖脚，打造了当时市场最强大的研究力量。

很快，银行、机械、钢铁、债券、汽车等一批著名的分析师也都纷纷离开，去了光大证券、工银瑞信基金等其他机构，负责人齐总也去了银河证券做副总，研究所由彭总领导，中信来的张总直接分管。研究所完成了一次大的动荡，老一代著名的分析师基本流失完毕。中信建投研究所慢慢转型对内服务、对外兼顾。

2017年上半年同我一起入职的几个同事和当年毕业进入研究所的学生，数年后在周金涛的带领下成就了新的辉煌，也是中信建投研究所之后十年的中坚力量。食品饮料、策略、宏观、汽车、军工、煤炭等新财富著名分析师都出自我们那批人。

当时对宏观经济的研究，著名的是高善文、诸建芳等人，年轻人都不喜欢做宏观，看行业、做基金经理是那时年轻人热衷的职业路线，我也不例外。2007年的牛市很快结束后，就是漫长的熊市，加上美国的次贷危机愈演愈烈，2008年市场基本成交惨淡，市场低迷。我利用在学校的机会，申请到留学基金委博士联合培养项目，便短暂离开公司，去美国访学去了。

成为两个行业的首席分析师

在美国的奥兰多和纽约待了近一年，正值美国次贷危机的高潮，深切感受到当时留学生毕业后找工作的艰辛，但整个曼哈顿感受不到一点萧条的味道，只是在奥兰多时，在路边看到很多出售房屋的广告牌。回国后，在当时所长的极力邀请下再次回到公司，继续从事宏观研究，但宏观团队的人员发生了较大变化，魏凤春从江南证券过来做了首席，2009 年底周金涛从长江证券加入研究所做所长，开始转型做卖方业务。那时候做得最轰动的一件事是，年底的策略会花大价钱从美国请了个诺贝尔经济学奖获得者来演讲。这样的做法，我们应该是第一家。就是在那个策略会上，我和当时的食品饮料首席郑老师一拍即合，从宏观分析师转向行业分析师，覆盖农业和食品饮料两个行业。

之后的两年，就是我从一名普通的行业分析师的晋级之路，踏实勤奋的特质使我快速完成了研究的基础积累。当时《新财富》已经盛行，只是竞争不是很激烈，我们团队每年基本都能入围，只是很遗憾没有进入过前五名。

2011 年底，首席郑老师因为年龄原因，换岗去了人力资源部，我就顺理成章接替了首席。郑老师是最早的一批食品饮料分析师，北大法律系毕业，北京长大，人脉非常广。她是我职业生涯转型的引路人，一直心怀感恩。辞职的时候办手续见过她，之后就没再见面了。她一直在人力资源部，负责全公司大几千人的绩效薪酬，如今应该也快到退休年龄了。

《新财富》成就行业地位

周金涛从长江证券过来接任所长后，我们整体开始向卖方转型，服务公募基金、保险、私募等机构客户，参加外部的评选，靠多年的人才梯队的积累，2013 年便崭露锋芒，部分行业上榜《新财富》；2014 年达到顶峰，整体排名前十，我在那一年食品饮料行业排名第三，实现了从一名普通的分析师向《新财富》知名分析师的跨越；2015 年又取得第四名的成绩。另外，《中国证券报》的金牛、《证券市场周刊》的水晶球等也都取得较好的名次。这两年基本奠定了我在行业的研究地位。行业地位的提升，研究员的职级也相应地提高，我也从 SA、SVP 一路升到 D。由于建投的机制问题，整个待遇相对于市场还是很低的，但出于各方面原因，大家都很稳定，大批自己培养起来的知名分析师也都甘心拿着远低于市场的薪酬任劳任怨。

周期天王的陨落，所长的更迭

周金涛成名于 2009 年之前，那时候中国的工业化快速推进，他的周期理论在策略研究里确实独树一帜。但随着中国工业化的完成，他的策略观点基本就脱离市场越来越远了。因此，他进入中信建投后，在策略上的研究基本是整理自己的研究体系，形成他的周期研究理论。整个五六人的策略团队，基本都在为他的研究框架和理论体系做文字工作。

2015 年股灾之后，市场步入熊市，周金涛的身体突发状况，基本都在日本、天津治疗和休养。2016 年初，他基本康复就回来工作后赶上中国经济的补库存周期，他的周期理论有一次短暂辉煌。也就是那个时候，“周期天王”的名号被我们内部叫起。这期间，他在外演讲和系列报告提出了“人生发财靠康波”“2019 年是万劫不复之年”等后来市场耳熟能详的金句。没想到当年底，他就复发病故，英年早逝了。去天津参加他的追悼会，基本聚集了整个资本市场的精英，大家从四面八方汇聚津门，足见他的影响力。他去世后，很多观点和文章还时不时被拿出来宣传。

出走的助手，人才辈出

中信建投没有市场化的激励，但靠着大券商的底蕴和能解决北京户口的优势，每年大规模招聘应届生，培养人才，形成了很好的人才梯队，尽管每年员工流失严重，但业务仍能蒸蒸日上。在中信建投研究所前后工作了 10 年，基本换了三批助手，第一批两个人先后去了北京两家很大的公募基金，后来成为业绩很好的基金经理。中间一批四个人，有三位去了申万和华泰证券研究所，成为食品饮料和农业的首席分析师，也都是知名的分析师，一位一直跟随我。最后一批先后有四个人，一人去了深圳的一家公募，一位清华的化学博士后来离开这个行业，一位继续留在建投，另一位自由创业去了。助理广泛分布在各大机构并都有成就，我这位“黄老师”的口碑和行业地位也很快建立了起来。

下定决心辞职，白银一代终结

周金涛去世后，研究所新所长的任命迫在眉睫，当时有包括我在内的一批在公司近十年、行业知名度高的分析师，公司未来稳定，成立了研究委员会，但所长由后来同样是从长江证券过来的地产首席分析师担任。

金融行业人员流动频繁，券商研究是证券行业竞争最激烈、市场化程度最高的行业，人员的流动更为频繁。随着《新财富》的兴起，《新财富》分析师的待遇更是远远超过保荐人，成为券商里收入最高的一群人，机制和领导的变化是导致这群人流动的主要原因。在公司待了十年，我们这批人，也是到了离开的时候了。有时候，离开是最好的选择，不然后面会更被动。正好，由原来的同事去一家小券商做卖方，有比较好的激励机制，当时给的待遇还不错，我们答应了。2017 年初我提出了辞职，春节后就入职了太平洋证券。

三人创业，打造一个新的研究所

春节期间，还没有入职的时候，肖建华被抓的消息就成了头条，太平洋证券又被媒体着重渲染。当然公司和“明天系”早就没有关系，但担忧总是有的。入职后才发现，真是一个烂摊子。公司业务单一，没有任何支持，也没什么基础，还有 40 多位无法胜任卖方工作的原有分析师。注定了这是一场艰辛的冒险之旅。

我们三个建投的老同事齐心协力，赶快招聘研究员和销售，没想到没用半年就把摊子铺起来了，形成了近 100 人的研究和销售队伍，然后就是拜访客户，开设公募基金的交易席位，开展研究服务，卖方竞争越来越激烈。同期，国盛证券、西部证券、新时代证券、财通证券等都砸重金开始做研究业务。幸运的是我们的工作和团队战斗力爆棚，很快开设了大部分机构席位，并产生了佣金。2017 年收入近千万元，2018 年收入达到 8000 多万元，在竞争激烈的卖方市场杀出了一条血路，形成了市场影响力，对公司的品牌和市场地位都产生了积极的影响。后期，再招人就容易多了，很多优秀的研究员和销售都慕名过来，整个研究和销售队伍更加齐整，研究院的市场地位日益稳固。2017 年 12 月在昆明、2018 年 5 月在上海召开了两次策略会，阵容浩大，形成强大的市场影响力。

临危受命，力挽狂澜

研究院发展如日中天，但也无法掩盖公司经营的艰辛。股市的低迷和自营的亏损、股权质押的计提，导致公司 2018 年亏损严重，股权变更的传言如影随形。尽管公司主要领导对研究院一直很重视，投入很大，但未来的不确定就像抹不去的阴影。

2018 年底，另外一家新上市的券商——华西证券要投重金打造研究所，魏涛在 2019 年初还是出走去了华西。华西本是一家盈利不错的券商，加上刚上市募集了大量资金，对研究的投入也是大手笔。高薪挖人屡试不爽，研究院各地的核心销售和几个不错的分析师都陆续辞职过去了。

管理团队的动荡给公司带来了很大的压力，这两年研究院的成绩有目共睹，公司的投入将持续，选聘新院长成为头等大事。根据多方博弈，最后我接下这个烫手山芋，临危受命。这是一个即将崩溃的团队，头等大事就是稳定队伍。我的接任确实稳定了人心，加上公司的支持，大部分人的薪酬进行了大幅度的调整，两三个月时间局面基本稳住了。然后就重启停顿了大半年的卖方服务，重新开展工作。我的重心也转向外部招聘，补齐研究和销售的空缺。又是两三个月的忙碌，从民生、国海等其他券商的第三方研究机构招募到了一大批优秀的研究员和销售。半年时间，研究院的人员更迭了 50%。利用这次变动，我也按照自己的理念和考虑打造团队与调整结构。总体下来，研究和销售的实力比先前更上了一个台阶。

半年多时间，在京沪深三地飞个不停，既要拜访客户、稳定业务，又要稳定各地的员工队伍、招聘人员。最后得偿所愿，我将一个即将崩溃的烂摊子整合成一个新的、更强大的研究平台。在很多大的公募基金研究中，排名大幅上升，收入也稳步提升，团队重拾信心，整体斗志昂扬。当然，我们的变动和现状，也是整个竞争激烈的卖方研究所的一个缩影。这是一个市场化相对高的群体，这是一个竞争最激烈的领域，这里汇聚着薪酬最高的从业人员，但每年都有新券商加入卖方的队伍，越来越多的券商认识到研究的价值。

新所长的抱负，研究生涯的结束

接手研究和销售工作后，加上公司内部的工作，我已无暇顾及行业的研究，客户的路演和上市公司的调研更是分身乏术。但仍指导团队成员进行研究，平时的路演和调研都让他们分担，无可奈何地结束了钟爱的行业研究生涯。

资本市场的发展日新月异，尽管行业竞争越来越激烈，市场向头部大券商的集中度越来越明显，但研究在各家券商的重要性越来越被重视，投入也越来越大，这是一片新的沃土，我将继续在券商研究这个赛道上前行，打造优秀的研究和销售队伍，成为证券行业的一个标兵。

2019 年 12 月 4 日

关于上海证券交易所的几点见闻

申睿波 *

作为一名证券投资专业毕业的学生以及证券行业从业人员，近年来我多次到上海证券交易所参观学习和交流汇报工作，最近也参观了中国证券博物馆。现结合自己的所见、所闻、所学，简要梳理一下上海证券交易所的发展历程以及中国证券市场的成长过程。

中国公开发行第一只股票是在 1984 年，当年在上海发行了飞乐音响股。当时发行的面值是 50 元一股，发行量非常小，只有 1 万股，也就是说整个投资额也仅仅 50 万元。虽然因为当时的历史条件所限，上市的基本上是街道型企业，但第一只股票的发行引起了市场的很大反响。1985 年，上海发行了另一只股票——延中实业，这家企业主要是生产、经营塑料袋、桶装水等，是一个很小的企业，发行量是 10 万股，每股 50 元。当时市场整体并不是太理想，公司担心股票发不出去，就想了很多办法，选择在体育馆里直接面向股民进行发售，并且抽签发奖品，也引起了一个小小的高潮。在 1985 年之后，股票实际上一直都没有得到大部分人的认可，股票发行一直延续着低迷的状态。但是随着股票的发行，大家的交易意愿就越来越强，希望有一个可以转让的场所。

到了 1986 年，上海工商银行、上海信托投资公司静安分公司向人行提出了申请，希望成立一个股票柜台交易场所。这个批示很快被同意了，工行静安分行就在南京西路找了一个十几平方米的店面，作为第一个相对正式的股票

* 申睿波，中央财经大学 2001 级金融学专业本科。

交易场所。它的布置非常简单，有点像古代的典当行：高高的柜台，旁边挂了一个小黑板，黑板上写着它可以接受买和卖的股票的价格，买入价和卖出价在小黑板上写着，然后桌子上放着一把算盘，就这样一个简简单单的场所就构成了最初股票交易的场所。在这个场所里面，因为当时股票非常少，交易量非常小，更多的交易是国库券。1986 年，纽约交易所的董事长范尔霖来到中国，会见了邓小平先生。他赠送给邓小平先生纽约交易所的徽章，邓小平先生回赠给他的就是中国的第一只股票——飞乐音响原始股。当时范尔霖得知上海已经有了一个交易场所的时候，他非常想去参观。外事接待机构就专门派人安排这个事情。范尔霖先生来参观时，他和营业场所的经理握手合影，照片登在西方的主流媒体上面，标题很有趣：世界上最大的交易所与世界上最小的交易场所的经理会面。

到了 1989 年，时任上海市市长朱镕基主持召开会议，邀请各方的学者、专家和领导一起来讨论上海的金融发展。在这个会议上，第一次确定成立上海证券交易所，相应成立了筹备小组。刚开始筹建时，相对来说进展比较缓慢，到了 1990 年 6 月，朱镕基市长在出访美国的时候，宣布了浦东对外开放以及上海证券交易所将在年底开业的消息。这时候离开业只有半年的时间，筹备工作非常紧张。首先是选地址，选在了浦西黄浦路的浦江饭店（当时叫作查理饭店），把这个场地作为第一个交易场所，各方面的筹备工作都同步展开。纽交所上市的时候是敲钟，对中国人来说，敲锣、鸣锣开道更加喜气，所以决定开市用锣声。关于场地摆设，参照香港联交所的样子进行设计，交易席位也是参照香港交易所设计。交易员穿的是红马甲，实际上不是交易所的员工，而是证券公司派驻在交易所进行交易的人员，穿黄马甲的是市场管理人员，人数并不多。

1990 年 12 月 19 日，上海证券交易所举行开业典礼。当天的交易非常顺利，当天交易一共成交了 93 笔，当时的交易时间是 11 点开始，下午 3 点半结束，成交金额是 1000 万元人民币，当时交易的股票是 8 只，也就是俗称的“老八股”。那时候证券市场的市值是 2.1 亿元。当时股票市场开始交易以后，引起了一个热潮，原来交易大厅的席位远远不够了，后来逐渐地扩充，从开始的 1000 个座位，一直扩充到最多时 5000 个席位同时在交易，有 8 个交易大厅。

到 1992 年，股票的火热达到了一个高峰期，也发生了一些很重要的事情，比如说认购证，上海在年初发行认购证的时候，想发行 500 万张，大家凭身份证购买，一个身份证可以买一张。买到了以后，凭这张认购证，就有权参加这一年内发行新股的抽签，如果抽到了，就可以进行买卖，但实际上只发到了 200 万张。深圳同样在 1992 年发行了认购证，在 8 月 10 日进行发行，这也是后来有名的“8·10”事件。在发行的当天上午 500 万张就全部卖掉了，大部分人都没有买到。但是很快就发现，有很多人在外面进行兜售，引发了混乱。深圳第二天又增发了大概 500 万张的认购证，把事情化解了。但是这件事已经上报到了中央高层，直接导致这种发行体制结束，并且成立了两个重要的机构。在同年，先后成立了国务院证券委员会、中国证监会，这两个机构都是在这个事件后应运而生的。原来两个交易所都归地方管理，在这两个机构成立后，交易所由中央管理。

到了 1995 年，爆发了“327 国债”事件。1992 年，上交所为了活跃国债市场，推出了一个国债期货产品。这个产品交易非常活跃，到了 1995 年，活跃火爆程度达到了顶峰。“327”不是指 3 月 27 日，而是 1992 年发行的一个三年期的国债代码，于 1995 年到期。市场上的多头和空头机构进行激烈博弈。在闭市以后引起了很大震动，中国证监会授权上交所进行处理。这个事件发生之后，国务院在 5 月停止了上海证券交易所的国债期货品种。这是中国证券市场第一个衍生品交易，但是从此就夭折了，一直到 2013 年才恢复。

1997 年，上海证券交易所搬到了目前的办公大楼。交易大厅长、宽都是 60 米，总面积 3600 米，是亚洲最大的一个交易大厅，层高达到 16 米。原来的场地四周环绕的都是交易席位，一共有 1608 个，但是因为交易方式的逐渐演变，场内交易已经被无形席位通过网络所取代。现在只保留了 170 个交易席位，只有一些 B 股交易，主要是做展示用。

一直到 2014 年，对上海证券交易所来说是一个重要的年头。原来暂停的衍生品，也就是国债期货被暂停以后，经过多年的努力，股票期权的研发和申请工作获得了国务院和证监会的批准。到了 2 月 9 日，第一个产品 ETF50 期权正式上市了。从这天开始，上海证券交易所正式成为一个跨现货和衍生品的综合性交易所。随着沪港通的推出，香港股民和国内股民不需要做任何开户或者说是变化，就可以相互买卖对方的股票，意义非常重大，是上海证券交易所第一次由本土市场进行的国际化，同时对中国人民币的国际化起到了很大的推动作用。

上海证券交易所发展到现在，已经走过了近 30 个年头。2018 年推出了沪伦通，2019 年推出了科创板和注册制，在股票发行制度上进行了改革。雄关漫道真如铁，而今迈步从头越。上海证券交易所作为世界一流的交易所，将在中国资本市场的发展中发挥更大的作用，也将谱写新时代的壮丽篇章。

2019 年 12 月

我和财经黄埔与资本市场的缘分

季仙华 *

2019 年 10 月正值新中国 70 华诞，同月 19 日是中央财经大学成立 70 周年，也是中国资本市场设立 30 周年。70 载光阴荏苒，有人身兼重任，有人甘于无名，这些在经济建设前线辛勤耕耘的数不清的“战友”们，有一个共同的名字——“财经黄埔人”。70 年弹指一挥间，一把笔墨情怀融入经世济民的事业，一把才华挥洒在新时代的浪潮之巅，是每一位走出校门的中财人一生不变的理想和奋斗的目标。

随着悠扬的歌声“为国而生，与国同行”“未来是责任，未来是担当……”在学术会堂响起，在 2019 年 10 月 18 日中央财经大学建校 70 周年庆祝晚会上，一曲中财人耳熟能详的《未来》歌曲，道尽前辈们的希冀与理想，更唱出了中财人的使命与担当！

能够成为一名中财人，实属一种缘分！能够成为财经黄埔的一分子，实属荣幸之事！

一、我与财经黄埔的缘分

——我与中财的渊源。七年前也是这个时候，我心里突然产生一个想法，作为一个女生，要把学上到头，把博士后做完。伴随着这个理想，就开始了寻

* 季仙华，中央财经大学 2012 级经济学专业博士后。

求落地实施阶段——选择博士后所在的单位，到底选择哪里做博士后呢？于是我就在选择目标学校上开始做功课。首先目标锁定北京，我想到的就是北大、清华、人大、财大，但我想北大已经有过了经历就想换个新的学习环境，于是北大被 PASS；清华是理科，我想女孩子还是学点文科较好，清华也随之被 PASS；于是我就开始在网上查找人大和财大的博士后合作导师，看看人大和财大的合作导师招收的方向和专业，随即开始给人大和财大博士后合作导师通过邮件发个人简历和博士后拟合作的研究工作计划任务，邮件发出后，很快收到了人大黄达教授的拟可以合作研究的邮件回复，随后也第一时间收到了中财齐兰教授拟可以合作研究的邮件回复。由于人大的博士后进站时间是每年 4 月和 10 月两次，而我在发邮件时刚好错过了人大 10 月的进站时间，如果我进站得排到次年的 4 月，再想人大是个综合类学科的学校，我心里还是有点想在财经专业方面有所建树和专长，于是人大也被 PASS；而中财进站时间每年只有一次，正好我可以赶上，而且这个时间是在人大第二年 4 月进站之前。随后我就与中财齐兰教授再次发邮件同意与齐老师的博士后合作邀请，在准备好入站的各项手续之后，于 2012 年春节之前顺利进入博士后流动站。有幸成为中财人，要特别感谢齐兰教授把我带进了中财的大门，是她让我也有幸成为“中国财经黄埔”的一员。在博士后学习、工作中，我要感谢齐兰教授的帮助、鼓励和支持！

——我在中财的经历。作为一位曾经在政府、国企有过工作经历的人来说，再次踏入校园，感到校园的青春气息，满满的都是回忆！进入中财后，我就拟定了几年的工作计划。

在中财工作期间，有幸代表学校去参加北京地区 50 多所院校博士后理事会竞选，2013 年 3 月经中央财经大学人事处推荐到全国博士后管理委员会，我代表中央财经大学博士后流动站参与竞选北京博士后联谊会理事长，与北大、清华等博士后同台发表竞选演讲，最后获得第二名（北大第一名），当选了第 24 届北京博士后联谊会副理事长（主管单位为人社部与全国博管办），学校也因此获得了副理事长单位，这也是学校自 2004 年设立博士后流动站以来在人社部、全国博管办取得的最高荣誉，成为中央财经大学在北京博士后联谊会中职务级别最高的一次。竞选结束后，学校人事处秦老师（主管博士后）当天下午还发信问我竞选情况怎么样，我回复说还不错，获得了第二名，秦老师非常高兴。为此，学校人事处还在学校官网给我发文祝贺当选北京博士后联谊会副理事长。

在竞选为北京博联会副理事长后，我也被推选担任中央财经大学博士后联谊会的理事长。其间，我积极主动与中国博士后科学基金会交流沟通，为我校在站博士后创造更好的生活、工作和交流平台，使我校博士后流动站得到了很好的宣传，提升了我校博士后在北京的影响力和知名度，组织了我校与北大、清华和北京地区 50 多所兄弟院校的博士后科研学习与生活的联合交流活动。同时，也推荐组织了北京博士后与我校博士后和各省市科研学术、工作交流，科技与人才的相互对接工作。在任理事长期间，我花了一年的时间搜集、整理中财自设流动站以来所招收的所有博士后的最新信息。经过一年多的努力，在几个博士后同人的共同努力下，精心策划和准备，最后制作成一本很漂亮、很精致的通讯录。在这里要特别感谢博士后何宪民同学，他为这本通讯录收集和制作付出了很多的辛劳！我也要特别感谢张吉福师兄，他为这本通讯录的印制成功完成提供了大力支持！

——我在北博联的经历。在北博联期间，曾带领北京博士后与各省市科研学术、工作交流，科技与人才的相互对接工作。负责过两届“中国博士后年会”以及担任两届“中国博士后新春晚会”（博后之夜）总策划与总导演，这也是中国最高知人群举办的年度盛会及颁奖盛典，被外界宣称“博后春晚”。我们的定位是博士后自编自导自演，展现现代博士后科研之外的多才多艺水平，主创团队核心都是中财、北大、清华、社科院、人大、中科院等北京高校博士后，会场内群贤毕至，高朋满座，现场座无虚席。吸引了省市领导前来招纳贤才，一些领导上台做推介。同时也吸引了不少海外的相关机构和组织前来联系，表达要与我们博士后开展海外合作交流。在北博联工作中，与其他 50 多所高校接触交往接触较多，发现中财的各个方面与其他高校的差距比较大。

2017 年 4 月 1 日，党中央、国务院宣布设立河北雄安新区，这是国家大事、千年大计。2018 年是雄安新区设立的第二年，正值我国改革开放 40 周年。借此契机，我负责策划了一场“500+ 博士后共话雄安”的大型论坛。这场论坛吸引了众多媒体前来报道，有许多重量级嘉宾参加。据最后现场数据统计，当天到场人数达千人，导致后来到现场的人也只能站着参加，该论坛轰动了整个北京城。

——我在中财的收获。在中财工作期间，我获得了两项国家基金——中国博士后科学基金，其中一项是面上基金，一项是特别基金。据统计，自中财设立博士后流动站以来，也是唯一一位在站期间获得两项国家基金的博士后。此外，我的博士后开题报告和中期考核均为优秀，在出站答辩中，出站报告被考核小组评审为优秀出站报告，同时也获评优秀博士后研究人员。经过之前不断努力，在中财取得了正高职称。在中财工作期间我也见到了很多财经类的专家大咖们，也认识了很多资本市场的师兄师姐们，倾听了他们的光辉事迹和传奇故事。对此，我也是感慨颇多！

在中财度过的这些年，现在回想起来，在中财有开心的日子，也有伤心痛苦的日子。在中财，要感谢很多老师，特别要感谢齐兰教授，还要感谢冯春安教授的指导和帮助。总之，在中财学到了很多，收获了很多，但是也失去了很多很多……希望未来一切都是美好的！

二、我与资本市场的缘分

对于资本市场，其实我并不陌生，很早以前就曾经参与过其中，可以说有一点点小经历，也是与资本市场很有缘分。记忆中很多年前，我就有资本市场的经历，参与了 A 股市场。记得在上研究生之前，应该是在 1998 年还是 1999 年我就在 A 股开户了，在一个领导也称为大姐姐的孙晶晶带领指导下，我就进入沧海沉浮的股市。至今还记得最开始也是最早买入的股票名称，如南京中百、申达股份等。那个时候，初出茅庐的我，对股市特别好奇和兴奋，看见每天泡在股市的大爷大妈们，中午还带着午饭在营业厅里吃，一堆人挤在一台电脑旁边踮着脚看屏幕，争抢着同一台电脑，排队轮流翻看自己手中股票的走势分析图，听着大爷大妈们聊个股的那些专业词语也听不懂，只见他们盘前、盘中、盘后一直占着营业部的电脑在那敲着键盘。那时也经常看见有电视或媒体上的一些股评专家、分析师。

我初进股市的那点知识都是这位孙晶晶大姐姐教的。在孙姐姐指导下，我才知道原始股、手、买盘、卖盘、换手、成交量、K 线、T+1 等都是什么意思。那时候我还有个专门做股票记录笔记的小本子，是跟孙晶晶学习炒股的经验以及我记录的每只股票清单交易情况，本子上记录了买卖的价格、时间点、持仓、数量等，这个小本子的作用极其重要，堪比如今的电脑股票账户明细屏幕，小小本子里记录满满，比较哪只是专家推荐最多的，哪只是专家推荐上涨的次数更多，哪些票是有做 T 的，按照孙姐姐指导的方法，哪些可以做短线，或者中线、长线持有，有时候就是在一些股票上涨后到底要不要追，这时候是最纠结的，也很难判，但不管怎样，先用红笔做个标记再说，看到追涨杀跌的操作终究还是舍本逐末。操作一段时间，有了参与股市的这些经验，了解和接触过股市的这些词语之后，于是我决定研究生的专业选择就报考“金融学”专业。

后来，如愿考上了金融学专业研究生。上了研究生之后，也经常与北大的几位老师探讨股市，基本上每到周末就会聚在一起，我发现茶桌和饭桌上的北大几个老师聊得最多的都是股市。2005 年股改红利带来牛市后，发现很多重组、股改题材的股票，于是我把手上所有的积蓄都扔进去了，当然结果也还尚可。2006 年股市牛市的时候，身边有个老师操盘的资金量比较大，每次收盘以后，他都会做一段时间的盘面分析，然后就直接从交易户室出发到晚上聚会地点，每天聚会或隔三岔五聚会必备课之一，都离不开对当天的股市行情走势解读、判断和分析。研究生期间，课堂上记忆特别深刻的一次是胡坚老师给我们上《证券投资学》，忘了是第一次还是第二次上课，胡老师教案的书本里夹了一张纸质版股票，课堂上给我们讲并把实物股票拿出来给我们看，这是我第一次见到股票的实物纸质版本，有点像我们平常寄信封上贴的邮票，有个学生还问老师，股市交易股票的时候是不是就把这纸质版的股票转来转去交易呢？通过研究生的课程学习，也更加丰富和了解了股票知识。其实，证券市场就是在考验人性的特点，它把人性的坦荡和贪婪展现得淋漓尽致。

时过境迁，对曾经参与过的那些股票至今还历历在目，尤其是那些连续涨停板的股票至今记忆犹新，当然也有惨败的股票，二级市场操作的记忆很深刻。在最初踏入股市的时候，也涉及了一级市场，也是很多年以前，听一个好朋友的介绍说有内部原始股可以买，数量很有限，那个时候也很懵懂，不知道股票的原始股是什么玩意儿，更别说见真实的股票了，对新鲜的事物感觉很是好奇，于是我跟着买了广东的一只龙眼原始股。当时听别人介绍说原始股能翻多少倍。此外，这原始股当年号称要在三年之内上市，据说当时航天系统里有很多人也买了，有一次我还与航天系统的一个人通过电话，了解到确实航天系统有不少人买了。因为当时的通信条件还不发达，那个时候只有 BP 机是最佳的联系方式，其他信件都是通信地址，后来听说这家公司换法人和公司内部人员调整，有过一次股东寄信函给投资人说是可以退出，但因为搬迁地址变更原因未收到信函，所以也错过了退出的机会。至今这只原始股也杳无消息，这是我有史以来买的第一只所谓的原始股。以前在股市，有收获的喜悦，也有惨痛的教训，经历了股市的牛市和熊市。其实，股票就是一个参与人的心理游戏，在操作的过程中，尽快别让自己变为被动，应该以主动为主。自 2015 年 6—8 月股灾之后，由于工作等原因，也基本没有再过多去关注股票市场了。

虽然现在没有像过去一样密切关注二级市场，但更多地关注了一些一级市场分析。一级市场的分析对二级市场的发展尤其重要。从最初开始涉入股市的懵懂炒概念股、题材股、消息股，总结出投资的价值和理念，股市长期投资重在企业价值、业绩和成长投资，要精选高速成长的优质股票。

可以说我的金融知识的起步是源于证券市场，它让我认识了金融，也让我进入资本市场。

未来，希望我国的资本市场健康、有序、发展更加美好！人民的生活幸福安康！

我与 A 股的 20 年

陈凤杰 *

中国证券市场已届而立之年，回顾过去，涨跌起伏、风起云涌、大浪淘沙，许多人、事、组织已换作新颜。我是一名开户和买卖股票 20 年的投资者，与市场如同一起行过很多路、越过很多桥、喝过很多酒的伴侣，太多的懵懂、沮丧、追悔，太多的顿悟、欣喜、收获，在一起学习，在一起成长，在一起看风卷云舒，倏忽就到了今天。

那时万千世界。20 世纪 90 年代中期，社会对股市的认识还未完全转向正面，主修金融专业的我在渴求饱览图书馆各种藏书的过程中，最感兴趣的一个门类就是证券投资。没人指导，就自己啃经典，欧美、港台的入门和秘籍一路下去，希望自己成为江恩、罗杰斯一般的人物。终于在 1997 年等到学校开办的证券市场投资课程，贺强老师绘声绘色地给我们讲“327”国债，在黑板上画出天大天财上市连拉涨停的 K 线，给我们布置去南方证券学习看盘的作业，组织系里学生搞模拟股市，撩拨得我非常想去市场里游个泳。那时的市场已走到第五轮熊市，随后香港股灾、1998 洪水袭来，市场一片肃杀。我没管那么多，上班后稍有积蓄便立即入市，在 1999 年 4 月到金谷证券开了户，一个月后赶上举世瞩目的“5·19”行情，手里的第一只股票国投电力连拉两个涨停板，幸福来得如此简单。至今仍记得 6 月有期《证券市场周刊》的大红封面上赫然醒目的井喷标题，持续的赚钱效应引得市场众声喧哗。自此，我进入了一

* 陈凤杰，中央财经大学 1994 级货币银行专业本科。

个新的天地。彼时的我并不知道，那时的 A 股还处在初生的童年，顽劣调皮，动辄得咎，到处跳动着红绿蜡烛，到处密布着权谋攫取，到处显露着人性欲望。

那时迷信专家。人在孩提时代都希望要么自己有超能力，要么有个有超能力的人可以帮自己解决一切。初入市时，我迷信股评们的专业，赞叹电视上的北京首席分析师赵笑云这些风云人物点股成金的水平，跟着研究“琼凶极鄂”、老少边穷、咬定青山不放松、骑马就骑“苏福马”。我有个专门做笔记的本子，是跟证券公司营业部的大爷大妈学习的经验，对照专家推荐的标的，比较哪只是盘前专家推荐最多的，哪个专家推荐的票上涨的次数更多，可惜买不进去的才是飞天的品种，可以入手的都玩冲高回落，而且专家们一般都是在公开渠道推荐过一次后就不再追踪，第二天再推荐别的股票。我渐渐明白，在 T+1 的市场里，埋个老鼠仓再找散户接盘的玩法就是他们的生财之道。于是转身去寻找有良心的专家，追过开专栏的水皮、张明星、黄硕，他们不会就股论股，都围绕市场中的表现探讨背后的现象；追过论坛里的顺手黑马，每半小时发个看盘评论；追过红周刊的艾古，他用自己创造的理论和指标丈量市场。2000 年，资产重组是最时髦的名词，市场中的高价股是一骑绝尘的亿安科技、康达尔、海虹控股、德隆三驾马车，都从烂泥塘里崛起，它们是整个市场的财富梦想，找到蛰伏期的黑马是投资者们共同的游戏。有人推荐银广夏、蓝田股份，都是不顾大盘涨跌就飞速蹿升的妖股，令人艳羡，当然后来被揭出欺诈的底子同样令人心悸。也有人推荐云南白药，那时股价不过 22 元，但我已把精力放在寻找重组股上，盘子要小、成交量要小、基本面要烂，物极必反、利空出尽。先后入手琼金盘、辽房天、北方五环、大江股份、长运股份、山东金泰，当然不出意外地都踩不到点上。潜伏不一定有结果，追涨一定会被套，长期持有可能被退市，盈利难度不是一般大，结果可想而知，现在这些公司连名字都让很多后入市的投资者感到茫然了。我意识到，股评们如果神奇，他们何苦放弃自己的盈利机会却对投资者谆谆教诲？炒股软件如果神奇，它们何不以自己的技术优势来赚尽市场上零和博弈的全部对手？所谓专家，不过是金矿旁卖铲子的商人，在证券市场中永远不可能指望别人的结论活着。

那时追逐短线。我逐渐摆脱人云亦云的状态，开始独立思考。A 股里始终没有出现可口可乐和苹果这样的长牛股，长期持有的盈利机会很小。既然投资太难，那就投机做短线。做短线要建立自己的交易模式。我尝试着建立了几种自己的战法：跟随法，2000 年科网股第一波上涨后，我发现上海梅林也有电商概念，就提前建仓，结果经过一个周末媒体的渲染，周一便直线拉升，我在第三个涨停开板时卖出，放走了这只后来被称作科网股龙头后面的升幅；潜伏法，2005 年股改红利带来第六轮牛市后，我找到仍未股改的 SST 丰华潜伏套利，虽然三个月机会成本不小，但 30% 的基本无风险收益是锁定的；抵抗法，2015 年去杠杆引发市场大跌，禾欣股份逆势走稳，该跌不跌必有因，我便买入避过市场一段下跌后微利卖出，结果该股更名慈文传媒后，不顾市场积弱，借热播网剧《花千骨》一路飙升三倍涨到 80 元；龙头法，2018 年 5 月，市场自万兴科技开始热炒近端次新已近三个月，宏川智慧叠加多重概念，在弱市中率先封板，于是我在第二板介入，连吃八个板后卖出，但次新行情在一个月后随着中美争端加剧而终止，这种交易机会便不复出现。当但斌的“时间的玫瑰”深入人心、媒体反复渲染 10 年 10 倍股时，我看到追涨杀跌终究还是舍本逐末，即便不愿久持，操作方案也应该是立足中线选股，寻找短线交易机会。

那时对抗自己。证券市场始终是在考验人性，因此比收获更多的是因为抵抗不了人性的弱点而把好票卖飞——

不专心。我明白价格是人手中牵的那只狗，它总是跑来跑去，却总是围绕牵绳的价值，但在实践中，这狗跑去哪里却很不好说，对没把精力投入过来研究狗子行进路线的主人来说，有时就会把狗走丢。2001 年我在 12 元附近买入大元股份，结果在震荡中小赚即出。随后它一路上扬，拉升到近 25 元。追悔之下，我等它回调下来不断追入，结果一路下跌到 2005 年的 2.1 元。认赔后，这家伙搭上黄金概念，到 2010 年飙到近 44 元，我只好远望它飘摇。18 年来的跟踪，投入进去研究才终于找到了它走势的脉络，现在更名为商赢股份，其实一心一意做它一只的大波段也会有不错的收成。

不自信。那时医药股整体走势很瘟，联想美国的私人诊所的发展，我想做连锁医疗一定很有前景，便在大元股份失败后于 2002 年 4 月入手通策医疗。那时 13 元的价格在市场不算太低，我打算长期持有，短期做高抛低吸降低成本，结果该股一路下行，我开始质疑自己的选择，认赔 20% 出局。看着它在 2005 年 8 月被打到 1.7 元，没意识到机会反而暗自庆幸，2011 年底它拉升到近 25 元也未予重视。再次关注是 2015 年的杠杆牛市里，它已攀上 110 元的高峰，完美跑完 10 年 100 倍的升幅，即便经历市场大熊到今天股价仍挺立在

100 元之上，心态动摇之下放走纯黑的马。

不耐心。2017 年是炒作次新的大年，我看到新股新经典上市，感觉题材独特，走势不错，就沿均线在 45 元附近买入，孰料主力吸货后大力震仓，我明白资金用意，但看不到它的未来空间，决定先退出观望，便看着它扶摇翻倍直上百元。

不拼搏。2015 年牛市尾端时入手上海普天，历史上股性活跃，当时炒作的上海本地股中它未得到充分的涨幅，结果遇到大熊，市场多轮千股跌停，开始还死撑的普天也跟随补跌，连续跌停之下，出于对市场的恐惧和认命，未继续补仓，导致融资盘被平，其后不足一周，普天开始拉升，成为弱势明星，从 16 元一线直上 60 余元。

不知足。我明白借钱炒股是大忌，但还是被托大与贪婪蒙蔽了双眼。2015 年大熊到来之前，我的市值已膨胀数倍，却满仓满杠杆，终于受到市场的教导，前期积累的财富灰飞烟灭。

如今讲求策略。作为已完整经历了 A 股四轮牛熊的投资者，花钱买的经验教训已足够深刻地认清自己和市场。痛定思痛，我建立了自己的投资策略体系。在投资理念上，证券市场是价值发现、资源配置的场所，股票价格波动反映的是企业盈利和市场估值，也就是内在价值与利率、风险偏好的关系。基于“美林投资时钟”理论，核心就是对公司内在估值进行评估的回归与矫正。在投资方法上，坚持价值投资，坚定价值回归的理念，寻找行业与公司的价值洼地套利，预留安全边际，以价格低企为买入前提，尽可能追求确定性的投资；坚持趋势投资，选择行业景气向好的目标公司，选择上升周期中的股票，用耐心和时间在中长期坚持左侧交易；坚持稳健投资，在能力圈的边界内投资，不做短线交易，规避净值过大起伏，在最大限度控制风险的前提下追求持续稳定的收益。在业绩目标上，确立年化收益率稳定在 20% 左右。在风控措施上，做到多元组合，按照自上而下策略建立股票池，入池股票在 50 只以内。根据相关度分析，选取不同目标行业的不相关潜力目标公司做组合投资，投资品种在 5 只左右；做到仓位控制，严守上限 60% 的仓位进行二级市场操作，其余仓位进行一级市场申购；做到回撤管理，持仓自阶段性高点回撤达到 7% 预警，回撤 10% 开始减仓，回撤 12% 大幅减仓。大盘单日下挫超过 5%，仓位降至 10% 以下观望。在对未来市场的判断上，其一是结构性行情常态化。

20年来，我国证券市场全面牛市大致有三次。分别是1999年、2007年、2015年，普涨行情周期不到6年，领涨板块是科技网络、有色、地产、券商、能源、TMT，分别对应经济发展和结构调整的脉络；其他时间段均为结构性行情，其间历经汽车、钢铁、军工、文化传媒、自贸区、雄安等各种题材短期爆发，题材股快速上涨如潮涨潮汐，小盘股、次新股、长庄股、超级品牌实现10倍以上涨幅。2015年以来，随着市场规范、监管严厉、外资和机构投资者进入，震荡市特征较为明显，投资逻辑和偏好风格切换加快。因此，持仓应考虑市场风格与偏好。其二是以成长与价值投资为主线。20年来穿越牛熊、经久不衰的是云药、伊利、恒瑞、东阿阿胶、茅台、片仔癀、格力、美的等消费类价值型股票，这些行业标杆在竞争中不断成长，逐渐确立市场地位和强势品牌，成为推动中国经济实现8%增长的代表，并在每次市场情绪集中宣泄后，都出现理想的买点，成为主流资金的底仓。因此，持仓应考虑价值股的估值水平。其三是对未来经济的投资是主线。投资重点放在新经济升级的重点产业领域，蓬勃发展的国内市场投资机会较多，部分重点公司行进在行业龙头的进程中，逐步成长为在国内和国际市场上占有重要地位和份额的公司，其成长性体现为股价大幅上涨，是资金市值成长之盾。因此，持仓应考虑成长股的发展空间。

如今回归价值。格雷厄姆、巴菲特、芒格怎么说的就不用重复了吧，或者是“周天王”的寓言，任宏观的空洞，证券市场这个空间，从哪个角度切入都没有错误，殊途同归得出的结论应该都是一致的。好行业，是说发展空间足够，未来想象力足够，这是要一个无边际的赛场，人气够，资金愿意给出高估值。我更关注科技创新、消费升级和传统行业转型三个方向。科技创新主要是受益于国家加快科技发展的智能制造、生物制药、新能源、TMT、半导体和芯片、5G等领域。消费升级主要是由于收入增长而产生的消费者偏好变化、技术进步、社会经济比较优势推动的内生性增长，如消费金融、大健康、文化教育、旅游等领域。传统行业转型主要是充分受益于机制改革红利和产业集中度提升的国有企业、受益于经济复苏的大金融、受益于国防改革的军工等领域。好公司，是说管理水平够，人的主观能动性可以创造奇迹，战略、策略、文化、管理、市场、员工、客户都是一个有机体。好价格，是说给资金一个买入的时点，无论用什么估值方法，市场要认可，未来存在退出的空间。2007

年是第七轮牛市进程中，我看到西山煤电、潞安环能、恒源煤电已经跑到前面，后上市的大同煤业还在底部震荡，就在 12 元一线不断买入，看着地产、券商、有色呼啸而过也不动心，终于守得云开见月明，该股随行业飙升到 40 多元，论相对空间，同煤远逊同业，但看绝对涨幅，同煤已笑傲市场，这就是好行业到来的价值；2017 年第四季度，蓝筹行情才露尖尖角，银行股明显会有行情来临，论 PE、PB，刚脱胎换骨的平安银行都不是最好的选择，但我看到相对于负债业务优势突出的招商银行，平安银行资产业务发展迅猛，前端个人贷款中心的客户大厅里人声鼎沸，客户经理说经常要加班到凌晨才能处理完当日的客户资料，后端催收力度很大，对不良容忍度很低，该行谢永林董事长战略定位清晰、发展目标明确，因此，该行成为下一个招行的可能性很大，于是我在 12 元一线逐渐吸入，并在 2018—2019 年上半年的长期震荡中继续加仓，终于迎来 2019 年下半年该股的加速扬升，相信未来还有长期的上升空间。相对于其他银行股的不温不火，平安银行诠释了好公司的魅力和价值；2019 年在贸易争端的背景下，中国软件的爆发，引起了市场对科技蓝筹的瞩目，其实科技才是国之重器、市场之核心资产这样的论断，很多有识之士早已提出，问题是介入的时间节点在哪里呢？用友网络是自主可控、工业 4.0、云计算等多重概念的优质蓝筹，从月线来看，该股在 13 元一线构筑了绝对的长期底部，20 元一线已可中线介入，因此 2019 年除权缺口处就是绝好的买点，我便一路持有等待市场给予最丰厚的回报，好价格是完成交易的第一步。不必怕有、总会浮云遮望眼，不必怕无、总会望断来时路，不必怕贵、总会来者犹可追。

证券市场如同书籍，博大宽广，学无止境。证券市场如同四季，起伏轮回，循环往复。证券市场如同人生，勇往直前，一无退路。

这就是我的记忆中与 A 股第一个 20 年的只鳞片爪，自己认知与实践也许偏颇愚见，却不失真情实感。我想，只要还在市场中，未来便还有更难的局去破、更多的事可说、更长的路要走，于是聊以志之。

2019 年 12 月

雪泥鸿爪　证券旧事

盛　剑*

2019年是中华人民共和国成立70周年，也是我的母校中央财经大学成立70周年。2019年10月19日母校举行了盛大的庆祝活动，新老校友欢聚，四海宾朋畅谈，为母校的发展壮大、祖国的繁荣昌盛而欢欣鼓舞。我是1989年入校的，上的是金融系国际金融专业，今年刚好是进校30周年，同学们都相约回校参加活动，一个50人的班回去了近30个同学，可见同学们对母校的热爱。一回首，30年过去了，看现在，想当年。千里进京负笈游，浮云流水三十秋；今日校园重聚首，不见当时少年瘦。

中央财经大学校友会、金融学院、证券期货研究所发起编写《砥砺前行　资本印迹——财经人资本市场口述史》一书，邀请我参与。此书视野宏大，立意高远，我作为证券市场的普通一员，感觉是战战兢兢，勉为其难。但既是中财人，便不负中财意，把我从事证券行业20年亲身经历的事记录下来，片羽吉光，抛砖引玉，供各位新老校友指正。

一

乘小平同志南方谈话东风，1993年毕业的大学生分配都不错，有的同学有好几个单位选择，我却造化弄人，阴差阳错，独自到海南谋生，从此踏入了

* 盛剑，中央财经大学1989级国际金融专业本科。

中国证券市场。1993 年 7 月从北京站出发，登上开往广州的列车，告别校园生活，怀着憧憬与梦想、忐忑与不安到了广州，换乘“丁香号”海轮，第一次海上航行，领略到风平浪静和波涛汹涌的大海魅力，越过琼州海峡，抵达秀英港。

在海南，第一个上班的地方叫海南航空国际期货经纪有限公司，里面有新加坡、中国台湾人搞培训营销，主要吸引人们开户炒外汇期货，这样的公司当时很多。我既没有客户，也没有学到技术，条件很艰苦，白天黑夜颠倒，住宿很差，待了两个月便走人了。

通过《海南日报》上的招聘广告，我进入了海南港澳实业股份有限公司，在证券投资部上班。港澳实业是最早在深圳证券交易所上市的海南四家公司之一，其他三家是新能源、民源和珠江。公司是在 1992 年上市的，原始股造富了相当多的老员工。一进公司，听到的都是一夜之间身价 50 万甚至几百万的造富故事，一些不到 30 岁的年轻人，却个个都有房、有股票、资产上百万，震撼力相当大。除了财富，人才济济的公司也是让我深感佩服，知人外有人、天外有天。公司同事来源地五湖四海，北京、上海、天津、四川、湖南、陕西等地；毕业院校有清华、复旦、人大、中南、重大、西财、人民银行总行研究生部等。拿我们证券投资部来说，五个人中三个是研究生，两个来自人民银行总行研究生部，一个来自复旦大学；有两个本科生，一个来自西财，还有一个就是我。

公司的主营业务是房地产开发，我们证券投资部的主要工作是股证事务和进行证券投资。1994 年《公司法》颁布实施，记得是当时部门领导安排我按照《公司法》完成了港澳实业正式的公司章程。最早一批在交易所上市的公司多是个人原始股上市，没有新发行的股票，所以很多公司的股本结构并不规范，所谓的规范就是个人股占总股本的 25%，法人股占 75%，个人股流通，法人股不能流通。港澳实业法人股占 83%，个人股占 17%，为了达到标准，凭深圳证券登记公司的一纸批文，法人股东们按照同等比例 8% 在二级市场可以卖出，当时这项工作就由我们操作实施。1994 年行情低迷，有一天整个深圳市场的成交量只有 0.94 亿元，跟现在的市场比起来真的是沧海一粟。当时市场再融资艰难，方式单一，主要以配股为主，可当时法人股东会弃配，市场发明 A1 和 A2 权证，并上市交易两周。A2 权证可参与法人股弃配和转配部分，很多人没有认识到其中的价值，我们部门通过这种方式获得了很多四川长虹的法人股、转配股，在1996年的大牛市中入市流通获利丰富。让人不得不由衷赞叹当时我们不到30岁的部门领导的远见卓识，他带领几个人从几百万起家在2000年的时候规模做到上亿元，从1996年开始搞私募基金帮公司同事炒股，水平非常高；2014年曾发行一个产品，经历过几轮股灾的冲击，到2018年年中竟然取得超过600%的收益，秒杀国内的公（私）募基金。

当时的股票发行是额度制，每个省分额度。具体方式是发行认购表，2元钱一张，再摇号，有资格的再认购1000股，费时费力。海南1994年发行的有海盛船务和南洋船务两家海运企业。新股发行慢慢改革，后来采用全额预缴、比例配售、余款即退（或转存三个月）。我们到了济南认购山东电缆，重庆认购重庆路桥。1996年迎来中国市场第一个大牛市，开户数暴增，资金全面入场，当时的大牛股是四川长虹，证券投资部获利丰厚。

港澳实业是以房地产为主营业务的公司，在20世纪80年代末和90年代初蓬勃发展，是当地响当当的明星企业，福利待遇很好，所有的正式员工都能以底价买到公司开发的房子，我也在1995年拿到了80平方米的房子，据说是我们班第一个有房子的人。公司很重视企业文化建设，和港澳信托一起出版《八面来风》刊物，到处寄发。然而好景不长，到了90年代中期却开始走下坡路，公司困于海岛，未能挺进大陆，终于支持不下去了，大股东转让股份开始重组，出于对重组的不适应，我在1998年春节前离开海南回到了重庆。

海南于1988年建省，开放的政策和灵活的制度引领全国，吸引了大量的人才，全国10万人才到海南，蔚为壮观。“男儿何不带吴钩，收取关山五十州。请君暂上凌烟阁，若个书生万户侯”，是那个时代年轻人的写照，既有自立谋生的需要，又有建功立业的情怀。

二

人在失意的时候第一个想到的地方就是家。1998年春节过后，在一个师兄的引荐下正式加入了君安证券重庆营业部，算是从上市公司正式进入了证券公司。当时的君安证券国内名气很大，体制灵活，一帮年轻人当道，以研究所闻名于江湖，主导市场投资理念，在1996—1997年大牛市中大赚。营业部是证券公司的分支机构，重要的盈利来源。营业部利润当年主要来源于三部分收入：手续费收入、客户保证金息差收入和帮客户打新股利润分成，三分天下。我当时带着近两亿元的资金到湖南常德认购金健米业，云南昆明认购云铝股份，通宵排队。随着新股网上申购的推广，到当地认购的方式退出市场。营业部采用的方式是设一个主资金账号，下面接几十至数百个从农村收来的身份证开立的股东账户，用批量申购的下单方式进行网上新股申购，上市后再用批量卖出的方式直接卖出，如此反复，一年下来收益率超过 100%，当年五粮液的收益绝对值最高。封闭证券投资基金也是那年开始出现的，基金开元申购收益率也不错。

1998 年下半年，由于内部人举报，君安证券出事，与国泰证券合并成为国泰君安证券公司，成为那个年代众多合并券商中的一员。进入 1999 年市场爆发了著名的“5・19”行情，互联网络成为热门，综艺股份、海虹控股、东方明珠成为明星股。行情激活，营业部成为重要的交易平台，成为资金聚集的中心。一些在二级市场运作的主力需要融资，那些区县信用联社则为他们提供资金，营业部负责监管。国泰君安应该是证券公司中最早设立机构部与零售部的公司，机构部的同人们经过锻炼洗礼日后都成为营业部或分公司的负责人。

当时许多上市公司也参与二级市场，主要是通过成立投资公司买卖股票或者把资金委托给证券公司委托理财。由于在营业部和这些机构打交道较多，2001 年 6 月我从营业部出来也变成了投资公司中的一员，虽然期望值很高，然而这段经历并不愉快，由于市场形势恶化，更主要是内部股东间的争斗，很快公司解散，几年以后，给许多人带来了很恶劣的后果。

三

2002 年下半年起在家休息，过了一年半时间，由于未能实现财务自由，为稻粱谋重新上班，2004 年春节过后到了银川进入了西北证券。5 月，公司总部大量人员迁入北京，在北京待了三个月后于 8 月又回到了西北证券在重庆收购的中信证券重庆较场口营业部。2004 年、2005 年正是证券行业最黑暗的时候，由于当时的很多不规范运作，一些公司因为自营或资产管理的原因产生了大量窟窿，挪用客户保证金，被证监会划入风险类券商，如果自救不成功，将面临被托管的命运。2005 年 11 月，西北证券被南京证券托管，经纪业务资产被收购。经过了半年多的托管过渡，从 2006 年 6 月起我就正式成了南京证券的一员。

南京证券当年是规范类券商，还不是创新类券商，营业部还没有西北证券多，能够通过兼并发展壮大，主要是管理规范、合规经营，没有漏洞，从 1992 年成立到现在从未亏损，在中国证券市场上属于凤毛麟角。证券公司在经历了规范治理后不断发展壮大，资本市场经过了股权分置改革和资金的涌入，也迎来了新的牛市。从 2006 年到 2019 年，股市经历了两次大牛市。2006 到 2007 年的牛市是通过上市公司的股权分置改革引发的。2014 到 2015 年的牛市是杠杆资金的涌入造成的。市场的发展带来了很多新的业务，如融资融券、股票质押等，这些新业务的出现是把双刃剑，丰富和活跃市场的同时也会给市场带来灾难，这样的灾难在 2015、2016、2017、2018 年都在发生，给国家带来了很大的麻烦和考验。

2006 年开始，我终于结束了颠沛流离的证券从业生涯，一直在南京证券工作，伴随着中国证券市场和公司的发展，我也成为一名公司的中层干部。不知不觉中，我也成了一名证券业的老兵。虽没有干什么惊天动地的伟业，但也经历了不少的事，好几次的公司整合，也有身边的人身陷囹圄。新时代新问题，中国的市场虽然逐步成熟，但也面临着许多新问题，我也时刻准备着不断学习以适应时代发展的趋势，为公司发展奉献力量，为投资者创造财富，继续把证券之路走下去。

转眼间我马上就到知天命之年，人生走过的每一步路都是自己的，是实在的，不后悔。借用苏轼结束流放从海南返回大陆的一首诗《六月二十日夜渡海》:“参横斗转欲三更，苦雨终风也解晴。云散月明谁点缀？天容海色本澄清。空余鲁叟乘桴意，粗识轩辕奏乐声。九死南荒吾不恨，兹游奇绝冠平生。”安慰自己，豁达一些，也许人生最重要的是经历。人生存于社会之中，往往身不由己不可能随心所欲，但若能保持一些陈寅恪先生推崇的“独立之精神，自由之思想”也很不错了。

2019 年 12 月

风雨投行路　悠悠科创情

李旭东 *

1997 年，我从中财毕业参加工作。2001 年，开始从事投资银行工作。过去 20 年，中国资本市场风雨兼程，取得举世瞩目的成就。作为一名投行老兵，能够见证中国证券市场发展，能够贡献自己的绵薄之力，感到非常荣幸和自豪！而我之所以取得些许成绩，无不归因于母校的培养，现在谨向母校和老师们做一简要汇报。

初入投行　遭遇“非典”

毕业后的最初四年，我被分配到一家央企从事证券投资工作，我的二级市场投资理念就是在那段时间形成的。但是，国企僵化的机制令人厌倦，投行一直是我向往的职业方向。2001 年 5 月，我离开央企加入湘财证券，正式开始投行生涯！

投行生涯起步并不顺利。我参与的第一个 IPO 项目是新疆生产建设兵团的大型棉花种植企业，当我们辛苦地干了一年多把申报材料报到证监会后，一场几十年不遇的冻害袭击农场，企业处于亏损边缘，上市梦被彻底击碎。

不幸的事情还在后面。2002 年底，我在广东番禺执行一个并购项目。有一天，一群穿着防护服的医护人员突然进入办公室全面消毒，说是社区发现禽

---

* 李旭东，中央财经大学 1994 级货币银行专业研究生。

流感。后来的事情大家都知道了，“非典”最早就是在番禺发现的。

2003 年 4 月，我正在昆明出差，那时已经“非典”肆虐。月底的一天，我突然发起高烧，捂着被子浑身还瑟瑟发抖。“非典”时期发高烧意味着什么，相信过来人都清楚。在经历了复杂的思想斗争后，我挣扎着到医院挂了急诊，还好是上呼吸道感染。那是我平生第一次输液，烧终于退了！ 5 月 1 日清晨，我乘坐早班飞机回到北京，飞机上连我在内就两个乘客。当时心里在想，放着舒服的央企不待，这么奔波干投行到底值不值?

经历股改　保代注册失利

对投行的热爱支持着我继续前行。“非典”过后，我加入中国科技信托投资公司（简称“中科信”，后来改制为中国科技证券）继续从事投行工作。

2004 年 2 月 1 日，中国证监会颁布实施《证券发行上市保荐制度暂行办法》，中国证券市场正式建立保荐制度，保荐代表人走上资本市场舞台。第一批保代不需要考试，都是由证券公司推荐的资深投行人士，初入投行的我自然无缘。以后要想注册为保代需要满足两个条件：一是通过保代考试；二是担任已成功发行项目的协办人。

我以部门第一名的成绩通过了保代考试，公司安排我担任蓝天环保 IPO 项目的协办人，项目成功发行后就可以注册保代。当我正沉浸在喜悦之中时，中国科技证券遇到了麻烦。中国科技证券控股股东是中国科学院，是中国证监会直属管理的三家证券公司之一。2004 年 8 月，证券行业开始综合治理整顿，多家券商因违规经营被关闭重组，中国科技证券也在此列。

2005 年 4 月 29 日，在证券行业清理整顿接近尾声之际，股权分置改革的大幕拉开！这是一场影响深远的证券市场存量改革，彻底解决了制约市场发展的流通股和非流通股分置问题，自此证券市场进入快速发展的新阶段。4 月 28 日，蓝天环保接到通知“五一”后上发审会。当我们决定取消假期休息进行上会准备的时候，突然收到取消审核的通知，那时的心情可想而知！

股权分置改革历时 1 年，其间停止所有融资行为。在此期间，我负责完成了汉商集团、英特集团的股权分置改革，在这场伟大的改革中留下一段小小的身影。2006 年 4 月，股权分置改革完成。由于中国科技证券关闭，我们为了顺利推进蓝天环保上市，项目组整体转到另外一家券商。当随着股权分置改革结束，蓝天环保可以重新启动上会时，公司上市计划却再度受挫。蓝天环保控股股东发生重组，新任股东取消了蓝天环保的上市方案！时至今日，这家公司也无缘资本市场。

耕耘新三板　聚焦新经济

2006 年 12 月，在辗转投行五年之后，我加入中信建投证券。中信建投证券的前身华夏证券是国内最早成立的三家全国性证券公司之一，2005 年 12 月由中信集团出面重组设立。当时公司业务刚刚起步，投行业务百废待兴，业务拓展非常艰辛，我印象最深的是 2008 年担任中信集团战略并购白银有色的财务顾问。十年后，白银有色在上交所主板成功上市。

也许是命中注定，一件小事让我与新三板和科创企业结下不解之缘。2009 年，出于公司申请新三板主办券商业务资格的需要，我牵头推荐了一家新三板挂牌公司百慕新材。百慕新材隶属中国航空工业集团公司，主要从事涂料生产和工程，代表项目有 2008 年北京奥运会鸟巢的火炬。2009 年 7 月 1 日，百慕新材在新三板挂牌，成为中信建投推荐的第一家挂牌公司。中信建投借此取得主办券商资格，成为最早开展新三板业务的证券公司之一。

新三板源自中关村，前身是成立于 2006 年的中关村代办股份转让系统（俗称“新三板”），当时由中国证券业协会管理。新三板在股票发行审核方面进行了有益探索，挂牌审查备案制实际上就是注册制的尝试。但是，由于试点范围限于中关村科技园区且性质界定为场外市场，新三板发展非常缓慢。

2010 年以后，为解决中小微企业特别是科技企业的融资难题，扩大新三板试点逐渐成为市场共识，部分券商开始布局新三板业务。2011 年 3 月，公司设立投行五部牵头开展新三板业务，由我担任负责人。当时新三板并非主流投行业务，发展前景也不清晰。但是，我觉得新三板弥补了中国资本市场在服务科技创新企业方面的不足，备案制也代表着发行审核的改革方向，新三板完全可以走出一条新路。

万事开头难。在新三板不被看好的情况下，如何引领部门发展是摆在我面前的头等大事。经过深入思考，我确定了三条工作主线并坚持至今：以服务科创为使命、以客户需求为根本、以业务协同为基础。

第一，以服务科创为使命。受发行条件和核准制的制约，长期以来国内资本市场在服务科创企业上市方面存在很大短板，导致以互联网和生物科技为代表的高科技企业纷纷远赴境外上市。新三板市场化的审查机制和包容性的准入条件（如可以接纳亏损企业挂牌）非常符合科创企业的发展特点，应当成为资本市场改革的突破口。于是，我将部门定位于服务科技创新、服务新经济，在项目选择时坚决摒弃“捡到篮子里都是菜”的心态，坚持“以投资的眼光选项目”。我们选择的客户规模不一定很大，但一定要有特点、有技术、有未来。循着这一思路，我们培育了一批颇具潜力的科技创新企业，典型项目有国内第一家上市的骨科手术机器人公司天智航，高端钛合金和超导线材龙头企业西部超导，集成电路电子特气供应商华特气体等。

第二，以客户需求为根本。企业进入资本市场的前提是要满足规范要求，但最终目的是融资发展。我们坚持“以主板的标准做三板”，不以牺牲执业质量换取市场份额。考虑到新三板市场尚需培育，我提出“聚焦三板、兼顾主板”的工作思路，既满足了客户需求，又凝聚了员工队伍，形成了区别于同行的独特竞争优势。目前，我们服务的挂牌公司有 11 家发行上市，还有 10 家处于审核阶段。新三板成为投资银行服务科创企业的重点抓手。

第三，以业务协同为基础。新三板的服务对象主要是创新创业型中小企业，数量众多且比较分散，单靠投行的力量根本无法覆盖。而经纪业务线单独开展新三板业务又面临缺乏投行专业人才的问题。因此，自业务开展初期，我们就在业内率先推出“投行 + 经纪”的业务模式，将投行部门的专业优势和经纪部门的网络资源有机结合起来。实践证明，“投行 + 经纪”是一条行之有效的路子，对于快速打开业务局面、扩大市场覆盖、补充投行执行能力发挥了重要作用。

2012 年 9 月，新三板改革正式启动，试点范围从中关村扩大至上海张江、天津滨海和武汉东湖。得益于公司的提前布局，我们很好把握住了改革机遇，推荐的上海新眼光成为首批扩大试点的六家挂牌公司之一。

从此，新三板改革快速推进。2013 年 1 月，全国中小企业股份转让系统有限责任公司揭牌运营。2014 年 1 月 24 日，新三板扩容至全国，成为国务院批准设立的第三家全国性证券交易场所。在政策春风的吹拂下，新三板蓬勃发展，挂牌公司迅猛增长。2014 年、2015 年和 2016 年，新三板每年新增挂牌公司 1216 家、3557 家、5034 家，一跃成为全球挂牌公司最多的证券交易场所。

辛勤耕耘终于迎来收获，我们每年推荐的挂牌公司家数均位居市场前列，项目质地也赢得良好口碑。我们累计推荐挂牌公司 450 多家，位居市场第四名；累计为挂牌公司募集资金 320 多亿元，位居市场第一名。公司在主办券商年度执业质量评价中始终位居一档，多次参与监管机构主办的新三板制度改革研讨，连续获评《新财富》新三板业务（挂牌）最佳投行等诸多荣誉，中信建投逐渐成为新三板市场的领军投行。

但是，新三板发展过快也暴露出很多问题，由于制度供给滞后于市场发展，导致市场功能难以发挥，流动性低迷，融资功能弱化，企业挂牌意愿减弱，优质企业纷纷摘牌，新三板在野蛮生长后快速进入冰点！新三板也在试图扭转困境。2017 年推出分层制度改革，在基础层之上增设创新层，但是由于创新层在差异化制度设计方面没有实质性突破，分层改革没有达到预期效果。许多券商都在裁撤新三板团队，放弃新三板业务。作为为数不多的长期坚守新三板的投资银行，中信建投应该何去何从？

逐鹿科创板　首尝注册制

山重水复疑无路，柳暗花明又一村。2018 年爆发的中美贸易战凸显科技创新的紧迫性，资本市场承担起前所未有的历史重任。2018 年 11 月 5 日，习近平主席在上海进博会开幕式上宣布在上海证券交易所设立科创板并试点注册制，资本市场发行制度改革正式开启！科创板坚持服务符合国家战略、突破关键核心技术、市场认可度高的科技创新企业，注册制强调以信息披露为核心、将选择权和定价权交给市场，与我们长期坚持的业务理念不谋而合。

科创板是资本市场的重大创新，注册制是发行审核的重大变革。凭借新三板长期积累的客户资源，投行五部成为公司科创板的主力。经过认真摸底，我们共有世纪空间、西部超导、华特气体等 6 家公司符合科创板定位且达到上市标准，储备项目数量位居投行第一，其中多数属于新三板培育的项目。

科创板工作吸引各方高度关注，时间紧、任务重、责任大。要确保项目成功，既要敢打敢拼，又要周密筹划。按照公司部署，我们进行了认真细致的准备，将全部力量投入科创板。科创板就是一场战斗，每名投行人员都需要成为战士！从科创板工作启动开始，我们就没有了休息日，天天加班加点，经常通宵达旦！2019 年 3 月 25 日，我们完成二十一世纪空间技术应用股份有限公司的项目申报，这是中信建投第一家也是北京市第一家申报的科创板项目。随后我们陆续申报了新光光电、铂力特、恒安嘉新、华特气体、西部超导等科创板项目。2019 年 4 月 15 日，首批科创板申报截止，上交所累计受理 77 家公司，中信建投申报家数位居市场第一，我们部门以申报 6 家的突出成绩占据公司半壁江山。

注册制是全新的制度设计，IPO 审查主要通过问询进行。首批项目问询问题多、回复时间短，对项目组更是严峻考验，但我们咬牙坚持！2019 年 7 月 1 日，我们保荐的西部超导、新光光电、铂力特 3 家公司同时完成注册，成为中信建投第一批注册的科创板项目！十年前的 7 月 1 日，我负责第一个新三板项目百慕新材成功挂牌。十年磨一剑，真是机缘巧合，也许是我们的长期坚守感动上苍了吧！

2019 年 7 月 22 日，科创板首批企业挂牌上市仪式隆重举行。中信建投以独立保荐 5 家、联合保荐 1 家、联合承销 1 家的优异成绩位居行业第一位，投行五部保荐的西部超导、铂力特、新光光电成功首批挂牌上市。我非常荣幸参加了科创板首批上市仪式。中信建投王常青董事长代表中介机构致辞，董事长的致辞说出了我们的心声，“作为投资银行人，我们能够以专业能力服务国家创新战略，实现金融报国理想，感到无上光荣！相信这段经历将在每名参与者的职业生涯中留下不可磨灭的印记”。

后　　记

科创板是 2019 年资本市场的头等大事，我们历尽艰辛，不辱使命；新三板改革是 2020 年资本市场的重要工作，我们要砥砺前行，继续坚持。本次新三板改革的核心是设立精选层、引入公开发行、实施保荐制并建立转板上市机制，继科创板、创业板之后为科创企业提供更多资本市场选择。2020 年 4 月 27 日，新三板精选层正式受理申请材料。作为新三板市场的领军投行，我们完成申报、通过审核的精选层项目家数均位居市场第一位。

千淘万漉虽辛苦，吹尽狂沙始到金。当今中国面临百年未有之大变局，国家层面对资本市场空前重视，证券市场和投资银行处于最佳发展期。能够将职业生涯的黄金时期融入资本市场的发展洪流是人生幸事。我的点滴成长植根于伟大的时代，受益于母校的培养，得益于公司和团队的支持。经公司推荐我参加了中信集团中青年干部培训班，并被授予全国金融系统五一劳动奖章。矢志科创，追逐梦想，以专业能力服务国家战略是我们这一代投行人责无旁贷的历史使命！

2020 年 6 月

一滴水眼中的大海

——我所亲历的资本市场小事记

董 江*

作为一名崭新的像还没摘去吊牌的袜子的海外交易所雇员、曾经短暂混进投行从业人员队伍的逃兵，从未想过自己能有机会用文字书写亲历的资本市场，我写的每一个字背后都有一拖拉机的惶恐：资本市场外延内涵之广大，浸淫其中数十载者方可言其大概，我工作范围所接触到的尚不足万一，实不敢班门弄斧；而且师长、校友中那么多理论大家和实践专家，都是半路出家的我仰视、崇拜和偷师的对象，他们的所见所为才是“亲历”。

资本市场知识的启蒙集中的有两次，第一次是在母校读书期间，世纪之交贺强老师的课。其时不知股票为何物的我，唯记得贺强老师忙，经常是何晓宇老师代课，都是大课，何老师讲课时要么站在讲台后面，要么坐在讲台侧面。第二次是在光华，几乎选了能选的所有金融的课，还不知天高地厚把“投资银行利益冲突”作为毕业论文方向，侥幸过关毕业。

和资本市场的距离，是在角色转换中不断拉近的。刚毕业后做小会计期间有幸作为子公司财务人员非典型参与首创置业上市，发现金融是比财务更有意思的事；2007—2011 年在投行做 IPO、债券融资，除没日没夜写招股书、债券募集书之外，通过和企业、会计师、律师、监管机构的接触，对证券保荐业务有了切身的感受；新加坡交易所的经历，感受到不同市场的监管理念、运行

* 董江，中央财经大学 1997 级会计专业本科。

逻辑的差异。

我认为自己充其量算是在资本市场外围打酱油，分享自己亲身经历过的几件小事。

2007 年底 2008 年初，做葛洲坝分离交易可转债项目，进场三周完成募集说明书并申报，打了鸡血一样的每天睡三四个小时，凌晨两三点钟找领导审批文件用印从来都是秒回；2008 年川震后过会，8 月完成发行 900 多倍的超额认购。其间感受最深的两件事：一件是花絮，陪项目负责人去做财务方面反馈，按审核人员通知一早提前占了会议室等，等到下午 1 点左右，签字会计师熬不住去吃饭了，项目负责人说咱不吃饭继续等，因为曾经发生过某券商董事长被审核人员晾在办公室门口一上午的惨案，下午下班前如愿拿到审核员反馈（不要问后来签字会计师发生了什么）；一件是开眼界，葛洲坝项目投标时，投行一把手亲自上阵，以“成本包干”的方式敲下来债券年总成本 2%，其中包含未来发行期间询价确定的债券票面利息，正是这种锁定发行人总发行成本的创新为投行带来了巨大的收益。

2009 年创业板出来，几家欢乐几家愁，我是愁。愁从何来？项目没资格申报：创业板首发管理办法有发行人成立满 36 个月的要求，我做的项目发行人是 2006 年 2 月成立，按创业板受理首批申请材料预计时点计算，是超过 36 个月的，但是监管机构负责创业板审核的一位负责人说，36 个月是指要有 3 个完整会计年度的财务报表。于是只能等 2010 年才能申报。后续有喜有忧，喜的是项目 2010 年 1 月 22 日申报，5 月 28 日过会，8 月 10 日交易所挂牌，刷新了审核发行速度，并拿下当年创业板最佳 IPO 第一名；忧的是该上市公司后续的发展差强人意，创始人团队和天使投资人之间爆发了重大矛盾，实际控制权旁落他人，不胜唏嘘。

那个阶段主要是做项目，发行人央企、民企都有，也参与资本市场部的证券发行工作，IPO 绝对是不愁卖的状态：除开创业板有短暂放开发行市盈率的窗口，发行价高达大几十倍甚至百多倍的 PE，基本上都是被限定发行市盈率上限，并不是市场化发行；同时监管行政力量会时不时地任性一下，比如 IPO 的暂停，就像李宗盛唱的“总让人无奈”。

2018 年加入新加坡交易所做市场推广，对自己来说也是个巨大的挑战，新的机构新的业务，同时有机会深入其中观察交易所如何运作。所谓市场推广，其实更像是销售员，和卖袜子的区别在于卖的是新加坡交易所的上市业务和服务，一年多来最大的收获是：2018 年做活动时，时常要强调自己来自“新加坡交易所”而不是“新加坡证券交易所”；到了 2019 年下半年 GS 的朋友会打电话过来问 Asset management 业务能不能在你们那上市，我客户想咨询。

在新加坡交易所工作至今，有几件小事印象深刻：第一件是在新交所的年度股东会上，小股东参与程度非常高，很多老人家早早到场，认真研读年报和各种公告。小股东就大至新加坡交易所公司战略、小至董事长每年公车费用是否过高都会提出问题，特别是有小股东现场就新交所在监管上市公司过程中所发挥的作用质问某位董事，因为他认为新交所没有更积极地干预某家新交所海峡指数成分股上市公司的并购选择权设置导致他的利益受损……不一而足，每个提问都能得到董事长、CEO、CFO 或者参会董事的耐心、认真解答。新交所上上下下都将年度股东大会看得非常重，重视程度不亚于参加高考。我所参加过的国内上市公司股东会，基本上是董事长念一下拟好的各个议案，现场投票、计票，结束。第二件是新交所的服务意识非常强，总部负责股票、债券上市业务的同事，经常配合我们一起拜访国内客户，不单是已上市公司、债券发行人，更多的是潜在发行人，推销新交所，推广新加坡，拜访某 A 股国企上市公司时，只参加了后半段会议的财务总监笑言不换名片绝对想不到坐在对面谈了半小时的人是新交所债券发行负责人，一直以为是某家券商。

2019 年 12 月

辑三

感悟

回思 1996 年 A 股大牛市

黄锐光 *

中华人民共和国股市发展的 30 年中，90 年代是探索和启蒙的时期，我想回忆和思考一下自己亲历的 1996 年大牛市。

1993 年到 1995 年政府实施宏观调控，挤泡沫，股市走熊三年，1996 年初深市平均市盈率 13 倍，沪市 20 倍，深市流通市值 341 亿元，沪市 495 亿元。

3 月 30 号央行宣布停办新的保值储蓄业务，4 月 1 号国务院批示要稳步发展，适当加快，5 月和 8 月央行两度降息，加上 1997 年香港回归利好题材，各路资金先后涌入股市，完成一轮大牛市。

1996 年 4 月到 12 月，上证涨幅 124%，深市 346%，领头羊是上海石化、四川长虹、申能、陆家嘴、深发展、宝安、万科和深科技。

涨势太猛，管理层共发了十二道降温金牌，最后一道是 12 月 16 号的《人民日报》评论员文章，并开始实行涨跌停板和 T+1 交割制度。股市连续两天几乎跌停，第三天仍然大幅低开，但几天后市场仍然重新牛市，直到 1997 年 5 月才完成那一轮牛市。

我那次主要参与了四川长虹，因为感觉彩电的需求大幅增加，长虹的彩电又是供不应求，常常盯着长虹的生产、销售数据，倪润峰的一言一行，分享到了牛市的成果。

现在回头看，那一轮牛市基本还是炒作为主，流通市值小，资金冲进去就

---

* 黄锐光，中央财经大学 1986 级国际金融本科。

形成牛市，根据反身理论，牛市会超涨，即使中间的十二道金牌也逆转不了运行趋势。

那些牛股呢？深发展几经控股权易手，现在是平安银行，经营得不错，市值比当时高很多。万科则是管理团队优秀，加上 20 年房地产大牛市，成了著名牛股，价值投资者把它当作一个样板。而长虹则衰落得厉害，股票可想而知。

总的来说，公司的长期是看经营情况的，短期受情绪、资金推动的影响比较大，所以长期是称重机，短期是投票器，说得对。

中国股市的疯狂年代

黎同锐*

2019年是母校建校70周年，有幸收到师妹的邀请信，母校为纪念中国资本市场成立30周年和建校70周年，准备出版《砥砺前行　资本印迹——财经人资本市场口述史》一书，我欣然接受了邀请。

对于资本市场，我比较熟悉，见证了我国资本市场的发展和变化。作为新中国第一代股民，我参与了新股认购及其疯狂炒作，亲历了中国股市的大起大落。因此，我想谈一下我所亲历的中国资本市场发生的一些事件以及对股市投资提出一点建议。

一、20世纪90年代参与新股认购及其疯狂炒作

1986年9月26日，中国第一个证券交易柜台——静安证券业务部在上海开张，标志着中华人民共和国从此有了股票交易，新中国第一股——上海飞乐音响股份有限公司正式挂牌买卖，当天上市的100股股票不到一个半小时即被抢购一空。

1986年11月14日，邓小平会见纽约证交所董事长约翰·范尔霖，并向其赠送了中国第一股——飞乐音响股票。

1990年12月1日，深圳证券交易所试营业。

* 黎同锐，中央财经大学1982级国际保险专业本科。

1990 年 12 月 19 日，上海证券交易所成立。

1992 年 1 月 19 日，邓小平在南方谈话时说：“有人说股票是资本主义的，我们在上海、深圳先试验了一下，结果证明是成功的。看来资本主义有些东西，社会主义制度也可以拿过来用，即使错了也不要紧嘛！错了关闭就是，以后再开，哪有百分之百正确的事情！”

一石激起千重浪。上海股市交易异常火爆。邓小平南方谈话催生出了中国股市第一波大行情。1992 年 3 月 2 日，上海股票认购证首次实行摇号制，正式发售后，动辄疯涨上 1000 倍，中国股市开始快速扩张；1992 年 5 月 21 日，涨停板限制取消，上证指数三天暴涨 570%，创下空前绝后的纪录，上海三大证券公司“申银”“万国”“海通”公司门口人如潮涌，四周交通为之堵塞，海通公司因铁栏杆被挤坏而不得不关闭交易动态显示屏幕。

同样，深圳股市交易也是热到火爆。1992 年 8 月 10 日，百万申购者云集深圳认购新股，提前三天就有人开始排队，许多人倾家出动，带着小板凳、床、席子、自行车、纸箱、报纸、砖头排在了前不见头后不见尾的长龙之中！之后，国家建立集中统一的市场监管体制，1992 年 10 月，国务院证券委员会（简称国务院证券委）和中国证券监督管理委员会（简称中国证监会）宣告成立，标志着中国证券市场逐渐走上正规化、法制化轨道。

作为新中国第一代股民，我也参与了其中，印象最深的是琼海虹的疯狂炒作。

琼海虹从 1996 年 4 月开始启动，历经四年时间，在走势上完美地形成了五浪的经典图形，其股价从启动前的 2.12 元涨到了 83.18 元，足足翻了 39 倍！“妖股”琼海虹从 1996 年 4 月开始到 12 月底，完成了第一波段的搜集过程，并形成了一个巨大的堆积形成交量，然后随着政策打压，快速跌落，并在底部潜伏整理了一年半时间；1998 年 7 月第二波段开始启动，一年半的时间完成了第二波段的推高和洗筹；2000 年 1 月开始了第五浪的快速拉升，仅用了两个月的时间，就把股价拉到了 83.18 元的天价，翻了 39 倍。然后就开始迅速边打压边出货，三个多月的时间，股价几乎跌去了一半。此后的 B 浪反弹高度有限，接着推出了传闻很久的高比例送股利好消息，除权后股价再腰折，于是在图形上形成了如瀑布“一泻千里”的势态，令后来参与的许多股民损失惨重。

二、深度介入权证炒作

2005年8月22日，这是一个值得中国证券市场铭记的日子，因为是中国金融衍生品市场的正式开幕之日。宝钢权证的登场，标志着在经过10余年的探索之后，中国证券市场迎来了金融衍生品这一更高层次的发展阶段。

作为喜欢炒新的老股民，我参与了几乎所有认购和认沽权证的炒作，短短5个月时间，股票账户资产也从不足60万元，迅速疯涨至500万元以上。其中赚钱最多的是招行认沽权证。2006年3月2日，招行认沽权证以闪亮的股改对价身份登陆上证所，但它最终沦为废纸。招行沽权设计方案显示，从2007年8月27日至8月31日，以证券给付的形式行权，初始行权价为5.65元，经调整后，行权价为5.45元。这表明，在五天时间里，手中持有招行沽权的投资者，可以每股5.45元的价格出售招商银行股票，而行权前，招商银行收盘价为39.04元。因此，行使1份招行沽权，至少亏损33元。

2006年5月，因价格便宜，我在0.4元至0.5元之间大量买入招行沽权超过60万份。5月30日，招行沽权摆脱了长期在0.4元左右的徘徊，上涨53.76%，盘中最高至0.754元，随后愈炒愈烈，在6月12日创下4.949元的天价。我在3元至4元价格间全部卖出，不到一个月，赚取800%以上的账面利润！

利润来得快，去得也快，为了抑制过度投机和爆炒，上证所推出权证创设机制，合格机构（创新类券商）可创设所有已上市交易的权证。由于权证的大量创设，造成权证价格剧烈波动，从而导致跟风炒作的投资者遭受严重损失。

截至2007年5月17日，招行沽权已被创设2.73亿份，但在招行沽权5月30日开始疯狂上涨后，引来了多家券商的天量创设。据统计，在不到一个月时间里，创设数量增加了35亿份，至2007年6月22日合计创设37.89亿份。大部分创设价格为3元至4元，而招行沽权结束于0.001元。这意味着，仅招行认沽权证创设合计给券商带来的总收益超过100亿元。

关于权证创设机制，有不少投资者认为：正因为有了权证创设机制，导致权证价格急速跳水，从而造成许多投资者蒙受巨大损失；并且，权证创设给券商带来了无风险暴利的机会，对散户投资者是不公平的。而券商则认为：引入权证创设机制，能够有效弥补该金融产品的缺陷，这也许损害了少数人的利益，但保护了更多人的利益；如果任由权证价格无理上涨，将会有更多散户加入炒作队伍中，这将给投资者带来更大的损失。因此，权证创设机制是一个很好的市场化机制，能抑制过度投机。

三、股市炒作逐步回归理性

经历股市、权证炒作的大起大落后，许多投资者包括我在内，投资股市逐步回归理性，从“炒概念、炒故事”，逐步转向“炒业绩、炒成长”；从“炒短线”频繁进出，逐步转向“炒中线、炒长线”。在股市经历这么多年，目前印象较深且炒作比较成功的有爱尔眼科、通策医疗、美的集团等。其中，爱尔眼科从 2017 年 12 月下旬 11.5 元至 12 元之间买入，一直持有至今，账面利润超过 260%；通策医疗 2019 年 4 月以 73 元左右买入，坚定持有，至今账面利润超过 100%；美的集团的盈利亦超过 100%。

四、投资建议

经历过股票市场这么多年的发展和变化，结合自己参与股票的亲身经历，我想提几点股市投资的建议：

第一，股市瞬息万变，风险无处不在。投资者应控制好仓位，将资金分成 3 至 5 份，把握主动，永远不要满仓操作。

第二，遵循价值投资、成长投资。购买优质的行业龙头个股；避免炒概念、炒故事、炒消息、炒问题股。

第三，精选优质、高速成长个股。逢低买入，坚持中长线投资；避免炒短线、频繁进出、追涨杀跌。

第四，把握股市买卖时机。极其低迷、谈股色变时买入；股市累创新高、全民炒股时卖出。

第五，避免借款投资。借款投资会破坏投资心态，并很可能使投资者处于被动的财务状态。

希望这几点建议对各位有所帮助和指导。

从资本到渠道

——国内保险业发展回顾

蒋　铭*

2019 年是新中国成立 70 周年，我国的保险业也伴随着新中国的崛起走过了 70 年的历程，一路栉风沐雨，而今蔚为大观——现在从规模上看，中国保险市场已成为仅次于美国的全球第二大市场；同时，从保险的居民覆盖率及保费收入的 GDP 贡献来看，民族保险业整体仍处在初级发展阶段，发展空间巨大。

1949 年，中央召开全国第一次保险工作会议，批准成立了中国人民保险公司，标志着中国保险行业进入第一阶段。新中国成立初期，经济建设的重心在构建工业化基础，当时保险业的主要使命是整顿金融领域的官僚资本和外国资本，还没有投入国计民生的风险管理和保障。1958 年人民公社运动后，全国保险业务停办了 20 年。

1979 年，中央决定恢复保险业务，并对外开放试点。20 世纪 80 年代末，中国人保一枝独秀的局面被打破，相继成立了新疆生产建设兵团农牧业保险公司（中华联合保险公司前身）、交通银行保险业务部（中国太平洋保险公司前身）、平安保险等多家保险企业。1992 年，友邦获准在上海设立分公司，成为改革开放后中国的第一家外资保险公司。友邦保险最先将代理人制度引入中国，一举打破了此前的保险销售体制，在其后几十年的发展中，代理人制度

* 蒋铭，中央财经大学 1997 级保险本科。

被国内寿险业广泛采用。1995 年，第一部《保险法》颁布实施后，多家中资、合资保险公司相继成立，国内保险市场初步形成了以中资商业保险公司为主体、中外保险公司并存的多元竞争发展新格局。

2007 年，三家龙头保险企业——中国平安、中国人寿与中国太保陆续上市 A 股，由于保险业上市标的具有稀缺性，这三家集团化公司一上市即获得了较高估值。同年，国内第一家保险中介机构泛华金控也登陆美国纳斯达克。保险行业及保险公司的发展前景、保险股的投资价值，逐步被证券市场所认可。

通过复盘 2007 年以来保险业在证券市场中的表现，保险公司的股价及估值受到多方面因素的影响，如资本市场波动、利率预期变化、监管政策及负债端表现（保费及新业务价值增长）等。

保险股有着显著的 β 投资属性，在部分年份，保险股的市场表现与长端利率呈现正相关。利差是寿险公司非常重要的利润来源，因负债成本刚性，所以更高的投资收益率就代表着更大的利差。在保险公司的投资组合中，有 5%—15% 为权益类投资，且股票市场大部分年份的波动在 10% 以上，因此股票市场的整体涨跌对保险公司投资收益率影响较大；此外，固收类资产（债券、定期存款、债权类非标等）在投资组合中占比 70% 以上，长端利率的变化对保险公司的长期收益率影响也较大。保险公司偏好高利率环境，因为在利率上行的初期，定价利率和负债成本上升较投资收益率具有滞后性，会进而导致利差在当期扩大。另外，在保险公司的财务体系下，计提责任准备金时，750 日移动平均国债收益率是评估利率的重要基础，750 日移动平均国债收益率曲线上行将使准备金计提减少，对保险公司当期利润有正面影响。但利率预期大部分时间较为稳定，且利率变动对股价的影响程度与市场预期、经济状况等多因素有关。宏观经济预期显著改善、利率趋势性上行时，保险股股价表现较好。

行业政策红利是保险股市场表现的另一助推剂。保险公司投资端的政策变化会更直接地影响保险公司的财务表现，因此投资端政策红利能提升资本市场对保险股的信心。如 2012 年原保监会保险投资新政的出台，扩宽并更新了险资的投资及管理范围，对保险资金及其投资收益构成重大利好，也使得保险公司在资本市场中作为长期稳定的机构投资者角色，越加重要。

从负债端来看，保费及新业务价值增长与上市险企股价表现差异相关，尤其是新业务价值的平稳较快增长对于保险股估值的作用越来越重要。放眼海外，对比各市场中寿险公司（及以寿险为主的保险集团）的估值变化，友邦保险的估值走势最为卓越，其上市以来新业务价值增长速度保持在 20% 左右，负债端稳定的价值创造能力是友邦在证券市场上能独树一帜的重要原因。

作为一名从业者，亲历了近 20 年来保险业的繁荣、调整、转型发展，对于保险负债端的变化深有感触。渠道是决定保费增长的关键因素，保险行业每一次周期性的发展，都伴随着分销渠道的变化。

2007—2010 年，寿险行业保费收入迎来持续快速增长，其中银行保险渠道井喷式发展，分红型、万能型产品占比迅速攀升。国内银保业务自 2001 年起迈上高速发展轨道，2003 年步入“1+N”（一家保险公司与多家银行合作）模式，直至 2008 年银保渠道保费收入在人身险总保费占比首次接近 50%；此后，银保渠道业务增长放缓。2009 年，各大型寿险公司逐步开始“聚焦个险”的转型方针，个险渠道保费占比有所提升。但是，因代理人渠道对前期投入和培育需要时间较久，众多中小保险公司仍以银保渠道作为公司业务发展的突破口，以期在一定资源投入之下，利用银保渠道快速壮大保费规模，实现弯道超车。

伴随着规模的迅速扩张，银保渠道也同时出现了手续费恶性竞争、“存单变保单”型销售误导等问题。2010 年起，监管部门对银行保险渠道开始进行密集的整治、规范，并陆续出台《关于进一步加强商业银行代理保险业务合规销售及风险管理的通知》《商业银行代理保险业务监管指引》《中国银监会关于整治银行业金融机构不规范经营的通知》等文件，禁止保险公司人员在银行网点驻点销售，限制商业银行网点的代理数量，并提出“七不准”（强调不允许捆绑销售），以此形成相对较高的退出成本及长期稳定的互利合作关系。这些政策的发布，标志着人寿保险行业进入“银保新规”时代。2011—2013 年，由于“银保新规”的限制作用，银保渠道保费出现负增长；与此同时，行业总保费增速明显下滑（2011—2013 年分别为 −9%、4%、8%）。除银保渠道调整之外，另一导致保费下滑的原因是在资本市场的高利率环境下，分红险分红水平和万能险结算利率均低于当期的银行五年定期存款利率，保险产品吸引力显著下降。

2014—2017 年，行业保费因代理人数量高速增长的“人口红利”和产品费率市场化，恢复较快增长，尤其 2016 年实现了自 2009 年以来的最高增速。保费收入因银行理财、信托等产品竞争力的下滑，以及牛市行情下保险产品的高投资收益率等外部环境因素，进入上升周期。部分保险公司因原保监会高现价产品规范和“银保新规”的影响，开始逐步放弃银保渠道，转而聚焦发展价值率更高的个险渠道。在 2015 年取消“保代考试”后，代理人规模出现井喷式增长，截至 2017 年末，全行业代理人规模达 807 万，较 2014 年（325 万）增长 148%，国寿、平安、太保、新华 2017 年个险渠道保费占比分别达到 69%、85%、88%、80%，代理人渠道成为大型保险公司最重要的分销渠道。产品方面，2013 年 8 月原保监会放开了自 1999 年以来传统寿险产品预定利率不得高于 2.5% 的规定，保险公司陆续推出预定利率为 3.5%—4.025% 的传统寿险产品，以促进销售。在 2015 年下半年险资举牌潮后，原保监会从资产配置审慎性监管、保险资金运用内部控制管理、举牌上市公司股票的信息披露等方面，规范中短存续期人身保险产品。2016—2017 年，行业呈现健康险高增速长、万能险增速显著减缓的情况。

2018 年，保险行业进入新一轮调整期。受监管政策影响，年金险销售受挫、代理人人口红利消减、人力新增遇到瓶颈，以代理人渠道为主的保险公司新单保费增长乏力。2017 年下半年发布《关于规范人身保险公司产品开发设计行为的通知》（134 号文），规定年金险对客户的首次生存金返还延至承保 5 年以后，产品吸引力有所下降，且银行理财等收益率的上升对保险销售有一定挤出效应。可喜的是，在“保险姓保”理念贯彻下，行业产品转型加速，保障型产品快速增长。大型公司的发展动力开始从“代理人规模驱动”向“代理人产能驱动”转变，对代理人的基础管理、培训趋向于精细化。

展望未来，人身险行业发展空间依然巨大。保险需求持续增长，80、90 一代风险意识提升，愿意主动接触保险；同时，国内保险业资产规模占金融行业整体比例较小。2018 年末，国内银行业资产规模 261 万亿元，保险业仅 18 万亿元（国外发达市场保险业通常比值 25%—35%）。我国从经济强国向金融强国发展，金融产业的结构均衡很重要，保险业长周期的发展是可以确认的。随着收入水平改善，居民开始追求更高的医疗、养老品质，保险对此类需求的覆盖程度较好。

今天，保险业正站在一个旧周期的尾巴上，一个新时期的萌芽中。未来代理人渠道的转型重点是打造“全职化、专业化、精英化的营销员队伍”，“产品＋服务＋科技”是转型抓手，领先变革的寿险公司有望脱颖而出。此外，经历了银保渠道、代理人渠道的繁荣，中介渠道未来或将成为寿险业分销第三轮发展的红利，虽然预计较长时间内代理人渠道仍会是分销的主力，但中介渠道将会是最有活力的模块。现在很多互联网巨头在收购中介牌照，想通过介入保险变现流量。资本和人才进入中介市场的速度加快，一些标杆性的中介公司（泛华、大童等）也取得较好的发展。2019 年来，银保监会出台很多文件规范中介渠道，为中介未来长期有序、高质量的发展做准备。驱动中介高速发展的要素正在快速聚集，中介渠道大有可为，值得期待。

商业承兑汇票市场中的亲历

赵国富 *

接触商业承兑汇票，其实在 1996 年入学中央财经大学前，当时作为一个农村的高中生，已经惊叹于这么小小几片纸上记载的金额、功能。所以在大学的时候对票据的学习就格外上心，甚至产生不少实际运用的问题，都一一向老师求证，可惜的是当时老师也只能从理论进行阐述。

2000 年毕业，进入了一家房地产公司的投融资部门，接触票据的机会一下多了起来，同时和公司财务人员、外部银行信贷人员的接触和沟通以及实际的操作运用，才真正对承兑汇票有了一个理论和实际结合的机会。

当时接触最多的就是支票和银行承兑汇票，同样作为远期支付结算手段，企业选择多的是支票，因为当时银行承兑汇票也要走授信流程，而且需要企业存入 30%—50% 不等的保证金才能开具，相对开票企业来说比较麻烦。但是随着中国经济的发展，特别是企业业务对象的不断扩大，银行承兑这一忽略开票企业信用的特点，使得银行承兑汇票开始成为超越支票的存在，毕竟那个时候，支票跳票的现象太严重了。

刚进入企业半年的一天，我就接到老板的命令，说正好财务部门都忙（公司本身不大），让我拿着一张 50 万元的银行承兑汇票，去一个票贩子那边进行贴现，然后把钱带回来，我们老板边把票给我，边和我开玩笑如果拿了钱跑了，能够快活好几年……

---

* 赵国富，中央财经大学 1996 级投资管理本科。

说真的，当时我的脑子就开始勾画如果打电话给同学，让他等在什么地方给我脑袋上一榔头，然后回来汇报被打劫了……

但是马上一激灵，跟老板说我只有一辆破自行车啊？

老板一下来了兴趣，又扒拉当年自己就是在雨中推着一辆自行车，载着两个装着 100 万元借来的现金的麻袋，开始了这个公司……讲完后，郑重建议我去找楼下保洁要几个黑色垃圾袋，去把钱装回来，因为现在麻袋不好找……

是的，我就是拿着四个垃圾袋，票据贴肉放在胸口，骑着自行车，脑袋里面都是《上海滩》的曲子，许文强伴着我，一路上感觉满大街都是准备打劫我的，还在脑海中设想了对方是不是五大三粗、膀大腰圆的人物……

有生第一次进五星级酒店就是这次，上去见到的对方就两个人，都是瘦弱精干的人，一个人拿了票，说去验一下，让我和另外一个人在房间里等着，因为刚好在中午，对方又请我第一次在五星级酒店就餐，总共等了漫长的两个小时，这两个小时和这个留守的人成了哥们，发现对方对票据的知识其实比我差远了去了。然后就等来了钱，惊喜地发现对方居然是用麻袋装回来的……

回来的时候心情已经没有那么激动，自行车后座绑着内装 50 万元的麻袋感觉也没有那么重，但一路想着的已经是这些票贩子的确赚钱啊。

是的，这件事进行得很顺利，整个过程基本上就是一直到现在票贩子们的流程，但是其中一个细节，票贩子们却花了差不多 20 年进行改进，这个改进完全是民间这些票贩子促成的改进：

背飞与打飞：这就是我那么多担心恐惧的根源，其实也是票贩子的担心恐惧；这个交易我们是在纸票上先对票贩子背书，对方再验票付钱，如果对方不付钱或者拿票跑了，我们这个票据就背飞了，那就十分麻烦了；有些票贩子也会先付钱再验票，结果发现票出问题，比如背书无效或者假票，这就是打飞，那么票贩子就是有苦难言，因为民间贴现一直不为法律认可。为了解决这两个问题，民间票据互联网平台逐渐兴起，支付公司包括银行开始作为第三方交易保证结合进入，使得这个民间贴现的信任问题不但得到解决，也使得现金交易消失。

这 20 年里，只要百度“票据背飞打飞”，就会发现案例不断，就算后来人行电票系统上线运行到今天，也屡见不鲜。但是随着互联网票据平台出现，“背飞打飞”现象才逐渐减少。

本文说的是商业承兑汇票，大概念包括了银行承兑汇票，接下来的故事就是说说我亲历的商业承兑汇票。

和上面故事中的一个票贩子最后成了朋友，2003 年前后大环境影响，开具银行承兑汇票不足额保证金制度开始暴雷，最终银承开具采用足额保证金制度，而伴之进行的是全国抓票贩子行动，这哥们因为中间移民逃过一劫。随后因为在国外接触了商业承兑票据，加上我一直和他说转向商业承兑，就回来合作这个事情。也是机缘巧合，他成了最早承接 HD 地产公司商业承兑汇票的一批票贩子。

我给他的基础只有一条：2004 年《票据法》的修行，使得票据无因性得到法律支持。

方案也很简单：收大型房地产民企的商票，然后转给互联网公司。

这个时候有些互联网公司有了大量的债务资金沉淀，这些资金如何创造价值成了一些头部互联网公司的议题，于是一些互联网公司开始涉足承兑票据业务，这哥们在杭州打通了一个互金公司的渠道后，收票不再只往银行送，往互联网公司送的比例开始显著增长。

最大的机会出现在 2008 年前后，HD 地产公司商业承兑票据买断价格一度高达 30%，而这些票据转送到互金公司买断价格却连 10% 都不到，这个差价的抹平过程一直持续了整整两年，当时唯一担心的就是 HD 地产会不会在明年倒下，但是到后面，我们想收缩业务的时候，互金平台却一直向我们催票，那真是美好的两年。

这个模式本来说好我要收 10 年的版权费，结果哥们只给了半年。

然后 2012 年又一轮抓票贩子行动，这次哥们没有躲过去，我也幸好只收了半年版权费。

2012 年的抓票贩子，其实根源在于银行承兑汇票。100% 保证金制度使得银行可以利用银行承兑汇票完成存贷两条线不受监管的增长，这期间出现了几个票据银行。

但是最终板子却落到了票贩子行业，没有贴现金融资格，扰乱金融秩序这个罪名到现在还犹如达摩克利斯之剑，高高悬挂在众多票贩子的头上。

最后一个故事就是关于票据的资格，或者说叫票据的牌照。

我们在中央财经大学就学到票据就是一个标准化的产品，而承兑汇票更是一个能够将资产票据化、最终自己完成证券化的产品。

这个特性为越来越多的人所了解、理解，所以这个市场也就越来越大。但是票据承兑是一个信用市场，这个市场越大，央行的市场就越小。

所以，票据贴现作为票据市场最重要一环，就被加上了镣铐，纳入了监管。

《票据法》中最矛盾的一点，无疑是贸易背景和无因性的矛盾，这点历届两会都有人提出议案，今年是我们中财几位师兄师姐在提。

经过 2012 年抓票贩子的惨痛经历后，非金融机构人人都在问：票据的牌照是什么？票据的前置审批是什么？但是好像到现在都没有找到。

2013 年我在一家台资保理公司，不但在公司里面提出应收账款票据化、票据证券化的口号，也因为这个口号汇集了国内一帮人和台湾保理行业进行网络论证。

然后突然发现重庆的小贷公司的经营范围里面有四个中国票据行业梦寐以求的字：票据贴现。

当我把这个信息向整个票据行业包括互金平台传播的时候，重庆小贷公司的壳价值一下提升，很多互金平台干脆自己落地重庆成立小贷公司，重庆的大多数本地小贷公司至今都感到经过了莫名其妙的一年。当然重庆本地小贷公司也至今没有一家有票据规模。

而更多公司退而求其次，用保理公司来收票，毕竟应收票据也是应收账款嘛。

然后重庆小贷公司里面几乎有所有知名互金公司，而现在在票据行业，互金公司收票规模也与银行不相上下，很多互金公司甚至开始进行自有债权票据化、票据宝宝化。

这个故事告诉我自己和大家，票据市场的发展前途无量，政策的限制永远有缺口。

这 20 年来，从纸票到电票，从银承到商承，从线下交易到平台交易，从不敢上法院到法院依据无因性判决，从没人提票据到两会正式有票据议案……这个财经产品值得我们校友们学习、使用、推广，也终会让我们值回票价。

工作在“杠杆”上的金融工程师

——我的资本市场体验

赵　然*

时值中央财经大学校庆70周年，我借此机会表达对母校深深的眷恋和祝福。离开母校已有8年，在大洋彼岸的美国校园和职场打拼的我时常想起在中财学习的日子，感激在此接受的专业教育和与老师、金融业界前辈交流的机会。

我目前受雇于美国一家已有百年历史的金融机构，主要负责金融产品的风险管控与对冲以及衍生品定价与交易，同时也关注着中国资本市场的发展。前几日有报道说，国内首只股指期权产品将于中金所上市交易，预示中国金融市场又有跨越式进步。股指期权在全球金融衍生品市场占据最重要地位，我愿意分享自己在美国资本市场的相关体验，希望有助加深读者的理解。

“金融危机”的导火索

2007年、2008年的金融海啸席卷了全世界的金融市场，金融衍生工具和金融产品的“杠杆化”饱受诟病。很多人认为金融工具导致了金融危机的发生和投资的损失。在后金融危机时代，各国政府和市场监管机构加强了对金融衍生品和金融市场的控制，各大金融机构也加强了对金融衍生品的管理。

* 赵然，中央财经大学2008级中国金融发展研究院本科。

我所工作的部门，正是在金融危机之后建立，以防止类似灾难再次发生。我的日常工作是交易各类金融衍生品，计算衍生品的定价及各类风险指标。在工作中，我实实在在感受到金融衍生工具对民生的各方面带来的提升。

“老有所养”的助推器

我所在部门还负责美国市场养老保险和养老年金产品的风险评估与对冲。美国养老基金大多投资于主要股指与固定收益证券，而我需要在金融衍生品市场寻找合适的对冲工具，帮助抵消养老基金的市场投资风险和潜在损失。

近 10 年来，欧洲的各大保险公司纷纷在美国设立第二总部，在美国市场发行产品。这并不是因为美国人“有钱任性”，而是看重美国资本市场的金融衍生工具丰富，适合各类养老基金保险的对冲需要。

通过与精算部门同事的交流，我了解到保险产品的定价和收益很大程度上取决于风险对冲的比例与有效性。而美国市场的对冲比例高达 100%。也就是说，各类股票、国债及企业债、波动率产品和信用产品都可以被有效对冲。对冲比例和有效性的提高保证了美国保险产品的低定价和高收益。同时，充分的保险对冲也是对保险公司和承销机构的保护。有效的金融衍生品对冲也能够防范系统性的金融风险对金融市场带来的不利影响，以防由金融产品导致的大规模金融危机的再次发生。高效的衍生品市场使美国成了世界各大保险公司发行产品的最佳选择。

研究数据表明，过去 20 年内，在美国发行的养老保险产品的收益高于欧洲和亚洲同类型产品的收益，其中金融衍生品对高收益的保证显而易见。可以说，养老保险的投保人可能并没有相应知识构建风险对冲的投资策略，但是如我一般的金融工程师对公司发行的保险产品进行统一的风险管理和对冲，使得普通投保人的利益受到金融衍生品的保护。

“有房有车”的加速器

金融危机后，虽然房贷产品短暂受到抑制，但随着美国房地产市场的回暖和利率的持续走低，以家庭住宅和商业地产为依托的房产抵押证券成为美国金融市场的“生力军”。顾名思义，是将各类商用及民用住房以证券化的形式组成可交易、可投资的金融工具。不仅仅是房地产，车贷、信用卡贷款以及小额的商用贷款也被广泛证券化并进行一定程度的组合，投放在美国各类证券交易所和各类券商交易平台。

此类金融工具给各方带来的实惠一目了然。对于用户来说，一方面，可以提前住进自己的房子，开上自己的车子。他们可以用未来的收入做抵押，提前享受更为便利的生活。而另一方面，住房贷款的承销方，将众多类似的贷款组合起来后转卖给由政府担保的房地产机构，并以美国的税收作为此类保险的准备金。这样，小的房贷承销机构及商业银行无须因一两笔房贷违约而使自己陷入破产的风险，实现了客户与承销方的共赢。这是金融衍生工具造福社会、实惠百姓的又一方面案例。

“技术进步”的催化剂

最近，我在学术期刊上读到一项“另类调查”，文章指出金融衍生工具的发展推动了科技的进步。这个标题很有噱头，但内容实际上讲的是商品期货的推出和广泛使用提高了全美天气预报的准确率。

商品期货是对某类标准化商品（如大豆、小麦、玉米等）未来价格的交易。而天气，对农产品的收成、产量和价格起到至关重要的作用。金融市场上的对冲者和投机者往往利用天气数据对来年的农产品做出大致的预测和对农产品期货的定价。这些交易每年往往涉及数十亿甚至数百亿的交易金额，如此庞大的利益规模使得投资者对准确天气数据的要求越来越高。

该论文指出，正是由于农产品期货的活跃交易，全美范围内，尤其是农业主产区，天气预报的准确率以数倍于科技进步的速度而提升，从而表现出金融衍生品对科技的溢出效应。由此看来，金融衍生品在我们平时的衣食住行等各方面都带来切实的帮助和提升。

“市场波动”的双刃剑

金融衍生品是否增加金融市场的波动性，一直是学术界争论的话题。从次贷危机中的信用违约互换产品，到 2013 年“光大乌龙指”事件，再到年初的波动率期货冲击美国股票市场，金融衍生工具的双面性尽显无遗。无论是美国银行间的综合资本分析检查，还是欧洲银行间的巴塞尔协议，政策导向的趋势是合理规范化衍生品的使用。前车之鉴，后事之师。正值中国衍生品市场发展的黄金时期，相信各国的宝贵经验能够促使中国金融市场的健康有序发展。

结 语

如何有效利用金融衍生品，同时合理规避其潜在风险，是我们金融工程师需要谨慎思考的课题。其实，“杠杆化”的金融衍生工具离我们每个人的生活并不远。我们或多或少将会，或者已经享受了金融衍生品带来的便利与实惠。我相信，在不远的将来，金融衍生品会走进我们生活的方方面面。

中国A股市场投资理念变迁

银国宏*

新中国A股的交易所市场始于20世纪90年代初期，之前更早的交易记载是工商银行上海信托投资公司静安分公司（西康路101号）于1986年正式挂牌上市股票，代理“飞乐音响”“延中实业”股票买卖，这应该是中华人民共和国成立以来首次股票交易。但1995年以前的股票市场由于制度规范等都不成熟，甚至是否能够可持续发展都还是存在疑问，所以出了不少风险事件，如深圳“8·10”事件，还有期货市场中著名的“327”国债事件等。以我对股票市场发展阶段的理解和划分，1995年底到1996年初应该是中国A股市场逐步形成规模，开始融入实体经济的起点，同时证券公司开始成为金融体系重要组成部分的起点。或许是个巧合，笔者正是1996年7月走出中央财经大学的校园进入证券行业的，本文也将以1996年为起点梳理回顾中国A股市场投资理念的变迁。

一、价值投资的萌芽（1995—1997）

1996年是中国A股市场第一个真正意义上的牛市，是中国资本市场服务实体经济的重要起点。1995年以前，股票市场作为新生事物其实就是一个可有可无的实验品，规模较小，也没有全面纳入国家经济发展的视野。但从

* 银国宏，中央财经大学1992级财政系国资专业本科。

1995 年开始，国有企业脱困的重大需求诉诸股票市场，股票市场第一次从国家经济发展战略的高度被需要，虽然说这种定位给后来股票市场的良性发展埋下不少隐患，但股票市场正式登堂入室并出现了一次具有历史意义的牛市。当时，宏观经济和通胀治理取得重要成绩，成功实现软着陆，降息周期启动，所以 1995 年下半年开始到 1997 年上半年的两年时间是一个股债双牛的黄金时期。

我们稍微浏览一下表 1 中的大牛股，大致就可以理解当时投资理念的核心内容：绩优股成为这一轮牛市的核心逻辑，这应该是价值投资理念的萌芽。但当时绩优股的概念是什么呢？主要包括三个特点：第一，深圳本地股，其基本逻辑是深圳是中国改革开放的前沿阵地，这里具备产生绩优企业的土壤；第二，家电股，家电行业的确是那个时期中国最有活力的产业之一，全国涌现出一大批优秀的家电企业，四川长虹、江苏春兰、青岛海尔、康佳以及新大洲这样的摩托车生产企业，从这个维度讲是非常符合价值投资逻辑的；第三，高送配，当时绩优股的基本要素之一就是必须有 10 送 5 或转增 5 以上的送转方案，或者按照较低价格配股的方案，除权再填权构成股价上涨的基本动力，而且这一逻辑在后来的股票市场长期存在，但站在今天来看，这显然和价值投资逻辑没有必然的联系。

另外，这一轮牛市是股票市场规模快速扩张的阶段，所以诞生了中国股市最广泛的无风险盈利模式——打新股。大量资金涌入新股申购市场，同时新股上市表现往往也非常好，所以这一无风险投资的收益率最高时接近年收益率 100%，这也是空前绝后的一段历史。逢新必炒的逻辑在很长时间贯穿中国股票市场，出现了很多违背常理的事情，例如封闭式基金的溢价上涨、认沽权证的疯狂等，这显然是中国股票市场不成熟的表现。

但是，不可否认，从这一轮牛市开始，中国股票市场的价值投资理念开始酝酿：1. 投资者们开始关注企业的经营业绩，虽然那时实地调研少有人涉及，但专业投资者们已经开始了，笔者的第一次企业调研就是从 1997 年开始的，最有代表性的是每到年报和中报公布之前，坊间经常流传一份某证券研究所做出的业绩预测表和送配方案，像一本高深的武功秘籍一样；2. 投资者开始关注企业的成长，送股和公积金转增股本的盛行其实就是被认定为企业高成长的朴素逻辑，虽然现在看起来并不如此，但也是有其合理性的；3. 后来的事实证明，企业可持续成长是何其艰难，当时的绩优股如四川长虹、江苏春兰这样的大白马后来都江河日下，今天的家电龙头是格力电器和美的集团，只有青岛海尔算是勉强穿越历史，也是价值投资必须跟随时代变迁的最好例证。

表 1　1996 年牛市期间涨幅领先的股票

证券简称	区间涨跌幅（起始交易日期）1995-06-30（截止交易日期）1996-12-31　单位：%
创元科技（苏物贸）	554.5049
大悦城（深宝恒）	516.3602
四川长虹	496.3966
*ST 大洲（新大洲）	478.7866
深粮控股（深深宝）	388.9231
深科技	370.6130
平安银行（深发展）	342.3215
深圳能源（深能源）	320.3882
新金路（川金路）	315.1947
海尔智家（青岛海尔）	292.6127
深康佳 A	288.1022

资料来源：Wind 数据。

二、并购重组的萌芽（1998—1999）

1998 年笔者第一次在《中国工商时报》公开发表文章，就是写的并购重组。中国经济运行中的企业破产到兼并收购现象实际上是从 1995 年开始的，而股票市场天然的功能之一就是资产重组，所以股票市场虽然自 1997 年年中牛市结束后陷入低迷，但资产重组在股票市场中的表现可谓如火如荼，有资料显示当时有 700 多家上市公司，1998 年沪深两市共有 389 家上市公司进行了或多或少的资产重组，其中 194 家企业的经营业绩获得了显著改善，而且当时的资产重组基本都是乌鸡变凤凰式的重组，“壳”资源的概念也是从那时候开始兴起的，因此在中国股票市场形成了“炒作绝对低价股”的投资逻辑，并且存在了相当长的时间，直到现在也没有真正消失。笔者在当时从事策略研究工作，大约在 2000 年前后曾经写过一个专题研究报告——T 类股票投资分析，就是专门针对经过资产重组乌鸡变凤凰的 ST、PT 类股票所具有的特征进行分析总结，从行业、区域、规模等维度进行了梳理和分析，类似上海、四川等省份的确是重组行为非常活跃的区域。

再度回顾当年资产重组牛股其实意义也不大，对于我们探讨中国股票市场投资理念变迁也没有太大正面引导作用。可以确定的是，乌鸡变凤凰式的资产重组带来的是监管机构对内幕交易监管挑战，可以说这类投资机会大多数时间都是个体性质的，和投资理念并无瓜葛，但中国股票市场上系统性的并购重组机会其实出现过两次：第一次就是 1998 年发端的，重组的上市公司占比非常之高，而且特征有迹可循，基本从“连续亏损或微利、第一大股东持股比例集中、所属区域政府重组意识和理念领先、绝对股价够低”等几个维度，是可以按照风险投资的模式捕捉投资机会的；第二次是后面我们要分析的改革牛和并购牛，也是有非常清晰的逻辑和脉络可循的。

三、国际接轨的萌芽（1999—2001）

1999 年 5 月 19 日是中国 A 股市场很有代表性和值得回忆的事件，在此基础上形成了 2000 年到 2001 年的新一轮牛市，这一阶段牛市投资的初始逻辑是互联网，是与全球互联网泡沫遥相呼应的。2000 年 3 月，以技术股为主的美国 NASDAQ 指数攀升到 5048，网络经济泡沫达到最高点，在此之后，全球互联网的泡沫开始逐步破裂。但正是在美国互联网泡沫聚集期间，中国股票市场第一次出现了与国际接轨的投资理念，并主导了历史上著名的“5 · 19”行情，很多科技股在短短一个半月都出现了翻番的涨幅。我们看表 2 中的这些当时的明星股票，清华同方、深科技等，特别有代表性的是综艺股份，这家公司搞了一个 8848 的网站，因此而一飞冲天。可以说，当时的投资理念既是领先的，也是盲目的。所谓领先是投资选择非常接近于国际流行的商业模式，但盲目是其实并不真正了解什么是网络经济。当时记忆特别深刻的一件事就是，我一个研究商贸零售业的研究员同事写了一篇研究报告——换个角度看梅林，当时的上海梅林启用了电话订水的全新商业模式，上海梅林因此也是应声而起。

1999 年“5 · 19”行情以及随后而来的 2000 年牛市，对中国股市的投资理念发展和形成最大的贡献，就是在很多投资者心中建立了浓厚的科技股情结，科技股作为中国股票市场一个非常有独立性的群体长期存在，而且反复被阶段性关注，直到真正的价值投资理念逐步形成，科技不再是专业投资者的一个独立研究标的，而是按照细分的行业来建立研究观点。

表 2　1999 年“5·19”时期涨幅领先的股票

证券简称	区间涨跌幅（起始交易日期）1999-05-18（截止交易日期）1999-06-30　单位：%
乐凯胶片	185.1064
水井坊（全兴股份）	179.5276
ST 银河（北海银河）	174.7737
同方股份（清华同方）	174.5565
深科技	174.1806
综艺股份	172.3881
华闻集团（琼民生）	172.2356
上海贝岭	171.3660
东方电子	167.6739
风华高科	163.2111

四、股权分置改革的博弈（2001—2005）

这个时期的 A 股市场熊市的形成其实就是和国有股减持密切相关的，由于当时非流通的国有股占比高达全市场的 70% 左右，所以被市场称为高悬在头顶的达摩克利斯之剑，随时可能压垮股票市场。

客观地讲，这一轮熊市和当时的经济增长是脱钩的，2001 年底中国加入 WTO 以后，迎来了中国经济增长的黄金时期，2003—2005 年的 GDP 增长率都在 10% 以上，但股市表现持续低迷，这也是很多投资者说中国股市和经济表现没啥关系的重要例证。究其原因，当然是因为围绕股权分置改革的博弈一直持续了三年多时间，所以形成了中国 A 股市场第一次长熊，其间的投资之艰难甚至带来了证券行业的技术性破产和大规模重组。但是，这一阶段，最早出现于1998年的规范运作的中国公募基金公司经过培育和发展，在当时的市场中开始显露头角，或者说第一批真正意义的机构投资者凭借其专业的研究和投资能力在熊市后期经历了第一次抱团取暖，并取得了良好的市场表现，可以说熊市阶段的防守型投资策略在很多专业投资者中第一次成型，凸显了价值投资和专业投资的力量。

我们观察这一时期表现领先的股票，大致可以看到一些防守型投资理念的真谛所在：第一，港口、机场、高速公路、电力等公用事业是其中的杰出代表。其中的投资逻辑其实是天时、地利共振的结果，一方面公用事业类股票凭借其稳定的现金流本就具有典型的防御特征，另一方面恰逢加入WTO后外贸高速增长阶段，这样港口、机场等防御类行业和公司在特定阶段具有了进攻性；第二，消费品公司才是真正穿越牛熊的价值投资品种，贵州茅台、双汇发展、张裕等非常有代表性，现在我们发现在十几年以前茅台就开始显现它的优秀了；第三，具有独特优势和资源的头部公司。头部公司是我们今天的提法，当时没有这样表述的，但龙头地位甚至全球领先者彰显了其投资价值，如海油工程、烟台万华、中集集团、东方电气、振华港机等一批那个时代的佼佼者在股票市场穿越了当时的熊市。这个阶段的投资理念是第一次让专业投资者昂首，用价值研究的基本思想和理念引领了市场的投资，凸显了专业的价值，也是价值投资理念第一次在中国股票市场形成，尽管有些单薄甚至还有些偏颇，比如对公用事业公司的理解等，但奠定了价值投资理念的强大基础。

表3 一个长期熊市中涨幅领先的防守型股票

证券简称	区间涨跌幅（起始交易日期）2003-01-01（截止交易日期）2005-06-30 单位：%
招商港口	227.9954
贵州茅台	206.4091
海油工程	171.4049
中兴通讯	163.9761
上海机场	152.4430
双汇发展	144.3245
万华化学（烟台万华）	134.8183
*ST盐湖（盐湖钾肥）	130.2667

续表

证 券 简 称	区间涨跌幅（起始交易日期）2003-01-01（截止交易日期）2005-06-30　单位：%
中集集团	118.8613
中油资本	116.4153
国投电力	114.9334
赣粤高速	111.2784
苏宁易购（苏宁电器）	97.5781
张裕 A	91.9497
东方电气	87.5422
宏达股份	87.0189
振华重工（振华港机）	87.0008
海正药业	80.8364
西山煤电	77.9268
大商股份	77.3650

五、新牛市冲击刚刚形成的价值投资理念（2005—2008）

这个时期仍然是中国经济的黄金时期，在解决了股权分置改革这一体制性约束后，中国 A 股市场像一头真正脱缰的蛮牛，形成了一轮非常具有冲击力的牛市，这个阶段的牛市第一次让中国股市体验到了周期的力量，是一次与经济增长相互映射的牛市，也是周期股进入价值投资理念的开始。周期股的投资认知在这个阶段疯狂成长，当然后来的熊市也告诉我们为什么它们叫周期股。

我们可以看一下此轮牛市中的明星，“周期”两个字十分耀眼，动辄 10 倍以上的涨幅彻底树立了周期股的光辉形象：第一，资源股。焦作万方（铝）、云南铜业、驰宏锌锗，在经济高速增长的黄金时期，资源品价格大幅上涨，资源股涨幅都在 10 倍以上。第二，证券股。这是又一个非常典型的周期股，经营业绩和股票市场牛市相互映射，是周期股中最具弹性的品种，辽宁成大（持有广发证券）、东北证券、国金证券、中信证券等最高涨幅都超过 20 倍。除了耀眼的周期，一些消费股的表现也不弱，一些医药、白酒股的表现十分出色，只是和周期股相比有些失色而已。

这一阶段是中国股票市场价值投资理念的第二次完美体现，从经济增长到行业表现再到上市公司业绩大幅增长，经典体现了专业研究和价值投资的内涵。当然，牛市结束后这样一批耀眼的周期股很多出现了高达 90% 的跌幅，可以说从终点回到了起点，这才是股票市场对周期股一次完整的体现，让中国的价值投资者真正认识到周期的力量是双向的，也对周期股的估值有了全新的认识，中国股票市场的周期股后来虽然还是有表现出色的时候，但再也无法像这一轮牛市可以摆脱周期概念的枷锁一路狂奔，而是给周期股更加理性和合理的估值定价，价值投资内涵中对周期股定义变得更加完整和准确。

表 4　经济晴雨表牛市中涨幅领先的品种

证券简称	区间涨跌幅（起始交易日期）2005-12-30（截止交易日期）2007-11-30　单位：%
辽宁成大	2774.5681
中国船舶	2363.2313
东北证券	2359.8428
鹏博士（四川工益）	2306.8568
中船防务（广船股份）	2199.0677
吉林敖东	2055.1167
国金证券	2015.5842
丹化科技（英雄股份）	1818.2931
泛海控股（深南油）	1780.5659
焦作万方（万方铝业）	1658.6670
云南铜业	1550.8390
中信证券	1523.9153
广济药业	1500.0589
置信电气	1440.4593
中船科技（江南重工）	1432.0136
驰宏锌锗	1428.7386
景峰医药（天一泵业）	1377.4648
国元证券	1375.7821
中金黄金	1349.7454
泸州老窖	1344.9620

六、真正的熊市（2008—2013）

什么是真正的熊市？什么是内外交困下的熊市？这一轮熊市总体是全球经济动荡和中国经济黄金时期逝去的体现，虽然有几次挣扎，但股市是经济晴雨表的功能表现得淋漓尽致。2008 年金融危机爆发对全球金融市场的打击都是残酷的，更为麻烦的是中国经济在经历了四万亿刺激的短暂反弹后，开始进入增速下滑的周期，而且这种趋势是长周期经济运行的内在规律，是很难避免和逾越的阶段。所以中国股票市场在这个阶段的表现充分体现了经济下滑的特点，在长达 6 年的时间内，除了 2009 年四万亿刺激后的一次大反弹之外，几乎各年的指数表现都是下跌。在此期间，表现最为出色的一批股票体现了怎样的投资理念呢？客观说，只有经历了这种长期熊市的洗礼，才真正懂得“自下而上”的道理，特别是在经济持续下滑的过程中，放弃自上而下，放弃系统性投资机会的捕捉是中国股票市场投资理念变迁过程中又一次提升和成熟。

我们看一下这些在熊市周期中平均每年都能翻番的股票，可总结的核心内容应该是基本都有其独特的商业模式，而且在经济下滑过程中保持了企业经营的高增长，例如华夏幸福、金螳螂、大华股份、歌尔股份等都是可以从专业研究的逻辑中找到答案的。除此之外，还有一批消费类股票再次证明消费是一个真正能够穿越熊市的防守利器，除了表 5 中的部分消费股外，还有片仔癀、人福医药、伊利股份、天士力等表现也是非常出色的。

表 5　一轮长熊周期中涨幅领先的股票

证券简称	区间涨跌幅（起始交易日期）2008-12-31（截止交易日期）2012-12-31　单位：%
华夏幸福	1715.3468
北方稀土	1447.0419
顺发恒业	1434.4060
金螳螂	1014.7538
金洲慈航	1006.4516
国海证券	950.8939

续表

证券简称	区间涨跌幅（起始交易日期）2008-12-31（截止交易日期）2012-12-31 单位：%
大华股份	948.2535
歌尔股份	886.9633
金种子酒	872.6273
阳光城	795.1995
中科三环	745.9988
国中水务	742.6807
恒逸石化	719.8797
古井贡酒	717.6920
华数传媒	703.4335
广弘控股	681.6092
永泰能源	680.3989
广晟有色	677.2658
山西汾酒	673.9226
鹏欣资源	670.6341

七、改革牛和并购牛（2014—2015）

人造牛市能够如此迅猛，来自新的制度设计、新的交易模式，这一轮牛市是又一次对专业投资者的理念考验，是又一次让专业投资者怀疑人生的经历。笔者在观察了这一轮牛市中表现出色的股票后，发现企业价值分析在改革牛和并购牛面前显得有些苍白无力，应该说对中国股票市场投资理念的成长没有什么特别有益的可总结之处。如果说非要提炼一下这轮牛市对投资理念变迁的贡献，我想可以有两个方面稍微提一下：第一，全新产业的泡沫化，为什么不叫新兴产业，而是全新产业，是因为这个阶段中国股票市场出现了一批以往几乎没有的产业，如互联网金融、游戏、影视传媒、教育等，这些全新的产业和企业是最吸引眼球的，和并购重组结合起来推动了一波虚假繁荣，带来了后来的一地鸡毛；第二，并购重组卷土重来，在前面1998年部分的分析中，我们提到了这次改革牛和并购牛，其逻辑特点是什么呢？就是以大股东股票解禁走向全流通为时间节点，一大批公司为了做大市值迎接解禁，掀起了十分广泛的并购重组运动，当时照此逻辑寻找投资标的成功率极高，这虽然称不上什么投资理念，但实战效果绝佳。

此外，这一轮牛市给投资理念还增加了两个新的内涵：一个是杠杆，一个是量化交易。中国股票市场的杠杆投资在全股民普及是这轮牛市开始的，更广泛的普及是大股东们，在牛市疯狂中几乎都利用股权质押加了杠杆，最终成为今天依然无法消化的难题。量化交易从这一轮牛市开始普及，大量国外有相关交易经验的投资者进入中国市场，以"低风险量化对冲＋杠杆"的模式获取较为可观的收益率。

八、价值投资重塑辉煌（2017年至今）

2017年和2019年又是两个专业投资者大显神威的年份，也是价值投资理念弘扬光大的高光时刻，尽管有2018年的惨淡，但秉承价值投资理念的专业投资者们第一次和那些没有理念随波逐流的投资者拉开差距，这是一道已经无法逾越的鸿沟，是冰与火的距离。

2017年是蓝筹股的天下，是价值投资理念全面领先并在专业投资者乃至中小投资者心中彻底奠定中坚地位的一年。表6中一批表现领先的公司具有非常清晰的业绩增长逻辑和特征，既有传统的优势产业消费品股特别是白酒，也有业绩持续增长的消费电子类公司海康、大华，还有新能源产业链爆发下的部分周期品特别是资源股赣锋锂业和华友钴业。其实，还有很多表6无法体现的股票表现出色，可以更加清晰地看到头部公司的力量，包括北新建材、贵州茅台、科大讯飞、万华化学、永辉超市、中国国旅、中国平安、美的集团等等，不一而足。更为有标志意义的是，这批公司第一次给价值投资理念增加了头部内涵，不再是简单的产业选择，而是任何行业里的头部公司都可能是价值投资的优选标的，特别是在整体经济依然处于下滑周期的背景下，经过市场竞争和选择后，各个行业都开始出现头部化特征，所以使得这一投资理念越发有魅力，因为2017年更多数量的股票其实是下跌的。

表 6 2017 年涨幅领先的股票

证 券 简 称	区间涨跌幅（起始交易日期）2016-12-30（截止交易日期）2017-12-29 单位：%
派生科技	323.5572
三六零	295.5387
弘亚数控	288.6212
新宏泽	231.7086
方大炭素	209.8012
鲁西化工	182.2695
隆基股份	170.9982
赣锋锂业	167.4723
奥联电子	167.3821
水井坊	159.6387
新城控股	152.1211
士兰微	149.6910
海康威视	149.6627
五粮液	140.8725
山西汾酒	140.5784
中际旭创	140.5134
西部建设	137.6877
牧原股份	134.1501
中兴通讯	129.9810
华友钴业	128.9016

当价值投资理念在 2017 年大放异彩之后，2018 年接受了一次全面回调的洗礼，而更有意义的是随之而来的 2019 年，价值投资再次高歌猛进，使得中国股票市场价值投资理念开始越来越深入人心，使得专业投资者的地位和形象得到空前提升和改善。

头部公司理念的盛行还带来了 2019 年一种新的投资模式被广泛认可，就是指数化投资，因为这些头部公司近几年的表现非常不错，同时他们基本都是各种指数的核心成分股，这个群体的合计市值也对指数表现具有举足轻重的作用，所以指数化投资往往可以带来不错的投资收益。相反，大量不是成分股的绩差公司表现低迷，和头部公司的表现形成巨大反差，也远远赶不上指数的稳定上涨。因此，指数化投资从 2019 年开始全面流行，各类 ETF 产品也蓬勃发展。可以预见，这也将是一个不可逆转的趋势。

九、最后的总结与展望

笔者用数据和自己的经历回顾了从 1996 年以来中国股票市场投资理念的演变和发展，对每个阶段有意义的理念内涵都进行了描述、提炼和分析，可以称之为一幅有历史的全景图，最后的篇幅还是想进一步汇总和展望一下中国股票市场的投资理念。

第一，价值投资理念的方向之正确无疑是被历史证明的，即使在遥远的 1996 年，业绩已经开始被重视，只是业绩增长背后的逻辑以及未来的可持续性研究方面还很薄弱，但随着专业研究的深入，价值投资理念最终在逐步清晰和完整。

第二，牛市的疯狂和周期股的弹性是价值投资者们最好的成长课。如何能坦然面对牛市疯狂中无序上涨的股票，特别是如何面对优秀公司表现弱于垃圾公司的压力，只有经历了当时和现在，才能更有底气和定力。周期股的弹性不再令人迷茫，什么是周期股今天已经有了完整的认识，该疯狂时仍然会为之疯狂（比如 2019 年的猪肉股），但该冷静时已经可以保持冷静。

第三，什么是穿越牛熊的利器。消费股的历史表现无疑给价值投资者更深刻的理解和足够的信心，事实上如果你仔细研究“股神”巴菲特的持股结构，你就会更加笃定此事。抱团取暖对很多专业投资者而言的确是一种务实的策略选择，但 2005 年的抱团取暖和今天市场扎堆白酒等头部公司其实是异曲同工，都是对当前盈利能力最强公司的一种追逐，或者说是投资理念趋同后的正常反应。我们大致可以做个判断，以业绩增长为核心的头部公司投资策略在经济下行周期很长时间都是一种非常有效的策略。

第四，投资理念的多元化是必然趋势，但永远要有其合理性和基本逻辑。2015 年开始的量化交易，2019 年开始盛行的指数化交易，都是有效投资理念的重要组成部分，而且随着金融工具和产品的丰富，类似的投资模式经过提升乃至重新组合必然会在市场中长期占据一席之地。

第五，中国股票市场不时出现一些阶段性的无风险盈利模式。无风险打新股的盈利模式在中国股票市场上出现过若干次，从最早的 1996 年到现在 2019 年，当前的科创板打新再次成为很多无风险投资者的重要选择。这样的机会只能称之为特定阶段的特定模式，和投资理念无关。但一个有意义的启示是，风险和收益的匹配越来越被大资金关注，这是中国股票市场投资者面临的一个重要挑战，因为大资金不再单一关注股票市场的机会，而是根据风险收益特征在所有金融行业（银行、信托、债券等）跨领域进行配置，因此专业的资产管理也必须要具备跨市场资产配置的能力。

第六，国际化的影响会逐步体现并实现融合。从某种意义上讲，中国股票市场融入 MSCI，不断对外开放，2019 年北上资金的持续涌入，都是强化以头部公司为核心的价值投资理念的重要推手。未来的金融开放，除了从这一维度对投资理念完善与夯实之外，美国 NASDAQ 的投资风格大概率在中国的科创板乃至注册制进一步推广的创业板掀起一些波浪，如何给高成长定位和估值，这一点在中国股票市场的历史上其实并不陌生，但历史上任何一次科技股行情多少有些形似而神不似，如何从产业和企业研究的经典框架梳理出高成长的内涵，这应该是中国股票市场投资理念的未来课题，需要一次再提升，也可能是一次再洗礼，但这一课必须得补上，我们拭目以待。

透过基金投资看 A 股的投资价值

但有为 *

从中财毕业那年开始，基金投资就成了我主要的理财方式，迄今已有 14 年。通过投资基金，在取得了一定的财产性收益的同时，也得以持续关注和管窥整个资本市场，感受中国经济腾飞背后的资本市场的蓬勃发展。

由于大学期间学的是金融，还在证券媒体和证券公司工作过，很多人第一次碰到我都会问，你是不是很会炒股？能不能推荐点股票？当我告诉他们我一般只买基金的时候，他们都是一副不太相信的样子。其实吧，这事和巴菲特有关。刚上大学的时候，他的价值投资理论就深深地吸引了我，印象最深刻的几句话是："当别人害怕时，你要贪婪，当别人贪婪时，你要害怕""复利像滚雪球，最开始时雪球很小，但是雪球会越滚越大"。这几句话虽然很简单，却无比形象生动，给当时在投资上还是一张白纸的我留下了深刻的印象，也早早地帮我树立了价值投资和长期投资的理念。再加上根据历史统计数据，绝大部分人的投资收益比不上机构，我自认为是一般人，因此从 2006 年刚参加工作起就开始投资基金。

回过头来看，在这基金投资的 14 年里，既有喜中"基金一哥"王亚伟华夏大盘两年 4 倍的喜悦，也有漫长熊市里的"望尽天涯路"的绝望，经过几次大的起伏锤炼，自己慢慢对市场有了一定的感觉，面对涨跌心态逐渐变得平和。印象最深和最自豪的是抓住了 2015 年的大涨，上证突破 5000 点前全部套现，在跌破 3000 之后，又开始逐步定投买入，2019 年又获得了比较可观的收益。

---

* 但有为，中央财经大学 2002 级金融专业本科。

可能有的人会说，A 股牛短熊长，巴菲特价值投资那一套不太适用于中国；也有的人会说，基金也是炒短线，业绩不怎么样。在我看来，这样的看法有一定道理，但也有失偏颇。虽然这些年来 A 股指数跌多涨少，有的年份甚至熊冠全球，现在的指数还不到 2007 年高点的一半，但是也有它的投资逻辑，很多行业、公司这些年都有数倍甚至数十倍的增长，基金净值长期来看也是屡创新高，因此，不可否认价值投资在 A 股照样适用。

事实上，经过这些年的锤炼，A 股的投资者整体在不断成熟，价值投资现在也已经深入人心。每年，越来越多的中国面孔不远万里到美国奥马哈参加巴菲特股东大会，现场聆听“股神”巴菲特和芒格的真知灼见就是证明之一。另外，根据中国银河证券基金研究中心的统计，从 2016 年到 2019 年，公募基金规模从不到 1 万亿元增长到 14.8 万亿元，增速明显快于 GDP 和城镇居民家庭人均可支配收入；Wind 数据显示，截至 2019 年底，配置风格上，机构投资者以价值型和价值成长型为主，基金公司在这两种风格个股的配置约占六成；全国社保的比例为 70%—80%；保险机构逐渐由价值型、成长价值型转向价值型、价值成长型投资，占比接近 90%。

三十而立，是指人在 30 岁前后应有所成就。对于资本市场来说，30 年同样意味着小有成就。2020 年是资本市场成立 30 周年。经过 30 年的发展，如今股市市值 60 万亿元，债券余额 100 万亿元，都已经是全世界第二，资本市场的深度和广度大为拓展，股票、债券、商品期货和金融衍生品市场全面发展，市场层次更为丰富。形象地说，以前的小池塘已经变成了鄱阳湖，并且我相信，伴随我国中产阶级的快速壮大，居民财富的不断增长，以后鄱阳湖还会慢慢变成太平洋，成为全世界第一也只是时间问题。

经济强国必然是金融强国，资本市场是大国博弈的重要舞台。围绕注册制改革、法治环境完善、监管提质增效、壮大长期资金等方面，新一轮改革将推动中国资本市场在多个领域取得实质性突破，一系列改革措施正掀开资本市场新篇章，成为经济高质量发展的强大推动力，也蕴藏着不可估量的投资机会。过去十几年，楼市是中国人投资的首选，楼市在中国居民资产配置中占比达到了 70%。在房住不炒的理念下，我相信金融资产的吸引力将逐渐超过楼市，我国居民的资产结构也会逐渐改善。当下我们最好的选择，就是在市场低估的时候坚定买入，静待下一轮牛市的爆发。

我对 A 股指数的长期趋势与投资策略的看法

邱理想 *

中国 A 股指数随着时间周期的延长，经历了不同程度的牛熊阶段，根据笔者长期复盘整理发现，指数普遍存在牛短熊长的时间周期，通过平均月涨幅规律得出，牛市多数以急涨的走势快速拉升，而熊市多数以震荡缩量阴跌的周期完成。所以在牛市的时候，涨幅虽然大于熊市，但是很多人在牛市结束的时候，最后都以亏钱离了场。笔者也是经历过多次的失败，慢慢地完善自己的交易体系，建立属于自己的投资策略方法。

通过大小牛熊的周期循环，如何抓住在牛市里的机会，不仅需要良好的心态，在更多时候需要更深入研究绩优股坚定自己持股的信念。虽然熊市的月跌幅都相对较小，基本在阴跌震荡过程中，但熊市通常持续的时间较长，所以在熊市需要严格交易纪律，控制风险。以下是回顾上证指数上市以来大小牛熊的涨跌幅历史情况。

一、上证指数大小牛熊周期循环

上证指数自 1990 年 12 月 9 日正式发布以来，至 2020 年 7 月，已经经历了 9 次大小牛，8 次大小熊周期的循环。最大周期涨幅为 1404.21%，最大周期跌幅为 79.12%。

* 邱理想，中央财经大学 2015 级商学院研究生。

（1）9 次上涨的时间和价格数据

起点时间	终点时间	起点数值	终点数值	运行月数（个）	涨 幅	平均月涨幅
1990 年 12 月	1992 年 5 月	95	1429	18	1404.21%	78.01%
1992 年 11 月	1993 年 2 月	386	1558	4	303.63%	75.91%
1994 年 7 月	1994 年 9 月	325	1052	3	223.69%	74.56%
1996 年 1 月	1997 年 5 月	512	1510	17	194.92%	11.47%
1999 年 5 月	2001 年 6 月	1047	2245	24	114.42%	4.77%
2005 年 6 月	2007 年 10 月	998	6124	28	513.63%	18.34%
2008 年 10 月	2009 年 8 月	1664	3478	10	109.01%	10.90%
2013 年 6 月	2015 年 6 月	1849	5178	24	178.42%	7.43%
2019 年 1 月	至今	2440	至今	19	34.75%	1.83%

资料来源：玺睿投资。

剔除第一次和最后一次，上涨的平均周期为 13.7 个月，最短 3 个月，最长 29 个月，平均涨幅为 380%，月均涨幅 35%。在牛市里，坚定地持有股票，在短期内会相对于频繁交易获得的收益更大。

（2）8 次下跌的时间和价格数据

起点时间	终点时间	起点数值	终点数值	运行月数（个）	跌 幅	平均月跌幅
1992 年 5 月	1992 年 11 月	1429	386	5	72.99%	14.60%
1993 年 2 月	1994 年 7 月	1558	325	18	79.14%	4.40%
1994 年 9 月	1996 年 1 月	1052	512	16	51.33%	3.21%
1997 年 5 月	1999 年 5 月	1510	1047	24	30.66%	1.28%
2001 年 6 月	2005 年 6 月	2245	998	48	55.55%	1.16%
2007 年 10 月	2008 年 10 月	6124	1664	12	72.83%	6.07%
2009 年 8 月	2013 年 6 月	3478	1849	46	46.84%	1.02%
2015 年 6 月	2019 年 1 月	5148	2440	44	52.60%	1.20%

资料来源：玺睿投资。

剔除第一次，下跌的平均周期为 29.7 个月，最短 5 个月，最长 48 个月，平均跌幅 58%，月均跌幅 4%。相比上涨周期，熊市都过于漫长，这就是以

“时间换空间”或者是以“空间换时间”。此时都应该先战略性少量建仓得一个时机。

（3）上证指数的月线走势（见图 1）

从月线走势图中可以看到，上证指数长期趋势是上涨的，底部越来越高，成交量越来越大。趋势变化的时间周期延长，波动幅度加大。如果沿 95 点、325 点、998 点画一条趋势线，可以看出未来股市的极限低点。如果沿 95 点、512 点、1664 点画一条趋势线，可以看出股市的第二个低点（已见到）。这两个位置都应该是可以考虑战略性建仓的点位。从目前趋势上看到，指数基本沿着第一条趋势线位置附近运行上涨。

图 1　上证指数月线走势图

二、回顾历史 A 股指数经历过历次牛熊事件

1. 1990 年 12 月—1992 年 5 月，第一次牛市，有“老八股”、取消涨跌停板事件。指数从 95 点后期一举达到 1429 点高位。

2. 1992 年 5 月—1992 年 11 月，第一次熊市，有价值回归、新股认购事件。让当时的不成熟造成极大的波动，仅半年时间就让指数从 1429 点一路跌至 386 点，跌幅达到了 72.99%，平均月跌幅达到了 14.99% 之大，是目前熊市里月均跌幅最大的年份期间。

3. 1992 年 11 月—1993 年 2 月，第二次牛市，是邓小平南方谈话之后。在天辰股份上市，也是沪指最后一跌。指数从 386 点快速涨至 1558 点，短短 3 个月达到 303% 涨幅。

4. 1993 年 2 月—1994 年 7 月，第二次熊市，是因经济过热、紧缩调控、扩容、新股发行、大力发展国债市场事件。导致指数创出 1558 点新高之后，股市扩容也开始了，随着新股发行不断，最后指数跌回到 325 点，上海石化和马钢股份都跌至 1.2 元附近，让很多人几十元买的股票最后几元斩仓出局。

5. 1994 年 7 月底—1994 年 9 月，第三次牛市，是因三大“救市”措施出台。当日收盘价 333.92 点，一个半月时间就涨至 1052 点，以“救市”政策结束了当时股灾。

6. 1994 年 9 月—1996 年 1 月，第三次熊市，是因为紧缩政策、发展国债，中途有过短暂的第四次三天小牛市，堪称历史最短。限额、绩优股普跌造成四次熊市因素，最终指数由 1052 点跌至 512 点结束。

7. 1996 年 1 月—1997 年 5 月，第四次牛市，是因为各路资金对绩优股价值投资的建仓，形成绩优股主流投资理念。让指数从 512 点涨到 1510 点。

8. 1997 年 5 月—1999 年 5 月，第四次熊市，这一轮是因为印花税上调，股市的不断扩容，供求失衡，并遇到 1998 年亚洲金融危机等多重影响，引发的一轮熊市下跌，最终指数跌至 1047 点。

9. 1999 年 5 月—2001 年 6 月，著名的“519”行业是主要引发这轮上涨的原因，指数从 1047 点涨至 2245 点。

10. 2001 年 6 月—2005 年 5 月，国有股价减持事件，使我们经历了长达 4 年多的调整，指数从原来最高的 2245 点跌至 998 点，腰斩一半。

11. 2005 年 5 月，股权分置改革的启动以及当时各种开放式基金大量发行，致使资金全面杀入市场，引发了历史级的一轮牛市，从 998 点一路涨至 6124 点，保持至今的历史高位。

12. 2007 年 10 月—2008 年 11 月，在中石油的上市，美国次贷危机、基金暂停发行、大小非减持等众多消息的打压下，造成了一轮全民财富大幅缩水的局面，使指数从 6124 点一路跌至 1664 点。

13. 2008 年 11 月，在四万亿的投资，十大产业振兴规划刺激下，A 股市场掀起了一轮报复性上涨，不到一年时间，指数就从 1664 点涨至 3478 点。

14. 2009 年 8 月—2013 年 6 月，IPO 重启，收紧货币和地产调控的政策，于是就有一个所谓牛皮震荡市场，长达四年，最终跌至 1849 点。

15. 2013 年 8 月 16 日，发生著名的“光大乌龙指”事件。

16. 2014 年 7 月—2015 年 6 月，随着深化体制改革的启动以及改革的红利，让指数从 2000 点左右一路飞涨到 5178 点。

17. 2015 年 6 月—2019 年 1 月，由于场外配资以及融资和分级基金去杠杆的原因，造成连锁反应，最终酿成一场股灾，包括 2016 年的熔断机制、减仓新规等。造成指数长达三年的低迷，小盘股流动性问题，出现了彻底的板块分化，让众多基金抱团消费医疗行业，致使大部分股民财富不断缩水。

18. 2019 年 1 月至今，随着不断地放开外资比例，北上资金的陆续抄底，让市场从 2440 点走出底部后至今已经修复到 2018 年初的位置，也让上证重新站上了 3000 点之上。

三、总结与投资策略

本文作者从 2006 年市场最疯狂时期 5000 多点牛市末期接触市场，虽然通过上述整理牛熊涨幅可以知道，中国 A 股指数至今经历了众多重大事件，每一次顶底都是因为事件的因素导致的。回顾自己从 2006 年以来对中国股票市场投资理念转变，从题材炒作、并购故事、资金推动、杠杆拉升、价值理念以及至今重视业绩绩优股、中美贸易战引发的国产替代、疫情导致的医疗健康等市场的多重巨变。最终历史的经验告诉我们，市场每一次上涨和下跌都会持续一段时间，在周期循环切换的过程中，建立一套标准的投资策略和相应的风控体系，可以使投资者在实战过程中增大盈利概率，最大限度地减少资金亏损。

牛短熊长是目前中国 A 股市场的普遍现象，多数牛市都以暴涨和急涨的趋势拉升，熊市通常以首月暴跌之后，随后月份都是阴跌缓慢下行，让多数投资者继续抄底，深套在半山腰上，致使投资者最后大幅亏损的原因。从玺睿投资数据中可以看到，熊市跌幅基本都达到一半以上，所以很多投资者往往都是在牛市中后期因为贪婪心态，忽视资金管理规划的重要性，导致仓位过重，这是牛市末端的时候回吐利润的主要原因。随着资本市场的逐步完善，机构投资者不断增多，散户也逐步理性化，组合投资和定投基金等投资策略将受到更多人追随。从历史 A 股指数趋势分析走势可以看出，长期指数都是随着趋势线上涨的。如果在上涨过程中严格执行交易纪律，当指数涨幅大于均值以上时，逐步减仓。当指数跌幅接近均值附近，在相对安全区域的位置以下，逐步建仓。既可以在牛市获得超额的收益，同时在熊市也能获得安全边际高的股票。往往牛熊的操作策略大致相反，如下是作者本人实践并总结的牛熊时投资策略的操作。

牛市的操作技巧如下：（1）牛市中，往往上影线指哪到哪，通常都是多方在发力之前放巨量试探空方力量前的一个小举动。（2）牛市不言顶，不要捂股到底。很多时候越强势的股会越强，要从熊市的思维转变过来，不能过度恐慌价格和涨幅。（3）一路持有绩优股或者成长股。在牛市期间，往往好股票资金参与的力度会更强，你更能享受被资金抬轿的感觉。（4）一轮牛市从启动到结束，都有一两个主流板块贯穿其中，可把大部分资金放在主流板块上，小部分在滞涨股上，避免冷门和不活跃个股。（5）牛市最典型的特征：板块轮动。你会发现板块切换频繁，基本持有股票的板块都会陆续轮动，不宜频繁地追涨杀跌。（6）牛市重仓持有主流板块，可以采取长、中、短线相结合的战术，持仓可以“433”等策略，4 成底仓不动，3 成结合股票波段操作，另外 3 成寻机发现替换主流板块的迹象。

熊市的操作技巧如下：（1）熊市中，下影线指哪到哪，通常是空方抛压后多方自救前的反扑，往往第二天股价不能起来就意味着空方胜利，寻底将继续持续下去。（2）熊市中每一次带量的反弹，都是最佳逃命机会。（3）熊市中，高价股一般没人要，炒作主要集中于低价股。长期底部横盘，整理充分的个股，往往都是熊市中博得反弹的收益。（4）周线运行的转折点通常会发生在斐波那契序列的黄金比率时间，单边下跌“5 周、8 周、13 周、21 周、34 周”前后变盘的概率最高，都会发生逆转，需特别关注。（5）熊市里以风控为主，保证本金安全为第一位，赚钱第二位为原则。少量参与，轻仓操作，往往满仓杀进，失败概率极大。（6）熊市中的择股标准：首先是庄股，可能逆势表现；其次是多次触及 30 日均线而不跌破；最后，底部放量但没有经过快速拉升。

与资本市场共同成长的投资人

王　啸*

一、从中国银行到中国证监会

2000 年底，我在中国银行总行财会部工作还未满一年。一天晚饭后，同住一套宿舍的同事兼研究生同学递过来一张《上海证券报》，说："上海证券交易所在招人，你不去试试?"听他这么随口一说，还真引起我的兴趣。我毕业于财经院校，银行校友很多，发展顺利的话，多半会走向总行管理岗位，一眼望去的康庄大道，潜意识里我好像觉得少了点什么。

当时的证券市场才刚刚起步不久，整个生态链还没有形成气候，公募基金还很弱小，投行也没有"保荐代表人"专业资质，沪深交易所算得上证券市场金字塔的顶端，网站上直入云霄的证券大厦，笼罩着一层神秘的色彩。对毕业生或者初入职场的人来讲，公开招聘是个可遇而不可求的机遇。我按报纸上公布的邮箱发了份简历过去，不久就接到笔试通知，在北京专设考场。两周后接到面试通知，去上交所面试"可以报销机票和住宿"，电话上交易所人事部一位和蔼的女士说。春节后不久，拿到了上交所的录用通知。

这时我才了解到背景，当时周小川任中国证监会主席，推行市场化改革，要把 IPO 审核权下放到沪深交易所。交易所招聘的打算，是先派到证监会发

* 王啸，中央财经大学 1997 级会计专业研究生。

行部（审核 IPO 的部门）借调，时机成熟后（当时说大概半年），连人带业务回交易所。改革日程紧迫，我连人事报到都没跑一趟上交所，上班的第一天就去了中国证监会工作。

好事多磨，证监会当时分管发行部的副主席是香港证监会前主席史美伦，她其实并不认可香港模式（指审核权主要在香港联交所）引入内地的意义。而 2001 年一场意外的“国有股减持”风波，把 A 股带入漫漫熊市。恰逢纳斯达克等市场遭遇泡沫破裂的冲击，内外因素合击之下，IPO 下放无限期搁置。

2001 年 3 月借调到证监会工作，一借调就是三年整的时间。借调的前半年，主要是做 IPO 财务审核员，不久后发行部设立规范处，为各项规则的改革起草文件，大概是因为我能做点研究、写点东西，而且别的同事还都离不开一线审核岗位，我就懵里懵懂地调到了新处室。新的工作虽有些枯燥，也没有天天被企业家、董事长“求见”那么风光。而参与起草的各种规则，极少数“顺产”成为正式的规范性文件，大部分遭遇剖宫产、早产或者难产的境况。与其他借调同事审核项目一家家通过 IPO 所获得的成就感相比，不免有些失落。但回过头来看，制度设计和规则起草中的种种遭遇，让我得以深切理解资本市场改革牵一发而动全身的属性，以及市场与制度多重复杂的博弈关系。这为多年以后从事资本市场投资培养了理解力和洞察力。人往往夸大一时的境遇，或者留恋短期的价值，而忽略长期积累的意义。

有一次部门之间会议，我遇到上市公司监管部的一位处长。他正缺人手，我也想尝试新的锻炼，于是很快实现转岗。上市公司“监管”顾名思义，比未上市企业 IPO“审核”的行政许可权小很多。但从事后来看，多个岗位的轮换，使我有机会多了解证券监管体系运作，并更有机会结识事业上的师友。

二、上海证券交易所到复旦大学

2004 年 3 月，我结束长达三年的借调之旅，回到熟悉而又陌生的上交所。这里有一个插曲，当时想，在上海人生地不熟，被欺负怎么办？这样吧，要是能考上复旦大学管理学院的博士，顺便收获一众师兄弟师姐妹，我便回交易所，不然就办理调动手续，正式留在证监会里。

孰料读博的梦想成真，我如愿回到浦东南路的证券大厦上班。工作是按指定的片区负责上市公司的信息披露业务。从而开始了我在上海“半工半读”的生活——实际上是全工全读，在工作单位和学校我都是全职身份。

一晃一年过去，2005 年的“五一”节后，时任证监会主席尚福林喊出“开弓没有回头箭”，轰轰烈烈的股权分置改革正式启动。我的工作是对上市公司股改方案逐家进行“窗口指导”，忙得不亦乐乎。

随着股改成功趋势的确立，2006 年中期开始，A 股迎来久违的大牛市。中国银行、工商银行、中国神华等在这一轮牛市中完成回归 A 股，奠定了国内市场的大盘蓝筹群体。股权分置改革成功和大盘蓝筹回归，成为中国资本市场一次深刻的制度性、结构性变革。后面的两次变革，包括 2009 年国际金融危机期间推出创业板、2019 年中美贸易战背景下启动科创板，我亦有幸身临其中。

18 年后的 2019 年下半年，在国家顶层决策下，上交所开辟科创板，推出注册制试点。继而在 2020 年 6 月，深交所创业板实施注册制。这场历时近 20 年的改革探索终于水到渠成，瓜熟蒂落。随着中国各项改革进入深水区，需在顶层设计下系统配套推进，以增量试点带动存量改革，才能获得成功，注册制的经验教训可为佐证。

三、伦敦商学院金融 MBA（Mif）

上海证券交易所有一项出国留学计划，可以留薪留职，出国学习一年，学校自行申请。我基本符合条件，便报名参加了。从 2007 年秋季到 2008 年夏季，我在伦敦商学院（LBS）度过了梦幻般的 10 个月，其间“有幸”亲历百年一遇的金融危机。危机肇始，媒体轻描淡写称呼为次级债承压（subprime squeeze），随着事态升级，改称为信贷冲击（credit crunch），而后愈演愈烈，纷纷惊呼为金融危机（financial crisis）。

金融 MBA 班（正式名称为 MiF，即 Master in Finance）有 40 多个国籍的同学，就业形势愁云惨淡。刚去贝尔斯登面试，它倒闭了。等待美林证券的通知，结果等来美林被野村收购的消息。我没有找工作的需要，但既然学费已经花了，就当了解行情和练习口语吧。学校提供的职业定位及面试辅导老师多是有辉煌职业经历的人士，但不了解中国的情况，一看我的简历，便建议去申请国际投行中国业务的合规部门（compliance）。他们不理解中国的证券监管机构实际上既是监管者，又是市场创新业务的设计者，还是企业上市的推动者等多重角色。

看起来我的简历在国际市场没什么卖点，又赶上百年一遇的金融危机，还是按原计划打道回府吧，回交易所上班，又过了小半年，终于完成复旦博士论文（因出国延期了一年），给导师交了差。一晃 2009 年的春夏，金融危机肆虐后中国率先复苏，新的机会悄然萌发。

第一个机会是代表国家行使金融控股和管理职能的机构。孰料程序上被挡了一下，我亦知难而退，人生路上，总会不停碰上挡在我们前面的人，与其顶得头破血流，不如绕行而过，另辟蹊径，也许能够意外地抵达不一样的境界。另一个选择是上海国资背景的一家新设私募股权投资机构。但我感觉到直接到市场做一线中层比较吃力。要么早一些，从 VP 以下做起，边干边学，要么积累到更高层次融会贯通。

四、再次回到中国证监会

新的契机出现了。2009 年第四季度，在国际金融危机的阴霾中，国家毅然决定推出创业板，为创新型成长性企业（大部分是民营企业）提供资本市场的快车道。凭着六到九年前借调期间打下的基础，我获得录用，正式调入证监会从事 IPO 的法律审核。从仕途路线来讲，研究生毕业“耽误”十年再正式进入体制序列，显然有些晚。但我看重的是面对代表中国经济潮头的企业和身处资本市场第一线的阅历。

其后四年多，有幸近距离观察各业态企业和企业家的兴衰沉浮，其中有脱颖而出的智飞生物、乐普医疗，有大起大落的蓝色光标、华谊兄弟，也有洗牌出局的乐视网、暴风科技。身处审核一线，我体验着创新经济发展和资本市场的前沿碰撞，感受着来自体制内外两个方向的压力和冲击。

韩愈说：“物遇不平则鸣。”抱着对资本市场改革的热心和焦虑感，我收集整理了不少国内外案例、学术文献和法律规范文件，结合对中国资本市场特殊国情的认知，写就数篇论文。其中在证券圈和学术界较有影响的论文包括《注册制落地应当考虑的五个中国国情》《新三板转板宜严不宜松，宜缓不宜急》

等。在这期间，完成金融法学博士后，获得中央财经大学国家保险精算学院的教授席位。这些文章中的一些思想火花，有的来自同事、朋友的日常谈话，有的来自他们对我的点拨，经过我系统性地阐述，产生化学作用般的共鸣。写作经历让我感到，从想法到表达、从口语到书面存在巨大的级差。原本以为深思熟虑的东西，一旦落到纸上（电脑屏幕上），原本逻辑上无法自洽的地方，容易受到攻击的薄弱环节就暴露无遗，只好逼着自己不断设想可能受到的质疑，务求论证缜密细致，表达则需生动简洁有力。在研究和写作中养成的严谨思维和精练表达能力，对我后来的并购操作大有裨益。

2014 年下半年，我觉得该离开体制到市场上试试身手了。从监管系统出来的人，通常有三种主要选择，一是去券商，二是去公募基金，三是自行组建私募股权投资基金。

五、我参与的资本市场投资业务

1. 平安集团陆金所

我再次未走寻常路，到平安集团的陆金所做起了互联网金融。事出偶然，有一天跟平安集团分管证券的领导在金融街威斯汀吃午饭，我们三个关系挺好的同事一起参加。该领导本意是想找一个给平安证券做风控的人，席间我谈到未来资本市场有三大变量，导致将来业务模式产生巨变，风控业务也将随之调整。“你说说?”这句话引起他的兴趣，他鼓励我往下说，“注册制改革、并购重组、互联网金融”，我依次作答。他点点头说：“我看你对互联网金融挺在行。”我笑了笑。前两年我抱着好奇心，时而光顾一家叫作“金融街咖啡”的四合院，后来又报了个互联网金融总裁班，颇有心得，这时候正好派上用场。“你这个周末有没有空到上海，我安排你跟马总见一见。”我稍一怔，马上说好啊，“一般准备跟马总聊多长时间?”我问，“比较短，一般跟马总聊个五六分钟，你是监管方面的，给个面子，七八分钟吧。”谢总回答。

马总刚好在上海参加陆金所年会，在浦东香格里拉。一位又高又帅的秘书带着谨慎的微笑引我到休息室。跟马总一聊就是快一个小时，当然，大部分时间是聆听马总的思想，最后陆金所董事长走进来，等马总上台致辞。“不知道你做没做过 PPT ?”马总起身说，“能不能做个商业计划的 PPT，一周多时间吧，我看看。”经过一周的准备和修改，我把PPT发给分管证券的领导，他转给马总。第一稿在第六天发给谢总的，他没吭声，事后跟我说，他觉得做得尚可，但还差点儿意思，将就着用了；第六天晚上我收到一位朋友的修改意见，改了一稿，晚上发过去；他后来说看了这稿后眼睛一亮，马上发送给马总。凑巧马总正要打开第一封邮件，他电话过去说别看，又发来一稿，看新的。

在2015年1月，我有幸踏上平安集团这艘战斗力强大的航母，登上陆金所这艘驱逐舰，时而体验风口浪尖，时而感受触礁和搁浅的险情。

这样不亦乐乎地干到年底，但还是有些未能充分发挥之感。平安集团拥有保险和银行的庞大业务群，债性基因十分强大，股性则相对偏弱一点。在陆金所，我多少有些脱离了原先熟悉的资本圈。

2. IDG资本

另一个偶然事件发生了。2015年底我在中欧商学院的创投营、创业营做了个互联网金融经验与思考的演讲，一同分享的还有36氪刘成城等，一个班上还有两位IDG资本的70后合伙人。

过了一段时间，其中一位合伙人Jeacy问我："有没有兴趣来IDG？看你演讲的方式风格，有内在逻辑的严谨性，带着些正能量的味儿，表达还很幽默，接地气，挺适合IDG的。”我回应说："好啊。我来北京时会提前约你。”本来是半开玩笑半当真，我有一次到北京出差，有点空当，正好那天不算懒惰和自闭，微信给Jeacy说我来京了。Jeacy很快回复说，她帮着约合伙人时间。那周正赶上IDG月会，各大合伙人都在京，我有幸在大半天的时间里一一见到熊晓鸽、过以宏、李骁军、杨飞等令人仰慕的投资人。

晚上回机场路上，HR总监问我："明天还有时间吗？还有几位合伙人可供安排。”我说："不行了，我要回上海了，要不等下次来北京找机会。”她说好。不料阴差阳错误了飞机，我微信她："我走不了了，明天见没问题。”于是第二天见到两位当家的管理合伙人。

很快其中一位70后管理合伙人跟我说，并购业务我跟他一起做。这样2015年12月22日入职，我成了并购团队001号员工，名片是“并购业务合伙人”。2016年和2017年仿佛跟时间赛跑一样，完成了三家上市公司的并购重组。项目时间几乎同步，历时两年，从收购谈判、尽调、签订协议，A股上市公司停牌复牌，交易所问询、证监会审查，以及美国政府对收购的安全审查、资金换汇、国内反垄断审查等，直到最后交割。其间经历境内外市场风云变幻，有私有化回归暂停，中美贸易冲突升级，借壳上市监管收紧，资管新规出台，一路仿佛打怪升级，好在有管理合伙人支持，团队精干，中介机构给力，各监管环节的领导理解支持，得以完成马拉松式的并购交易。

2018 年，国内资本市场遭遇金融严监管、经济下滑和中美贸易战的“灰犀牛”，不少上市公司出现控股股东资金链危机。我们谨慎观望，虽然投入精力谈判和尽调了不少项目，最终选择放弃。如果说有所收获，主要是积累了做业务的“负面清单”，对各类项目潜在“坑”和“雷”的第一线认知。

2019 年，市场在低迷中悄然孕育结构性行情，我手头有两三个不错的并购项目，可惜由于种种原因，结局要么花落别家，要么无疾而终。我们机构拥有强大的 VC 基因，并在硬科技领域具备先发优势。对于后期项目尤其是大消费、大健康领域的并购，一时间还很难给予超常规的资源倾斜。诚然，决策层领导（管理合伙人）有足够的耐心和长期的眼光布局未来业务，但我有种“冯唐易老”的紧迫感，迫切需要不断地投入战斗，在战斗中团结队伍，积累资源，扩大影响，募集弹药。

3. 高瓴资本

在彷徨疑惑之时，一扇新的大门打开了。一位投资业绩和理念堪称顶级的投资人向我发出邀约。正当 2020 年初疫情肆虐之际，高瓴资本敏锐地觉察到国内资本市场的机会，毅然决定全面（从投资端到融资端）重仓中国和国内资本市场。然而 A 股市场是一个相当“非标”的市场，创新层出不穷，市场变幻无常，政策日新月异，规则不断更新。我经历了监管部门、金融集团、投资机构的起伏历练，相对看得清楚，活得通透，与目前团队有很强的互补性。

我定位于国内资本市场业务，涵盖一级半市场投资——pre IPO，战略配售、上市公司再融资、分拆上市、红筹股回归、并购重组、管理层收购等。路在脚下，同行的人已就位，这将通向中国经济和资本市场的未来，很远很远……

我工作过的公司及相关投资理念的变迁

王小刚 *

本人王小刚，为中财财政系 1990 级学生，1994 年本科毕业。毕业 25 年以来一直从事股票二级市场基金经理一职，前后工作过 4 个公司（3 个上市公司和 1 家国内阳光私募公司）。现在上海从事阳光私募基金经理一职，为宁波盛世知己投资管理中心（有限合伙）创始人及总经理。

结合本人在校经历及工作，重点回顾一下这 25 年来二级市场的投资理念，如何从技术面趋势，到基本面趋势（利润趋势），再到目前的重视长期现金流、高确定性的演变。

一、在校时的经历

我于 1990 年秋入学。当年 12 月，时任国务院总理李鹏宣布上海证券交易所正式成立。

当时第一感觉这肯定是我国改革开放的一件大事，因此开始留意国内股票市场动态，可惜当时上学在北京而股市主要在上海和深圳，因此只能从新闻中了解而无法实地感知。后来无意中看到一本彼得·林奇的《战胜华尔街》，对基金经理工作充满了向往。

1991 年看新闻，北京有高校成立了模拟证券交易所，很激动去拜访，并

* 王小刚，中央财经大学 1990 级财政专业本科。

与88级校友王恩文，金融90级校友吕乐人、胡立峰等，在中财成立了北京高校第二家模拟证券交易所。还记得当时第一次交易，连PE如何计算还搞混了。

1992年在学校团委领导的支持下，我与金融90吕乐人、农财90梁瑞池，组织了“中财广东股份制考察小组”，考察了深圳郊区的万丰村及当时刚刚上市的美的电器（当时没想到1994年我会从中财毕业去美的工作，也未想到美的目前会成为全球市值第一的家电公司）。当时去广东考察完成的调研报告，后来发表在学校由马续田师兄主编的《研究生论坛》杂志上。

广东考察归来，基于行业成长性、工作城市、收入、职业等综合考虑，大二时我就决定毕业后从事基金经理工作。

1994年毕业后，我去应聘深圳多家券商但未成功，而曾考察过的美的电器却给了我一个工作的机会。1994年7月，我入职美的集团。

二、未曾想到美的集团会成为全球市值最大的家电企业

记得当时我刚到美的报到，7月底起短短两个月内，上证综指从325点涨至1052点。这是本人经历的第一波幅度指数在2倍以上的大涨幅。当时通过波浪理论准确预测市场走势的台湾技术分析大师许沂光因为此次精准预测一举成名。记得当时其在广州做演讲，票价高达1000元一张（1994年我刚到美的时的工资是2000元左右），我当时给领导讲，宁愿自己贴钱也希望领导带上我一起去听许大师的讲座。

虽然高价听了许大师的波浪理论，但随着其预测屡屡失败，自1996年起我基本放弃了技术分析之路（但均线、形态等在确定了长期操作计划后短期我还是会作为决策依据）。

技术分析是个低概率事件，偶然预测准确，但持续性极弱，对很多刚入行的人来说，很多人都希望从股价走势的曲线图中直接预测未来。因此道琼斯理论在1902年后开始形成，现在仍是很多人确定买卖点的依据之一（有些人纯粹用技术分析，有些则选好股后具体买卖点参照技术分析）。

巴菲特、但斌，还有很多投资者，其实都是从技术分析入门，但在试验了几年之后，大部分人会因其有效性和持续性而放弃，开始重视产业趋势，即基

本面趋势。而当时的美的后来成为中国最大的家电公司则是一个经典案例。

1994 年的美的虽已因百万重金聘请当时最火的电影明星巩俐作为广告形象代言人“生活可以更美的”而名扬国内，但 1993 年的销售额仅 9 个亿。当时最大的电器公司是四川长虹，1993 年销售额近 29 亿元；当时最大的空调企业为春兰股份。美的当时还以风扇为主，空调在国内应该只到第 5 位左右（前面依次是春兰、科龙、华宝、格力）。

1996 年牛市已起，出于对基金经理工作的热爱，我离开了美的。虽然只有短短两年时间，但本人一直很关注工作以来的第一个老东家。

2016 年起，本人原美的证券投资部老同事、曾任美的控股总经理的 L 总从美的离职，其间本人多次和来上海的 L 总请教美的成功的原因。

第一，是美的创始人何享健大胆任用人才，以优秀的职业经理团队替代了原创始元老，如现任美的董事长方洪波在 1996 年被何总大胆起用（当时在集团办公室任职《美的报》编辑）。

第二，是职业经理人团队代表优秀而稳定。如现任美的董事长方总学习能力极强，1996 年起从空调事业部销售做起，一路大胆改革，学习进步，成为国内职业经理人团队最为优秀的代表（依最新市值计个人资产达 82 亿元）。2017 年本人曾回到美的集团，电梯间偶遇方总，方总热情招呼，毫无千亿市值企业领军人物霸道总裁的腔调。另一位主管美的资本市场的 L 总，为美的在 2000 年左右 MBO、2005 年股份制全流通改革时二级市场大力增持、2013 年整体上市的关键点都立下汗马功劳。

2018 年本人重点阅读了另一个家电大佬董明珠的《棋行天下》和《行棋无毁》，回顾 1996—2000 年空调江湖，再回顾 1996—1998 年江湖地位如当今阿里和腾讯的长虹等，一方面为美的（总市值 4100 亿元左右）、格力（总市值 3800 亿元左右）的成功感觉自豪和幸运，另一方面为长虹（总市值 124 亿元左右）、春兰（总市值仅 19 亿元）、华宝（已消失）、科龙（现改名海信家电，总市值 120 亿元左右）的衰落倍感唏嘘。

三、1996—2009 这 14 年，本人先后在国泰证券、国泰君安证券、国元证券自营及资产管理部工作，也是选股理念之基本面趋势时期

1996—2005 年，本人先是在国泰证券深圳分公司，后在合并后的国泰君安证券工作。

1996 年，因对技术分析失望，本人学习彼得·林奇开始调研上市公司。印象中调研的第一家上市公司是琼民源，调研时其股价已从 2 元涨至 6 元，但当听董秘说北京有写字楼可重新评估，因此来年利润会大增的消息后，本人作为研究员给公司强烈推荐，推荐的逻辑是来年公司每股收益会达到 1 元，目前股价 6 元仅为 6 倍 PE，其后股价短短数月内从 6 元涨至 20 元，公司因此也获利丰厚。

但当其年报出台后，在同班银行工作的同学提醒下，对仅仅靠资产评估增加的利润质量开始怀疑和动摇，正好趁其股价在 20 元获利丰厚，公司顺利出了局。出来后不久媒体即开始质疑琼民源，被证监会勒令停牌近 3 年（现名中关村）。

琼民源事件引发了本人对利润持续性的思考，转而追求利润持续的高成长。1997—2000 年，当时持续成长的东方电子和环保股份（已于 2001 年摘牌）为本人重点研究和跟踪的投资对象。

1997—2000 年，东方电子连续 4 年利润增速为 100% 左右，其间股价上涨 20 倍左右，直至 2001 年被媒体揭发是将炒股票的利润注入上市公司，相关高管因此入刑。

环保股份的商业模式，收入根据工程进度来确认（主要是政府工程，但一般现金流很差），能够自己确定报表收入的公司理论上可制造出完美的财务报表，表观上持续的高利润增长让环保股份 1997—2001 年上涨 20 倍，直至 2001 年气球无法继续吹大后爆裂直接被摘牌。

1997—2005 年，当时国内市场流行机构联合操纵市场，多家券商、德隆系等均是长庄模式，这种模式在监管加强、价值投资理念开始迅速普及之时逐步瓦解，并导致多家券商被合并。

2001 年起熊市持续了数年，持续选股的错误，让本人对个股选择能力产生了怀疑，转而研究 ETF 工具。但 2003—2005 年通过对茅台、苏宁电器的研究和投资，让本人对选股重拾信心。

2005—2007 年，苏宁电器从上市时的 30 元，最高上涨至 1300 元，大涨 40 多倍。本人重点研究及跟踪区间为 50 元到 700 元左右，苏宁电器的成功，将本人又带入了重点投资高成长股的阶段。

四、阳光私募鼎锋资产阶段，高成长股的成功与失败，重塑价值投资理念，重视现金流

2009—2019 年，本人一直在上海一家阳光私募鼎锋资产工作。

从 2009—2015 年，本人依然延续高成长股投资思路，从 2012—2015 年这三年，成长股风格持续占优，因此也取得了相对较好的业绩，并因业绩优异曾三次获得金牛奖。

但自 2016 年起，中小盘高成长股持续幻灭，因融资环境变化，外部收购扩张之路被堵塞，同时资金环境趋紧之后，上市公司经营性现金流持续恶化，导致靠资金推动的粗放式高成长股纷纷崩盘。而以高成长股风格为主的我们因此业绩表现不佳。

2016 年起，茅台、美的、格力、平安、恒瑞等优质蓝筹股持续表现优异，而茅台是本人 2005 年、2011 年起都曾重点投资过的股票，美的是本人曾工作过的公司，但很可惜都未曾把握住其投资机会。

这让本人对以往以中小高成长为主的投资策略深度反思。反思的结果是成长短期看速度，但长期看持续性。短期的高增长若不可持续或低质量（无现金流支撑），反而意味着高风险。

而平安、茅台、恒瑞、招行、美的、格力等龙头公司，虽然短期增速不高，但持续性很强，同时现金流质量极高，信息透明度高。投资于此类公司，才能真正取得持续的复利。

而投资于阶段性高成长公司，若质量较差，虽然可能有短期暴利，但增速因质量问题无法持续时，股价大涨后往往带来巨大风险。

资产管理工作类似于开旅游大巴，个人投资类似于开摩托车，自驾有自

由，一路可欣赏更美的风景；但若老抄小路（捷径），往往也导致巨大的投资风险。《道德经》中有句话："大道甚夷，而民好径。"大道虽然平坦，并且最终能够到达目的地，但捷径可能更快，因此大部分人喜欢求快而走小路。巴菲特说："没有人愿意慢慢变富，这是大部分人虽然明白价值投资有效但仍然选择了投机求暴富的原因。"

但另外又有一句谚语："捷径是迷路最快的方式。"这就是大部分人虽然明白价值投资之道长期有效，但短期又经常陷入求快思维最终导致欲速反不达的状态。

2020 年中国股市成立将满 30 年，古人云"三十而立"，中国股市经过 30 年的发展，总市值已近 60 万亿人民币，随着政府对资本市场的直接融资功能越来越重视，国内机构投资者比例不断提升，金融市场开放外资持续流入，居民资产配置将逐步从房地产、P2P 等灰色区域转回资本市场，国内股市有望进入慢牛、长牛阶段，而非以前剧烈涨跌的暴牛阶段。

坚持正确的投资理念，以价值投资为基，虽然可能阶段性较慢，但最终定能持续获得收益。这是本人 2019 年再次独立创业自己为主的阳光私募管理公司的信心之一，相信未来客户的资产还有自己，都会在阳光下持续成长。

坐庄失败引发的思考

徐天舒*

大二的时候，对学校很熟悉了，学习也轻车熟路，大家开始到处找乐子。

班里有位同学一直集邮，也很爱逛月坛公园的邮票市场。一天，他回来兴奋地说："现在市场里有大量的苏联邮票，比国内的漂亮多了，而且便宜到令人想不到！"大家看了他带回来的几版邮票，果然很精美，试着在楼上、楼下的宿舍推销了一下，居然翻三倍卖出去了。

拿着轻松赚来的钱，在"安乐居"大吃一顿，大家纷纷觉得这是门赚钱的生意，可以大干一场。席间，一个分工明确的团队成立：有人负责大量进货吸筹、有人负责拉高出货——在宿舍销售、有人负责培养"韭菜"——开拓人大和北方交大的市场……为了造势，还利用自己控制的学校集邮协会会刊，发表了一篇"价值分析"文章——《苏联邮票低估的背后》。

所有动作全都到位，但是理想很丰满，现实很骨感。大批买入的筹码只卖出很小一部分，剩下的全都砸在手里当画片看，哪怕原价甚至折价也无人问津。

仔细想想，大部分同学只是觉得好玩，当然只愿意出一点小钱；而赚钱效应一旦显现，几个集邮的老炮很快找到了月坛的进货点，那里有无限量供应的低价筹码……老鼠仓竞相低价出逃，这个市场就此土崩瓦解。

阳光底下无新鲜事，我们在宿舍玩过的游戏，几十年一直在上演，目前

---

* 徐天舒，中央财经大学 1991 级国际金融专业本科。

还有资本大鳄和小鱼小虾在玩，尤其在港股市场，老千股的本质也不过就是低价搜集筹码、炮制消息、大规模造势、大量发新股摊薄股价这几招，但屡试不爽，背后就是人心的贪婪。

毕业后，我进了证券公司，后面的27年一直在资管行业工作，经历了行业从野蛮发展到逐步规范的全过程，也从看K线、听消息炒股，一步步进化成长线持有的价值投资者。

身边有太多的同行、同事，从暴富到一无所有，甚至遭遇牢狱之灾。其间也有过很多次赚快钱的诱惑，好在都守住了自己的心。因为我坚信，股票就像邮票一样，只是一个符号，但是你必须存敬畏之心，坚守价值这个底线。

班里其他在证券行业的也不在少数，这么多年来，没有一人因为坐庄爆仓或者事发，不知道和读书期间的这个教训有无关系。

癫狂、股灾与救赎

屈红燕[*]

作为《上海证券报》一位从业超过10年的记者，我曾目睹过多轮资本市场的牛熊起伏，包括2005年上证指数冲上6144点和2008年断崖式下跌至1664点，但没有一次股市冲击带给我的震撼和思考比2015年那波牛市和其后碾压式暴跌走势所带来的冲击更强烈。这是一场人性癫狂、绝望与救赎的完整过程。

上帝想让人死亡，必将先让人疯狂。2015年的前5个月中，涨幅超过10倍的个股就有20多只；2005年大盘从底部998点起涨，用了18个月才完成了指数翻倍，而2015年的牛市，仅用了9个月就完成了指数的翻倍；2014年11月，创业板的平均估值已经高达70倍，而到2015年5月初，创业板的平均估值突破了100倍，2015年6月初，创业板的平均估值更是飙升到143倍。

2015年的牛市之所以如此疯狂，是加杠杆和无处不在的移动通信工具对人性贪婪的成倍放大。2015年5月22日，融资融券余额突破2万亿元，“两融”余额已经占到了流通市值的4%以上；无处不在的移动通信也起到推波助澜作用，每个股民都是微信、微博等自媒体的使用者，信息迅速传播，股价快速反应。

但当多头力量达到鼎盛时，即使没有利空消息，股市走势也会发生自然逆转，更何况监管部门清理场外配资的决心已定。2015年的夏天，由于产业资

* 屈红燕，中央财经大学2002级金融学专业研究生。

本减持和清理场外配资等信息，引发了市场信心的转变，而A股当时存在巨量的杠杆资金，除了场内的2万亿元“两融”资金外，还存在数量庞大且杠杆比例高达3倍以上的场外融资。

由于杠杆资金有平仓线的强制要求，一旦保证金比例跌至平仓线以下，便会遭到强制清仓，强制平仓与股价下跌负向循环，暴跌期间屡屡上演的“千股跌停”是当时惨烈的写照，从6月10日开始到7月8日短短17个交易日中大幅下跌32%，1167只个股在此期间跌幅超过50%。

深圳某旗舰券商营业部一位资深顾问曾对我讲起过这场碾压式下跌带来的财富洗劫。“我有10多位客户的资产保持在千万级别以上，就连2008年的大熊市也不例外，但就因为这些大户普遍加杠杆，经历了2015年6月的暴跌带来的平仓后，我的客户当中仅剩1位资产在千万级别以上，其余都被消灭了，最惨的一位是本来股票市值在亿元以上，平仓出来仅剩20多万。”

我自己也曾在朋友圈中记录道：“为什么听不到市场先生的声音，陷入螺旋绞肉机，与其说是水平问题，不如说是心魔难克。回望5000点，汇金减持银行股，产业资本减持高达6000亿元，创业板整个板块市盈率百倍以上，清洁阿姨入市，全民狂欢，而监管部门清理场外配资决心已定，但大家对此视而不见。”

“从我对身边各位投资者的了解来看，大家不离场的原因是感觉赚得不够多，与朋友相比不够多，大家都想财富上台阶，千万级别的人想上亿，百万级别者想上千万。贪婪的结果是对巨大的系统性风险视而不见，下跌开始后，所有人又挤向唯一的逃生门，叠加杠杆资金不计成本地割肉，绞肉机模式开启。人性不变，每一轮牛熊轮回的剧本都是一样的。”

惨烈的下跌直到2016年1月才开始见底，疯狂投机的生态遭到了重创，价值投资开始方兴未艾，这是A股救赎的开始。

我在2016年6月21日的新闻稿《巨震一周年：投资理念洗礼进行时》中写道：巨震带来伤痛，巨震也带来重生。一年之后，A股的生态恰如飓风过后，有的东西被摧毁，有的东西在重建。变化中最明显的莫过于以游资群体为代表的“赚快钱”模式遭遇挑战，而正逐步进场的长线资金及其秉持的价值投资理念正逐渐形成示范效应。也许，一次巨震和一年的时间并不足以根本扭转A股市场一直以来的“陋习”，但我们也观察到，更多的市场参与者正回归

“常识”，投资行为更趋理性。

我在 2016 年 7 月 6 日主编观点明确指出，“好股好价格”阶段或刚刚开启。原文摘录如下：6 月 A 股可谓连遭重大考验，如纳入 MSCI 指数未果、英国“脱欧”公投、人民币贬值等。但令人惊异的是，去年异常波动以来一直表现脆弱的 A 股竟稳步上扬，近日再度收复 3000 点大关。尤其值得关注的是，在更尊重国情、市情的监管助力下，前期被资本市场动辄井喷式上涨或断崖式下跌“吓跑”的长线资金正逐渐回归，公司故事是否闪亮、题材是否“性感”，正让位于公司业绩是否扎实、估值是否合理，贵州茅台重新站上 300 元即是明证。随着 A 股逐渐走出异常波动的恐惧阴影，重新回归健康发展常态，“好股票好价格”阶段刚刚拉开序幕。

在近距离目睹了 2015 年夏季以来的癫狂和股灾之后，我坚定地走上了价值投资之路，这是自我救赎，也是 A 股投资者的救赎。投资需要回归常识，而投资的常识就是“买股票就是买公司，用 4 毛钱买 1 块钱的东西”等朴素的投资标准，逆市投资、长期投资、集中投资、能力圈投资和注重安全边际等原则才是投资的大道。

场外市场的那三年

付　足*

2009 年，时任重庆市市长黄奇帆主导成立了重庆股份转让中心，成为各类要素交易市场中一个重要板块。2010 年，我从母校毕业，2011 年元旦回重庆后，栖身一家小基金，学习和尝试着天交所挂牌和逐渐躁动的私募股权基金的业务。2012 年底，新三板的消息尘埃落定。搜索着新三板的消息，2013 年初我跳到了属于重庆股份转让中心会员单位的 × 成投资公司。

一

投资公司老板是从某大型证券出来的，在该证券待了 10 多年，出来创业时也是当时重庆分公司的二号、三号人物，在重庆的资本市场圈子也算混了个脸熟。面试的时候给我们画了个大饼，第一步先干重庆股份中心业务，第二步转型做新三板业务，第三步承包券商营业部，远期也搞个券商牌照，以后大家都是公司骨干，都带团队。时值 2013 年高中同学聚会，我把消息透露给一位专职做股票的高中好友，被他喷了“一脸狗血”，让我赶紧回去查查各家券商的股东背景。虽然这事我们没干成，但后面九鼎投资干成了，就是九州证券，当时我们离九鼎差了十万八千里，只能想想。

在我去之前，× 成投资公司也成立不久，刚做了两单业务，其中一家是

* 付足，中央财经大学 2006 级电子商务专业本科。

牛肉食品生产企业，在川渝地区当年市场占有率排第二，超过了30%，公司先是给该企业做了股改，在重庆股份转让中心成功挂牌。其实从风险的角度上看，挂牌业务是风险极小的，市场监管甚至没新三板严格，报材料的频率也更低，律所、会所都愿意接这活儿，也算是纯技术性服务。其次，政府也比较支持，都真金白银补贴企业，最开始是财政局、金融办出文件，到后面是科技局、中小企业局等单位直接和股份转让中心合作成立一个挂牌板块，甚至都不用股改。该食品企业老板是重庆人，企业主体被隔壁贵州招商引资过去多年，重庆只是部分业务，重庆区级补贴拿到了但市级补贴没有，挂牌前一年企业老板被贵州省政府要求进入工业园区，买地建厂装设备，融资缺口大。于是顺理成章我们接下了FA业务，通过我们老板以前积累的客户关系，融了两个月，勉强融资1000万元给了企业，缓解一时之急。后面企业每况愈下，消费升级导致的市场变化和盲目进行固定资产投资最终让企业的产品从市场消失，成为2012—2015年川渝地区失败企业典型案例中的一员。

虽然项目不是很成功，但是我们作为FA还是挣了点辛苦钱，也给说服企业挂牌增加了一个强有力的证据。于是我们团队三人开着一辆二手捷达跑遍了重庆主城区的园区，然后用公司的别克跑了重庆区县的园区市场，而后用老板的凯迪拉克跑四川和贵州（当时还可以跨省挂牌）。就这样，一年时间，我们挂了8家企业，占了当年交易所挂牌数量一半，排名第一。中间有个农业企业，我跟了两个月谈下来，老板看不上农业企业，只和企业签了挂牌服务协议，没签融资的财顾协议，挂牌后企业招了个退下来的副县长做了总经理，居然也融资了2000万元，虽然中间做了些工作，也没好意思再去要融资费用。虽然主要原因当时是老板在跟个大项目有所忽视，但是也让我们了解到老板这种性格的缺陷。

二

重庆的市场码头虽小，但有些行业也是能人辈出。2014年，新三板业务已经逐渐火爆，政府的补贴也是逐年加码，市场的期望越来越高，券商的收费也是水涨船高，相信这三年在券商做新三板业务的校友们收获不小。2014年，重庆有点规模的企业基本都考虑过上新三板，政府的补贴基本能够覆盖中介的成本，新三板壳的价格涨到了 2000 万元左右，已挂牌企业的老板和董秘每天都要接到几个来询价的电话。2012—2014 年重庆的地产市场愈发低迷，股权投资市场也成为新的投资渠道，VC、PE、GP、LP 的概念在有心人的组织和推广下连老头老太都熟悉了。

老板通过员工发掘了一家园林企业，比该企业差一些的同行业公司 2012 年在重庆股份转让中心挂牌后，2013 年被上市公司发现，同年被 6 亿元收购了，对标一下，这家园林企业简直就是个金矿！于是公司全年的重心全落在这家企业身上，老板花了两个月带着团队待在这家企业，最终老板的态度和出色的策划能力打动了这家企业的实控人，同意以时间换空间，解决企业从集体企业改制为民营企业中遗留的历史问题，同时计划将企业打造成为细分行业的第一股，通过重庆股份转让中心这个市场为企业未来的资本市场发展之路融得资金支持，逐步走向新三板和主板。

不得不说，该园林企业的确是一家优秀的企业。重庆位于中华大地南北之间，巴山渝水培育了不少优秀园林企业，园林设计观念易于同时被南北市场接受。企业实控人在重庆很有声誉，他以小学文化做到业内大师，每日必阅读学习两小时，业内人士无不交口称赞。企业做的园林项目都是各地的核心景区资源，陆续出台的文化旅游政策的支持让文旅成为新的经济热点。我们老板软磨硬泡的功夫和实控人对股权价值的不甚了解，让我们老板以挂牌和融资服务的对价拿到了企业不少的股份，基本上是零成本，后来实控人每次见到老板总是开玩笑调笑这个事。拿到股份后，我们公司卖了两年园林公司的股票。第一个月 2 块一股，按净资产溢价一倍，卖掉的量很少；第二个月在股份中心挂牌时，价格变成 2.4 元一股，不少股份转让中心的员工，同时也有不少知名机构同时进入，到后面每有新的动向，企业的场外成交价都会涨，我 2016 年离开公司时，已经到了 5.8 元。前后公司差不多零成本赚了 2000 多万元，这是后话。

2014 年新三板市场非常火爆，该园林企业也申报了新三板，时间换空间的梳理工作也已经完成，于是移交给合作的券商。后来券商和实控人合作得不愉快，换了另一家券商辅导，新三板申报还是因为各种问题卡着，前期的私募基金当时投资时其实对赌协议中是有限定时间完成挂牌的。后来新三板监管政策突变要求清理三类股东和对赌协议，导致企业 2015 年还没完成挂牌市场就急转直下，到了 2016 年新三板市场基本失去了流动性。虽然企业没完成目标，但企业的经营业绩和实控人的人格魅力还是让投资机构留了下来，后面我到券商还协助一些朋友又投资了该企业，一直到企业申报主板。

这个项目让我感受到场外市场的魅力和造富效应，对新三板市场兴趣十分浓厚，后面有机会到券商做项目，加上公司和市场 2015 年发生重大的转变，让我毫不犹豫去了券商。

三

2015 年的时候，电影娱乐行业兴起，无论是电影院线还是网络大电影市场爆款不断，让制作市场一时备受关注。老板其实也比我们大不了多少，心中还有一个武侠梦，制作市场进入的门槛确实比较低，加上前期项目赚了不少，公司决定转进该行业，战略定位也保守，专注于小制作电影，同时保留投资团队规模，两条线齐头并进。

公司组建了制作团队，和四川传媒学院和爱奇艺建立了合作。前期也在爱奇艺投入，导入的大量版权作品也算在圈里小有名气，版权来自和传媒学院合作赞助后的赠送，但是并没有现金流入。

文化传媒的窗口期太短，IP 的价格急剧飙升，增大了影视项目的风险，公司的剧本创作来自老板的异想天开，同时国内市场变成了资本密集型市场，留下一地鸡毛。老板鼓足劲头把传媒公司新三板挂牌成功，也无力回天，因为市场上爆了更大的雷，上海快鹿拍了个《大轰炸》也给文化传媒市场带来个大轰炸。后来总结，中国聪明人太多，总有人会想到一块的，不光想到你前面，还会率先把市场给玩死了。影视市场发展得不顺利，让老板变得很烦躁，对挂牌业务也不上心，甚至在办公室和团队花不少精力邀约过来的客户吵起来，客户下楼就发信息说不再联系，让团队简直无言以对。

公司的盲目转型还来自另一个事情的推动。2014 年公司曾经做了个小挂牌项目，帮助一个做动漫的孵化企业通过股改在股份转让中心挂牌成功，客户企业主办过西部动漫展，还与中影集团合作了一个动漫孵化基地，其实项目不乏亮点。在扩张的过程中，该动漫企业资金压力增大，加上市场各类募资团队的游说，加大了融资杠杆死抗扩张之路。第三方募资团队夸大公司股权的价值，给投资人承诺保底收益，同时放低融资门槛，见钱就收，专门针对小额投资的低风险承受能力人群，基本上不让干的都干完了，因为拿到融资款后甚至可以和企业五五分成。到了 2015 年，该客户企业资金链毫不意外地断裂，实控人失联，愤怒的投资人控制了实控人家人，逼着实控人投案自首。经侦部门顺藤摸瓜，调查了所有和该企业有往来的实体。老板毫不意外被要求协助调查，也好不容易才脱了身。公司前期业绩优秀，2014 年就和重庆股份转让中心合办了一个分中心，可以开展理财业务，但这事让老板吓坏了，逐渐减少了投资团队的投入，到后来没有再往资本市场服务投入一分钱，基本全进了网络大电影市场的泡沫里，错失了发展良机。到了 2016 年，公司的核心团队陆续离开，我也去了券商，后面同事陆续发展得都还不错。

后来有机会又见到前老板，他又回到了股权市场，对传媒公司也基本不管了。

2015 年，国内资本市场可写的事太多，场外市场不过各种波澜壮阔中的一缕余波，也终究难逃釜底抽薪的命运。究其理由，是先有场内还是先有场外，已经很难分辨。

在场外市场的这三年，见证了场外股权市场的勃然兴起，到股灾救市后又戛然而止，市场又回到了起点，该在场外的始终还在场外。场外市场虽小，始终不乏精彩。到了 2018 年，我们还做了公司唯一一单新三板业务，到了 2019 年，又不断有政策利好出来，也算守得云开见月明。借这个机会把这三年场外经历分享一下，贻笑大方。

债券市场十年投资生涯的感悟

李凯乐 *

在校期间我师从著名经济学家贺强教授，贺老师治学严谨、学识渊博、平易近人。在贺老师门下学习经济和金融理论的日子，是我学生生涯中最幸福的时光。2007 年我毕业后加入了毕马威事务所，从事了近两年的企业审计工作，这段经历大大提升了我对企业经营和财务分析的能力。2009 年，我进入中国银河证券资产管理总部，开始了债券投资的职业生涯，历任宏观研究员、债券研究员、债券投资助理、债券投资经理。2014 年，我进入国寿安保基金管理有限公司，继续从事债券投资工作，现任国寿安保基金债券投资经理，管理规模 140 多亿元。

在从事债券投资十年多的工作生涯中，我见证了我国的债券市场一步步地发展壮大。十年来，债券市场存量规模从 20 万亿发展到近百万亿，占 GDP 的比重从 40% 跃升至 100%。债券市场一方面作为直接融资渠道，为国民经济的发展提供了重要的资金支持，另一方面作为重要投资市场，为广大人民群众的财富提供稳健且可观的收益。

这十年来，债券市场经历了三轮牛熊周期，实质上背后也对应着经济周期、政策周期和监管周期的波动。每一次熊市都酝酿着后面的大牛市，而牛市也往往在运行途中反转。作为投资经理，有效战胜市场是职业生涯的终极追求。想要做好投资，实现稳健可观的收益，既要善于洞察规律、把握规律、预

* 李凯乐，中央财经大学 2007 级金融学硕士。

测趋势，又要在纷繁复杂的信息中寻找关键要素，还要做到敢于坚持和灵活调整投资主线的有机统一，更要克服人性深处的弱点，拥有一颗强大的心脏。

当然，债券市场现在也存在着一些问题，比较突出的有：监管层重一级轻二级的现象仍很明显，债券发行主体信息披露质量和真实性不高，民营企业发行人债券违约率高，一些中介机构没有勤勉尽责甚至勾结串通而几乎没有受到惩罚等等。投资者在市场上总体处于偏弱势的地位。这些问题短期忽视或许没有大碍，但长期来看必将动摇市场的根基，进而影响市场的长期发展。

证券市场一次特殊的经历

靳　勇*

不知不觉间，我与中国资本市场结缘已超过 20 年。

作为中国证券市场的一员老兵，从懵懂之年到如今的年过半百，中国证券市场对我而言，不仅仅是安身立命和养家糊口的工作，而且承载了我 20 年的喜怒哀乐、酸甜苦辣的人生百态。

回首往事，我能和大家分享什么呢？我就讲讲对我印象深刻的一件事吧。

和大多数中财人不同，我的工作起点是 IT。我是 1996 年入行的，第一份证券行业工作是某证券公司证券营业部的电脑部经理，主要工作是保证证券交易系统的正常运作和交易数据的盘后结算。

这件小事就发生在我入行的第二年 3 月的某个周四，记得那天像往常一样普通，我像往常一样忙碌着。下午 3 点，收市了，可以稍微歇口气了，然后准备盘后清算。因为前些天，南方多雨，主机房要加装一套除湿设备。公司电工按计划，交易结束后来装设备。而我在工作台上接收交易所的清算数据。突然间，我的工作电脑不动了，我以为只是这台电脑死机，对于我们这些与电脑打交道的，这是常事，但重启终端后，无法登录服务器，换了台电脑，还是登录不上！然后，我到主机房去查，结果发现主服务器死机了，不仅如此，备份用的镜像服务器也无法启动。我当时脑子就“嗡”的一下，大事不好！有必要解释一下，在 20 世纪 90 年代，证券公司的电脑系统是分布式，即证券交易依赖

* 靳勇，中央财经大学 1999 级金融学院在职研究生。

的所有系统和客户数据都在营业部，而不是现在的总部集中。这就意味着大脑死亡，所有的电脑终端都成了睁眼瞎。不仅当天无法正常清算客户交易数据，而且可能明天也无法正常开市，客户无法交易!!而当时那家营业部是个相对较大的网点，有上万个客户，每天上万条、高峰时上百万条交易数据，可能毁于一旦。

如果要保证明天的基本交易环境，有一大堆的工作要做，买服务器、装各类软件，从保证网络证券运行的各种网络操作系统到链接交易所的行情接收和显示系统、交易发送和接收系统；交易使用主交易系统、自助下单系统、电话委托系统……林林总总几十个软件系统都要重新安装，而且还要恢复各种交易数据，并做完当天的清算，不仅安装还要测试，更要命的是当时已经是下午 4 点半了，离第二天的开市时间（9 点）只有 17 个小时!

如果第二天不能正常开市，后果不堪设想，试想一下，客户不能正常交易，那得有多大的经济纠纷在等着我们，而且我们还不敢泄露消息，客户不得跑光了呀，我当时有一个可笑的念头是，如果我们是银行该有多好啊，明天可以挂个"今日盘点"的牌子嘛!

可惜我们不是银行，也没有时间去 YY，只能去做，去保证明天的基本交易，而且要与时间赛跑，在有限的时间内完成。也许你会说，多叫些人一起干呗？对不起，这活虽不高端但专业，不是人多就能干的，而且你懂的，还不敢找同行。

后果想也白想，在向领导汇报了情况和方案，并得到领导的首肯后，我们电脑部的三个人，开始了自己的生死时速。

首先要解决的是服务器，所幸为了安全起见，我们与设备供应商之间都有备用核心设备的协议，所以我们紧急通知设备供应商，将备份服务器调过来。为避免不必要的麻烦，我们调用了两台服务器，当设备准备就绪时，已是晚上 9 点，离开市时间仅 10 个小时。

系统搭建正式开始。用两个小时重新搭建了整个网络系统，所幸一次成功！接下来就是各类系统的搭建。我们三个人分工合作，一个人负责对外系统的重构，一个人负责内部系统的重构，还有一个人负责系统的测试工作。

负责对外系统的将与交易所间的行情通信系统和委托交易系统进行安装并联调。额外提一下的是，我们一直有两个交易所——深交所和上交所，当时两个交易所上市股份并不像今天我们所看到的一个是主板，一个是中小板和创业板。当时是没有区别的，我无意诟病它们的必要性，只是在当时的环境下，每家证券营业部都要准备两套设备，所以也给当时的我们带来多一半的工作量。

负责内部系统的，不仅要重新安装证券交易柜台系统，而且客户交易所使用的电话委托和各类自助委托系统都要重新安装。

上述两类系统的安装约用时 5 个小时，然后就是数据准备和联调工作。

所幸为了安全起见，我们每天清算完毕后都要备份数据，而且是双备份，不仅备份在两张光碟上，而且要分别存放在不同的地点。这在当年是一笔不小的投入。

剩下的时间里，我们将备份数据导入，并做数据比对，从而保证数据的正确。有了数据，就是系统联调和测试，即用测试账号，不仅对每个系统从交易发起到数据传送到交易所数据库的每个环节进行测试，而且是多重测试。工作量无疑是繁重的。

所幸在第二天正常交易！

第二天也没敢休息，毕竟关系到那么多客户的资产，就这么强打着精神盯着交易中的每个环节，生怕有意外发生，以至于听到电脑部的电话响都有些神经质反应了。就是这样熬啊熬，熬到了周五 3 点收市，一切正常。我们三个的神经才松了下来，由于还有重要的工作等着我们，所以我们仅仅眯了两个钟头，又投入新一轮的战斗中。

剩下的工作主要是三方面，一是重构历史交易数据；二是将临时搭建的系统进行完善；三是针对此次核心设备故障问题，对核心设备和核心数据进行加固。过程就不赘述了，为此结果，我们一直到周日晚上的三天四夜没怎么合眼，而我因此染上了较为严重的烟瘾。

读到这里，您可能会担心自己所在的证券公司系统是否会存在问题？您大可放心了，经过近 30 年的发展，不仅证监会对证券公司的电脑系统已做了规范要求，而且证券公司在此基础上每年都有大量的预算来加固和升级系统，从而保证交易的安全和便捷。

和大家分享这件事，只是想告诉大家证券市场在电子化的发展过程中真实存在过的一种状态以及早期证券 IT 人员的工作内容和状态。

关于科创板试行做空机制的建议

武鹏隆 *

证券从业 10 多年，总体感觉是我国股市牛短熊长、经常大幅度暴涨暴跌，其根源在于我国股市只能做多而没有做空机制。如果有做空机制，那么在股价涨幅超过其内在价值以后就会有资金来做空，价格回调；随着时间的推移，企业利润增长，内在价值逐渐提升，股价也会随之上涨，总体来看股价呈现震荡中走高的态势。

在有做空机制的情况下，主营业务突出、业绩优良的公司最终会被市场认同，在不断交手中逐渐走高；而那些主营业务没有优势或者财务造假上市的公司会被不断做空直至退市，这样市场才能实现优胜劣汰，真正发挥市场的价格发现功能和资源配置功能，才能真正把资本市场和实体经济紧密结合起来，实现金融资源的合理优化配置。这样的话整体市场就不会出现暴涨暴跌的情况，这也是成熟市场之所以慢牛或者慢熊而不是经常出现短期的非理性暴涨暴跌的原因之一。

目前我国虽然推出了融券制度，但是限制太多，比如融券标的数量有限、融券的券源不足以及需要融券投资者有底仓等，大大制约了做空的力量，不能对短期的做多力量进行有效压制，以至于多头主力可以轻松地凭借资金优势进行拉升暴涨，暴涨后出货又导致了一地鸡毛。所以，多空力量的平衡制约非常关键。

---

* 武鹏隆，中央财经大学 2016 级 MBA。

科创板没有历史负担，建议可以在科创板中进行试验。虽然科创板实行了注册制等创新制度，但如果没有做空机制形成多空双方充分交手实现合理定价，市场还是会选择天然性做多才能赚钱，这样经过暴涨后还会是一地鸡毛，然后再进行下一次轮回。近期科创板上市爆炒之后的暴跌走势又一次充分验证了没有做空机制的弊端。为什么建议在科创板实行裸卖空机制呢？因为没有大股东质押等历史负担，不会对高位大股东质押的股票造成向下冲击压力，一张白纸好作画。

另外，个人建议加大对上市公司造假的惩罚力度，提高大股东造假的违法成本，尽快推出中小投资者集体诉讼等制度，逐步提高上市公司质量，这样我国股市才会具备持续走牛的基础。相信中国资本市场一定会越来越好，希望相关部门动作再快一点儿，不要让投资者等得花儿也谢了。

证券转型之路

赵　束[*]

我大学毕业后的第一份工作是平面设计，毕业后的三年里迷茫地换过几份工作。现在，我是一名证券从业者，是证券行业协会注册投资顾问、上交所高级期权策略顾问，曾获得首届上交所“十佳银牌期权投顾”荣誉。我出生在民族大杂居、小聚居彩云之南的西南边陲——美丽的德宏，虽是汉族，却从小受到这里的傣族、景颇族、德昂族、傈僳族、阿昌族等多元民族文化的熏陶。年少时并不清楚自己未来的方向在哪里？青春叛逆期的中学时代，和同学相约逃课是常事，有幸赶上各高校扩招，抱着到省外发达城市走走看看的好奇心，我报考了地处重庆直辖市的西南大学（当年属于全国重点大学），并随遇而安地接受了校方调配的包装工程专业，2004 年毕业并获得该校工学学士学位。同样是对发达城市的好奇心，促使我选择前往经济改革前沿的广东找工作。三年后，也就是 2007 年上半年，随着改革开放以来我国经济的迅速腾飞，股票涨势不断刷新着 A 股市场，几乎完全不懂股票的我也被这股狂热浪潮卷入，于 5 月下旬在国信证券深圳泰然九路营业部办理入职，从此开始了我的证券从业生涯。

不幸的是，入职没几天就遇上了上调印花税引发的“5・30”事件，A 股市场持续 5 个交易日的快速下跌，本来排队开户的客户似乎瞬间蒸发了，变得门可罗雀。从业“菜鸟”的我，完全搞不清楚股市发生了什么，不明白后市又

* 赵束，中央财经大学 2015 级投资学专业研究生。

将会如何发展？我想寻找答案。当时，美国作为成熟金融市场的代表，衍生品在金融市场中占比超过 90%，已具备多维度、多元化的交易工具；而国内的衍生品仅有商品期货，且市场占比仅有 10% 以上，交易工具较单一；相比之下，我心中似乎燃起了一个方向，那就是“衍生品”。2008 年，除了证券的各种资格证书以外，我将期货类的从业资格也考完了，也因此在后来营业部组织的任职资格龙虎榜排名中排了龙榜。

随着 2010 年沪深 300 股指期货挂牌，2015 年上证 50 和中证 500 股指期货相继上市交易，目前多个品种的场内期权也已经陆续挂牌交易，国内衍生品市场已初具规模。

2015 年是国内期权元年，上证 50ETF 期权成为首只挂牌的场内期权，于 2 月 9 日在上交所上市交易，到现在发展速度是很快的。可以说，目前在全球 ETF 期权领域里，上证 50ETF 期权的市场规模几乎仅落后于美国 SPY 期权（标的为标普 500ETF）和 QQQ 期权（标的为纳斯达克 100ETF）。作为在券商从业的一名投资顾问，从 2014 年开始，我就配合着上交所及公司组织的一系列期权投教活动，对名下适当性匹配的私行客户进行全面触达覆盖，并对高净值个人客户做电话跟进、上门拜访，让客户了解并掌握期权工具的使用；2016 年，我开始拓展一些机构客户，譬如专门做债券的机构，为了提高债券产品收益的可能性，以 FOF 的形式将母基金债券端利息收益的部分资金再投资给由优秀的期权私募基金经理操作的子基金等；2017 年，我兼职了营业部的期权产品经理，兼职期间除了公司内部员工的培训外，每隔两周也会定期组织公司适当性匹配的客户进行期权基础知识或实战方面的交流，有时是联合上交所进行期权投教的客户活动，每场客户活动人数从几十到上百人不等；2018 年元旦后，我代表营业部参加首届上交所优秀期权投顾评选。可能是我认真的态度、可能是我还过得去的成绩、或更可能是我对未来中国将是衍生品繁荣的发达金融市场的坚定信念，我通过了公司总部评委的全部投票成为国信全国两名候选人之一，最后有幸在期权三周年庆典上获得上交所首届“十佳银牌期权投顾”的荣誉。上交所期权三周年庆典承载着市场各方的希望与梦想，我也将肩负起这份荣誉所赋予的责任和义务。

从业 10 余年，其间经历了 A 股市场 2007 年的“5・30”事件、2015 年的千股跌停及 2016 年的熔断行情，我切身体会和认识到多维度、多元化的金融投资工具是市场需求下的必然发展趋势，繁荣的衍生品是发达金融市场成熟的标志，而成熟的投资者是这个生态系统里不可或缺的一环。为了更好地推广期权交易工具，让投资者更容易理解并掌握使用，我将业余爱好太极拳融入了期权的投教活动中，原创了寓太极于期权的武林风动画片《股票期权出师记》，作为营业部期权投教宣传片循环播放。同样融入了太极思想的《顺势而为的期权买卖方》课件，在国信证券总部组织的期权进阶课件评选中获得了优秀奖。

最后，很高兴于中财建校 70 周年之际获得中财的经济学硕士学位，为我的证券之路进一步夯实了基础。2015 年开学典礼上，贺强教授为同学们带来了关于资本市场的精彩讲座，至今记忆犹新。感谢中央财经大学校友会、中央财经大学金融学院、中央财经大学证券期货研究所共同发起和组织，是你们的呐喊，让我铭记初心！

辑四

论道

我与股权分置改革的故事

刘纪鹏 *

股权分置改革是我国资本市场发展过程中的一件大事，当我们在分享股权分置改革成功的丰硕成果时，不应忘记在我国金融改革中尤其是在股权分置改革中的那段历史。

2005 年 7 月 11 日上午，我接到国务院办公厅的一个电话，请我去谈一谈资本市场和股权分置改革的情况，并给我两个时间做选择：一是当天下午 4 时后，二是次日上午 9 时后。我选择了前者。当我按时到达时，有工作人员已在楼门口等我，当时我并不知道是哪位领导要见我。出乎意料的是，我刚一走进会客室，时任国务院副总理黄菊同志（当时在国务院领导分工中，黄菊同志协助负责金融工作）从另一边走了进来，握住我的手说："刘纪鹏同志，我在电视上见过你。你写的《股权分置改革中的国有资产保值增值》很有说服力，你主张 10 送 4。"我回答说："那是证监会的同志希望我论证在什么水平上国有资产不会流失的一篇文章。我本人并不赞成完全采用单一送股的股改模式。"

需要说明的是，自 2005 年 5 月启动对价的股权分置改革思路后，一方面受到了来自外国投行人士和国内某些经济学家的抵制和质疑，另一方面各地的国资监管部门也担心对价改革会导致国有资产流失，因此，要推行对价股改模式就必须从两个方面去论证对价改革的合理性和科学性。

正是在这样的背景下，2005 年 6 月的一天，我接到中国证监会研究中心

---

* 刘纪鹏，中国政法大学法与经济研究中心教授，中央财经大学证券期货研究所顾问。

李青原主任的电话，认为我完整经历了 20 世纪 90 年代初及之后的股份制改革，了解国企股改的历史情况，希望我能够写出一篇不仅有定性而且有定量分析的关于“股改不会造成国有资产流失”的文章，作为内参上报。我想国务院领导提到的“10 送 4”可能指的就是这篇文章。

接下来，我汇报了对股改的看法，并反映了一些这方面的社情民意。黄菊副总理说：“这场股改对中国股市和国家经济的发展十分重要，照搬照抄找不到答案，要有创新性。有一些不同的意见不是坏事，学者的文章可以从不同的角度说明问题。你们是作了贡献的。当然，光有创新性还不够，还要有可操作性，在现实中要切实可行。重要的是，要实事求是，尊重国情，能解决实际问题。同时，要尽量让大家给予理解。”当我说到“股权分置改革的试点推进当中难度较大”时，他明确地说：“‘开弓没有回头箭’，党中央、国务院已下了决心，要完成这项改革，要有坚韧不拔性。”在汇报中，他对我提到的“股改要和股价挂钩”表示赞同，并说：“1000 点太低了，什么事都干不了了。”还笑着问我：“你认为到年底能到 1200 点吗？”我大着胆子说：“如果股改成功，1300 点是有把握的。”

一个多小时很快就过去了，告别领导后，我感觉浑身充满了力量，领导所讲的“这场改革需要创新性、可操作性和坚韧不拔性”，这“三性”不正是中国经济体制改革获得成功的要诀吗？

工作人员在送我的过程中，我表达了这“三性”对我的启示，工作人员随即向我推荐了《解读上海》这本书，并说：“这本书是对‘三性’的具体阐述，也许会对你们研究经济体制改革和股权分置改革有借鉴之处。”同时，希望我就今天所谈股权分置改革的情况再写一篇文章。次日，我即写出了《扭转当前股市不利局面的八点意见》。事后，我把这篇文章呈送给了时任中国证监会主席尚福林。

2005 年 7 月 21 日，国务院召开了有上海、深圳、重庆、广东、江苏等五个重点地区负责同志参加的资本市场改革发展座谈会，这是在股权分置改革试点的关键时刻召开的一次会议。会议明确指出，股权分置改革要全面推进，股价要稳中有升，地方政府要积极参与。具体要做到：一个结合，即把股改与股指稳定结合；稳定三个预期，即价格预期、时间预期、总量预期。

2005 年 11 月 10 日，由中国证监会、国务院国资委等五部委组成的股权分置改革领导小组在京西宾馆召开有 20 多个省市负责人参加的股权分置改革工作座谈会。会议再次明确指出，股指不稳定将关系股权分置改革的进程和成败，对此必须高度重视。投资者的根本利益要通过市场稳定发展特别是价格稳定来实现，使股权分置改革在推进的速度、把握的力度上与股指的稳定结合起来，达到稳定市场预期，确保股权分置改革有序向前推进。

2019 年，刘纪鹏在中国人民大学发表演讲

这两次会议是从重点地区到全国各省市和有关部委的全面动员，会议为以后股权分置改革的成功奠定了坚实的基础。

当时，我国金融两大领域均面临巨大困难和危机。2001 年下半年至 2005 年 5 月，我国资本市场由于受海外投行人士“推倒重来”错误方法论的影响，基本掉入“休克疗法”的困境中不能自拔。而在商业银行领域，由于资本市场的不支撑，全部国民经济发展的重负均压在银行领域，导致坏账率居高不下，潜在巨大的金融风险。2005 年以后，国务院对这两个重要领域均进行了“背水一战”，展开了对资本市场的股权分置改革与商业银行的股份制改造和融资上市两大战役。从这两个战役的成果来看，均初战告捷，使得中国金融领域进入了一个稳定持续发展的新时期。

做可信赖的投资顾问

——《中国证券报》与资本市场风雨同行30年纪事

王　坚[*]

在中国证券市场迎来30周年之际，中财大贺强教授主持编辑出版这本回忆录，特邀参与证券市场建设的各方人士，也邀请本人作为曾经在《中国证券报》（简称“中证报”）这一权威主流财经媒体工作了26年多的新闻从业者，从媒体的角度为此书撰写一篇回忆文章，我深感高兴和荣幸！

的确，证券媒体也是证券市场的重要组成部分，当年第一任中国证监会主席刘鸿儒就用“五个指头”的形象比喻，把手掌的中指比作媒体，其喻义是：媒体在市场各方中保持客观、中立。贺强教授是中证报的专家顾问之一，也是我的老朋友。我在中证报工作期间，经常向他请教证券期货市场的专业问题，他总是给予全力的支持。在接到贺强教授助理打来的电话后，我欣然接受了这一任务。其实写中证报的创办发展以及见证资本市场的风雨历程，最合适的人选，应该是第一任社长兼总编辑任正德，但他现已年近90岁高龄，不便再劳作，其他先后担任一把手的，也因各自执掌中证报时间有长有短，故原中证报常务副总编辑施光耀（曾担任首任社长和第二任社长的副手近10年）竭力推荐我来代表，记叙中证报从创业成长到发展壮大与中国证券市场风雨同行的历程。作为见证者，我有义不容辞的责任。但由于本人已在去年初调入老家江苏新华分社工作，目前因新冠疫情不能回北京查阅保存的记事本等原始资料，加

* 王坚，《中国证券报》原副董事长、党委副书记，中央财经大学证券期货研究所顾问。

上两周多时间交稿的要求，所以我只能凭记忆来讲述中证报创办背景、发展的历程，在证券市场近 30 年中发挥的不可替代的作用，以及对其未来发展的期盼，恳请有机会阅读到此文的中证报新老领导及同人批评指正。

股市可以继续试，证券报也当然可以办

创刊于 20 世纪 90 年代初（具体说是 1993 年 1 月 3 日）的《中国证券报》，是由新华社主管并主办的第一份全国性证券专业日报（创刊第二年即由周二刊一步改为每周五刊的日报）。说到报纸的创办背景，首先要提到的是，1992 年邓小平南方谈话后，中国掀起了第二轮改革开放大潮，鼓舞了新兴的证券市场，而邓小平南方谈话中，就有一段对证券、股市至今看来都是高瞻远瞩的深刻论述，也是早期证券界人士耳熟能详的名言：证券、股市好不好，允许看，但要坚决试……当时上海和深圳两个证券交易所已分别试点一年多，既然股市都允许继续试，那办一份报道证券股市的专业报刊更是应该允许“试”的吧！完全可以说，正是 20 世纪 90 年代初的又一轮深化改革开放热潮，呼唤了《中国证券报》的诞生。

中证报创办的第二个方面的背景是，从已试点的沪深两家证券交易所看，股市很热闹，股民越来越多，但沪深市场上报道股市的刊物，仅各有一份限于业内参阅的市场动态刊物，股市外的各界人士很少能看到，这就亟须一份全国性的证券专业报纸公开发行，及时报道股市政策及市场动态。随着沪深股市的跌宕起伏，吸引了越来越多的人关注。在 1992 年夏，深圳出现排队申购股票认购表狂潮，最终发生了“8・10”股票认购表风波，这引起了国家高层的强烈关注。为加强对股市的统一监管，很快成立了国务院证券委和证监会。正是火爆的股市，统一的监管要求，催生了这份全国性证券专业报刊的创办。

那么，这份生逢其时的证券专业报刊，为什么会是由新华社来创办？这就要追溯到当年新华社决策筹备创办的过程。

据我当时和后来了解的情况是，《瞭望》周刊经济组编辑李树忠（中证报筹备时和创办后任常务副总编辑），在 1991、1992 年多次出差到沪深时，去了两地证券交易所。他从股市试点的热闹景象敏锐地发现了专业媒体的机遇，于是在 1992 年初，向当时《瞭望》周刊经济组负责人林晨（以后于 2006 年担

任中证报第三任社长兼总编辑）和编辑部领导汇报了自己的想法，得到了他们的高度重视，很快又派出几人小组，专程去沪深股市考察，回来后正式向总社党组递交了创办一份证券专业报的建议。我当时与李树忠同在《瞭望》周刊经济组，都是分管大农口报道，他侧重对海外版发稿，我侧重对国内版发稿。正因为彼此熟悉和了解，在后来由他牵头筹建中证报时，特邀我“加盟”。正是这样的偶然机会，我参与了中证报的筹建和创办。

新华社决定创办这份证券专业报纸也是经历了深思熟虑和谨慎决策的过程。诚如当时社会上对股市这一盛行于旧中国和境外资本主义社会、充满风险的投机市场，如今在上海和深圳搞试点，许多人有不同看法，保守派认为这是资本主义沉渣泛起，而改革派则认为完全可以搞试点并扩大试点范围。最后，由邓小平同志南方谈话“一锤定音”，即上面提到的“要大胆试”。新华社是国家通讯社，是国家改革开放的见证者和记录者，但要自己创办一份敏感而专业的证券报刊是否会有政治风险？这样的考虑使当时的主要决策者既支持改革开放试点，又持十分谨慎的态度。

从新华社当时主办的报刊看，侧重于时政类的多，如老牌的《参考消息》，改革开放后新办的刊物——《半月谈》和《瞭望》周刊，还有一份偏宏观的《经济参考报》，正好缺一份纯财经类的专业报刊。所以总社高层一方面快速高效决策（后来中证报三任社长兼总编辑——陈乃进、林晨和吴锦才，都“解密”他们曾参与决策讨论），于 1992 年 6 月批准筹建创办。另一方面，出于慎重考虑，又要求我们筹建组去国家宏观经济部门寻求合办者，争取与其中一家部门联合主办这份特别的报刊。我们从当年 6 月后到正式创刊前，分别联系了人民银行、国家体改委、国家计委、财政部，我记得我还通过在国家计委工作的大学同学，介绍联系了国务院生产办（经贸委的前身）时任第一副主任的叶青同志（当时国务院生产办主任由朱镕基副总理兼任）的秘书。以上这几家部委机关，都因有各自的机关报或行业报和业务专刊，婉谢了新华社的“好意”。在 10 月国务院证券委、中国证监会成立时，我们还通过关系去协商是否有合办的可能，但由于根据国际惯例，证券监管机构不能办对市场随时有影响的报纸，只能出版以数据信息为主要内容的杂志刊物。最后新华社决策高层横下一条心，决定自己操办，并在试刊前，决定由《瞭望》周刊分管海外报道的资深副总编辑任正德兼任中证报第一任社长兼总编辑，以期对中证报把好舵。同时要求中证报物色专家顾问，帮助审稿把关，依靠社会力量办好这份专业性很强、政治和政策上都很敏感的市场化报纸。

中证报筹建期间，决策办事效率很高。我当时的印象是，在新华社内走批文流程，由于高层的重视，两三天就批示回复。那时新华社办公厅和总编室都非常支持创办中证报，在这里我要特别提一下时任新华社党组成员兼秘书长的张国良老领导，他敢于拍板决策，敢于负责担当，为中证报初期筹建和创办力排种种政策和体制障碍，为中证报的顺利试刊和正式创刊，发挥了不可替代的作用。在中证报创刊不到一年，他调任新华社亚太总分社社长，后又担任香港分社社长和香港文汇报社长，2003 年当选全国政协委员，现任香港新闻工作者联合会理事长。1994 年夏，在我率国内证券机构考察英国回国路经香港时，他还热情招待了我们考察团。在此，谨向这位前辈老领导致以崇高敬意！

在社外走审批程序，大概一周左右也能下批文。我记得在呈报劳动人事部批复中证报企业编制时，我联系大学的师兄、当时担任该部常务副部长兼国务院编制办副主任张志坚的秘书郭卫国，他对新华社的工作非常支持，后经他协调，很快就拿到了批复。在此，我也向当时帮助和支持过中证报的社会各界领导和朋友表示衷心的感谢！

出生不易，培养更难——中证报是怎样办好这份专业报的

第一，人才是关键。正如新华社在批准创办时担忧的那样，要办好这份国字头的专业报，专业采编人员从哪里来？我们首先用市场化手段，从社会招聘。在首次招聘时，虽然社会上对筹建中的中证报不了解，但应聘的人员仍然不少，大约是 10∶1 吧。此外，还有一些熟人关系推荐，但都一律参加笔试和面试，最终确定招录了近 20 位采编、经营和行政人员，其中 10 多位采编人员分别是来自高校的老师、国家级研究机构的经济信息统计分析人员和有关经济类媒体的编辑记者，还有个别是企业公司的中层管理人员，大部分专业是经济理论、宏观与企业管理、经济法学、金融和新闻学。我记得上海站第一任首席记者陆明丽，就是从当时比较前沿的《世界经济导报》过来的，她毕业于复旦大学新闻系；深圳记者站首任站长汪希宁毕业于中财大，当时是北京经济管理学院的讲师；还有两位分别是厉以宁和江平的研究生。现仍在中证报担任编委

的于力，当时是中国金融学院的教师。也有两位是“个体户”身份，但都有炒股的经历。经营人员中有来自央企和北京经济部门及行业媒体广告部门的骨干人员，现任中证报旗下的新证广告公司总经理单亿春，当时就是北京市一行业部门的干部。为进入中证报，他们绝大多数都放弃了原单位的事业编制，这在当时都是冒了较大的风险的，我们几位从总社有关部门和分社过来参与筹备的五位同志也都有这样的风险。但正是这招聘的第一批平均年龄近 30 岁的年轻团队，为中证报的筹建打下了良好的专业基础。

第二，在总社党组批准创办这份报纸后，又很快特批中证报设立 12 个记者，以确保新闻稿件来源，我们首先组建了上海和深圳两个交易所所在地的记者站，并在新华社 10 多个分社中设立了通讯联络员。这些通讯联络员中，既有分社经济口财贸记者，也有分管经济报道的采编室副主任，还有个别分社的副社长亲自兼任。大约是在 1994 年秋季，中证报专门召开了一次分社通讯联络员座谈会，时任新华社党组成员兼秘书长蔡名照专门到会看望大家并合影留念，希望各相关分社大力支持中证报的工作。这支地方通讯联络员队伍，为后来中证报分别在广东、福建、辽宁、江苏、湖北、陕西、重庆等省市设立和开展记者站工作提供了人才支持，先后至少有 6 位分社骨干被中证报聘任为站长和首席记者。

第三，在北京组建专家顾问团队，在外地组织专业撰稿作者队伍，以保证中证报报道的权威性和专业性。在筹办期间，总社让我们到国家有关宏观财经部委寻求合办机构，虽然未果，但一圈走访下来，为物色专家团队提供了线索。我们很快通过上门走访，确定了首批 20 多位专家担任中证报顾问，除部委外还有来自高校和研究机构的著名教授和研究员。我印象深刻的是，当时国家体改委中就有好几位，包括：时任秘书长后又升任副主任的王仕元、生产体制司副司长贾和亭、宏观司副司长李青原、综合司副司长陆涌华，还有生产体制司改革处的张新文处长。专家层面主要是：有“厉股份”之称的北大教授、经济学家厉以宁，社科院研究国企改革的著名经济学家董辅礽教授，年轻知名学者樊纲，中国政法大学教授、著名法学家江平，中财大教授刘福堂和贺强，中国证券市场研究设计中心（简称“联办”）的股改专家刘纪鹏研究员。此外，还有来自国研中心、国家经济信息中心、计委宏观经济研究院，人民银行（两位当时的重量级人物是金管司司长金建东和金颖处长）、中国银行（谭亚玲）、国家统计局等部门的司处级官员以及上海深圳证券机构的老总，共 20 多位。为尊重和认真起见，我们专门向各位专家颁发了聘书。我记得我登门给体改委的李青原、陆涌华和张新文三位专家送聘书，他们对中证报支持很大，特别是张新文处长经常加班帮我们审稿，撰写了好多篇特约评论员文章。李青原女士在中证报创刊之初，也为我们撰写过重要的专业文章。后来听说，鉴于她的专业等有关背景，便于与高层沟通，在当时对证券股市有争议的情况下，她竭力说服了多位高层领导人同意证券股市试点，为建立中国的证券市场作出了特殊的贡献。后来中证报财经人物专栏在她退休后以万字长文，专门采访报道了她的传奇经历，特别是她早期为中国证券市场的建立，后来为中国特有的股权分置改革实践作出的重大贡献。最近我因写此文章上网查阅，看到了一段她专门谈学习南怀瑾修行的视频和文章，而很少谈自己在证券市场的经历，真是令人深思和敬佩！我们更不能忘了她，以及和她一样证券市场早期建设的一批拓荒者、开路人！

中证报的专家顾问模式以后一直沿用并发展壮大，目前改称为“中证报学术顾问委员会”，委员近百人，包括退任的国家领导人，如第九届全国人大常委会副委员长、经济学家成思危，第十届、十一届全国人大常委会副委员长、经济学家蒋正华都欣然加入。厉以宁教授和第二任中国证监会主席周道炯先后担任过学术顾问委员会主任。

在组建作者和特约撰稿人队伍时，我记得当时分别由邓久翔和我两位采编部副主任，带队去上海和深圳物色作者。去深圳 10 多天，从深圳特区人民银行、深圳证券交易所、深圳特区证券公司、深圳证券登记公司等证券机构和深圳商报、深圳特区报、深圳电视台等媒体确定了七八位特约撰稿人，都是当时深圳证券市场知名的人士，如深圳特区证券登记公司的总经理柯伟祥和深圳特区报资深评论员阮华。我印象上海的首批撰稿作者中，包括知名的股评家应键中。当时我们在深圳期间，还专访了深圳特区人民银行行长王喜义和主管金融证券的副市长张鸿义，反思深圳不久前发生的“8·10”股票认购表风波，此专访报道刊登在中证报 1993 年 1 月 3 日的创刊号上。

第四，精准定位，服务读者——从“中国的《华尔街日报》”到做“可信赖的投资顾问”。

中证报在近 30 年的历程中，经历了初创成长、快速发展到巩固提高的三个阶段。创办初期，第一任社长兼总编辑任正德代表编委会提出了中证报的办报指导思想和编辑方针，既遵循了新闻报道的一般共性规律，又具有特殊灵活的报道原则。办报的指导思想是“宣传党和国家经济金融证券方针政策，传递经济金融证券信息，评析金融证券市场风云，普及金融证券知识”；编辑方针是“四个贴近”，即“贴近政策、贴近市场、贴近公司、贴近读者”；对股市报道掌握的原则是“市场热的时候，我们的报道要冷，要降温；市场冷的时候，我们的报道要热，要升温”。当时的常务副总编辑李树忠，被称为“少壮派”，他提出的报纸定位口号很直白：中证报要做“中国的《华尔街日报》”。这在创刊初期，社会上还不知道中证报这张报纸的时候，中证报直接把自己对标美国《华尔街日报》，给读者留下了深刻的印象。在确定读者定位上，我们按照证监会第一任主席刘鸿儒借用的“五指”形象比喻，把证券监管部门（小拇指，从合掌礼佛，此指最近佛，佛法无边，引申为执法机构）、证券市场运营机构即券商（食指，最能干、最灵活）、发行股票的上市公司（戴戒指的无名指，直通心，最有钱）、各类投资者（大拇指，市场的资金提供者，首屈一指，是“老大”）、证券媒体（中指，代表市场客观公正中立，不偏不倚），以上市场各组成部分，都是中证报的服务对象和读者群。在 1995 年周道炯担任证监会第二任主席后，特别注重发挥中证报的作用，用他的话说：“中证报是国字头报纸，一定要服务好国家高层和证券市场。”周主席对中证报寄予厚望并表示大力支持。后来通过调研分析，我们总结了读者的收入、学历、职位和年龄特点，是“三高一低”，即“学历高、收入高、职位高、年龄低”。

在中证报度过初创的前五年，从 1997 年开始，第二任社长兼总编辑陈乃进时期是中证报稳健发展的十年，明确提出了办报的宗旨是做“可信赖的投资顾问”，为读者提供及时和有效的信息。这一新的定位，与此期间设立的十大基金管理公司之一，即华夏基金管理公司总经理范勇宏提出的“为信任奉献回报”的企业宗旨，可谓有异曲同工之妙。为践行这一办报新宗旨，中证报陆续推出了涉及高层决策和市场跌宕起伏的各种重大报道，如对股权分置改革的报道，推动了这一重大改革的突破，为市场各方提供了及时和有价值的参考，赢得市场各方的称赞和证券监管机构的好评。

第三任社长兼总编辑林晨，继续按照这一办报宗旨，提出了“创新求进、追求卓越”的企业发展理念，全方位推进各项事业，中证报进入了近十年快速发展的时期，在资讯服务、对外合作、金牛奖评选活动以及网络新媒体融合建设方面施展大手笔，中证报品牌影响力不断扩大！现在的中证报进入了调整巩固、规范发展的新时期，面对采编经营两分开，传统纸媒与互联网新媒体融合发展的新形势、新挑战，更加任重道远。

见证市场风云，推动市场建设，发挥了不可替代的积极作用

首先，是在创刊当年推动了信息披露制度形成。股市试点早期，由于缺乏统一监管，没有形成规范的信息披露制度，使市场各方、特别是投资者存在严重的信息不对称现象。随着1992年10月中国证监会的设立，形成规范统一的信息披露制度很快提上日程。中证报对此积极推动，在中证报创刊的下半年即获得了信息披露指定报刊资格。据我所知，这与《中国证券报》创刊后的积极努力有很大关系。当时，参与创办中证报的总社经济信息部主任余志和曾经是新华社驻外记者，对海外证券市场的信息披露制度有了解，首任中证报社长兼总编辑任正德也曾多年驻海外工作，担任过日内瓦首席记者，长期从事国际问题研究和海外报道。他们两位有海外工作经历的老总，很快从国际惯例中发现：英美等海外证券市场上市公司信息披露的制度框架，就包括指定或推荐媒体，刊登上市公司的股票发行和上市公告，这些在许多国家证券法中都有明确规定，要求上市公司在投资人方便阅读的媒体上公开信息、及时披露。借鉴国际惯例，中国应该引入这一事关证券市场规范监管的基本制度，即通过指定信息披露报刊，让投资者及时了解到上市公司的各种重要信息，以便于正确决策和理性投资。这项制度具有及时性、公开性、强制性和持续性等特征。于是，中证报马上起草了相关建议报告，当时新华社主管经营的副秘书长梅开同志也积极支持这一建议，最后以新华社的名义向证监会递交了报告，很快得到了证监会的同意批复，并同时批准了以中证报为首的“七报一刊”作为首批指定信息披露报刊，而且明确规定刊登时可以参照广告版面价格收取一定版面费用。这“七报一刊”另外七家是《上海证券报》（当时是上海证券交易所与新华社上海分社合办，以上交所为主）、《证券时报》、《经济日报》（以后转让给其主办的《证券日报》）、《金融时报》、《中国改革报》、《中国日报》和《证券市场周刊》。

我记得在信息披露制度正式建立前，中证报就最早刊登过一家公司的信息披露。该公司是“海南华凯实业股份有限公司”，1993 年 2 月 23 日在 STAQ 法人股系统上市挂牌交易。在上市前一个月，当时在该公司证券部担任经理的张仁磊（现为上市公司华闻集团的党委书记）是我大学同学，他来北京联系我，要求于挂牌前两周刊登，很快在中证报刊登了两个整版的上市公告书。因此，从上市公司的需求看，也迫切需要尽快建立上市公司信息披露制度。

信息披露指定报刊制度虽然现在因互联网的发展，而最终要求过渡到以网披为主，报刊为辅，但在证券市场建立后的很长一段时期发挥了积极的作用，在一大批央企蓝筹股上市时，都首选中证报及旗下的中证网，作为刊登信息披露公告和路演的平台。当然“七报一刊”也是这项制度红利的受益者。记得当时我们与证券监管机构和业内人士这样探讨：如果不设几家指定报刊，那么上市公司在刊登不好的利空负面信息时，就会特意选择一家地方偏冷的媒体刊登，虽也尽了披露的义务，但令投资者难以查阅，如果不指定集中在少数几家证券专业媒体，那就会增加投资人的订阅报纸成本，如上市公司随意和随时变更披露媒体，而有些报刊是投资人根本无从所知，也无法订阅的。所以，从借鉴国际惯例和证券市场各方需求来看，都必须设立信息披露指定报刊制度。报纸上刊登的信息披露也可以成为投资者在遇到法律纠纷时，作为起诉上告上市公司的有效法律依据。应该说，指定信息披露制度对中证报等几家专业媒体的营收提供了政策性保障和经济支撑。以后几家指定报刊在证监会的引导下，曾考虑将提取一部分信披费，用于证监会培训基金，后因操作中有政策方面的障碍而未施行。这里讲个小插曲，这项制度也成为证监会处罚媒体报道失误的一个“大棒”手段，即在刚建立不久后的几年中，因指定报刊被认定违反了新闻报道纪律，证监会随时可以暂停某一家或某几家刊登信息披露，包括中证报在内三大专业报纸，均受到过一个月至三个月的暂停指定报刊的处罚。

这项制度以后也在不断改进和完善，证监会对信息披露刊登的内容、格式，版面篇幅，甚至字号大小都作了明确要求。在对指定报刊的表述上，也从“至少一家”改为“只需一家”……不管怎么变，不管是从纸媒转向网披，从媒体转向交易所网站等，但这项基础制度还是不能变，而且会更严，因为注册制下，严格规范的信息披露制度强制性要求，是监管市场的核心依据。

关于推动证券市场的统一和规范化建设，还有一件事值得一提。上海和深圳两个证券交易所早年都是归两地政府管理，彼此依托政府，互相竞争，有时甚至进入恶性竞争的状态。自朱镕基副总理 1995 年在上海证券交易所五周年庆祝大会上，对证监会提出了统一监管的要求，并随后制定了指导证券市场健康发展的“八字”方针，即“法制、监管、自律、规范”。为贯彻“八字”方针，推动统一监管，中证报大约在 1996 年上半年举办相关研讨会，邀请证券界各方人士和专家学者，特别邀请了深圳证券交易所和上海证券交易所新任总经理庄心一和杨祥海同时到会，并在会间休息时，促成两人“握手言和”，共同倡导打好“中华牌”！照片和报道登报后，在业内产生良好反响。以后在监管部门的统一协调下，沪深交易所逐步步入良性竞争、健康发展的新阶段。

其次，通过有影响力的权威报道，参与和见证了证券市场 30 年的发展。

一是在中证报筹办的试刊号及创刊号上，就得到国家高层对即将正式诞生的中证报的亲切关怀，给予报纸刊发独家新闻和图片的关照，使呱呱坠地的中证报一炮打响。这里回忆两件时任共和国总理李鹏和副总理朱镕基的故事。

中证报试刊第一期于 1992 年 10 月 8 日出版，出刊后，当时主管发行的总经理宫喜祥（现为新华社党组成员、秘书长兼办公厅主任），找到新华社摄影部分跑总理的主任记者，请他有机会呈送给李鹏总理阅看，并抓拍一张照片，争取在中证报的正式创刊号上刊用。功夫不负有心人，这位经验丰富的摄影记者，在他随李鹏总理去越南访问的飞机上，抓住机会，将中证报试刊号呈递给总理评阅。在李鹏总理双手端阅报纸时，他马上拍下了这个历史瞬间。后经请示审批，同意中证报在 1993 年 1 月 3 日出版的创刊号上公开刊登这张照片。

第二个故事是在中证报 1992 年 10 月 26 日出版的试刊第二期上，独家刊登了经时任国务院副总理朱镕基批示同意的在中证报上发布“国务院决定成立证券委和中国证监会”的重大消息，并被当晚央视《新闻联播》全文转播，为中证报试刊期间在社会上树立品牌、扩大影响力提供了“重磅炸弹”。

这个故事的情况是这样的：在中证报试刊第一期后的某一天，大约是 10 月中旬，时任社长兼总编辑任正德从新华社的内参中看到一份即将发布的 54 号文件，内容是：国务院决定成立国务院证券委和中国证监会，由朱镕基副总理兼任国务院证券委主任，周道炯任副主任，刘鸿儒任中国证监会主席，设立这两个机构的背景和目的是，鉴于当年 8 月 10 日发生的深圳股票认购表事件，为加强对证券市场的统一决策和监督管理，故成立专门的管理监督机关和机构。任社长阅后敏锐地感到，这个决定对中证报是极大的利好，真是及时雨和强劲的东风！今后证券委和证监会的决策和监管措施都是中证报报道的权威信息来源。于是，任社长很快召集编委会决定：中证报要想办法，争取在10月26日出版的第二期试刊上独家报道这一重大新闻。那么，怎样把内参的文件公开报道出来呢？肯定要请示走程序，这样，中证报先请示新华社总编室老总及分管社领导，他们都表示同意和支持，由中证报代拟请示报告，以新华社总编辑室的名义上报国务院秘书局审批。因距离第二期试刊只有10多天，走请示流程的时间非常紧张，最后直接由我执笔手写请示报告，并附上由分管跑口记者陈元春代拟的新闻稿。当时都未来得及再打印就递交给总社总编室，他们加盖公章后，立即走内部交换文件通道呈报了国务院秘书局。上报后我们就在等待，我还通过在秘书二局金融组工作的大学师弟廉勇，请他从内部了解报告的批转情况。廉勇后来告诉我，你们这份请示报告，经过国办分管秘书一局和二局（对应新闻和金融口）的两位副秘书长阅批后，上报到朱副总理最后审定。不到一周，我们终于等来好消息：朱镕基副总理审批同意中证报与新华社同时发布这个新闻！具体批示内容是：“可同时发布，请石秀诗同志阅办。”这真是太给力啦！这一消息让中证报筹备初期的20多名员工无比兴奋，倍受鼓舞！这无疑是国务院领导对我们创办这份全国性证券专业报的极大支持和鼓励！

拿到了“尚方宝剑”，但与新华社“同时发布”的批示要求，具体如何操作呢？经过向总社总编室请示和协商，作了如下安排：中证报先在10月26日的试刊第二期上刊发，当天早上报纸就印刷出来，新华社在同日的晚上7点半后发布（在同一天刊发体现了“同时发布”的批示精神）。这个7点半时间的确定，是与当时中证报考虑争取当晚请央视7点开播的《新闻联播》转播有关，故特别请新华社在晚上半小时的《新闻联播》节目结束后再发通稿。以后的事情一切都很完美顺利！我记得央视当天播报这条据“今天出版的中国证券报第二期试刊报道”的消息，是著名女播音员李瑞英。消息转播后，等于借央视这个重要平台给初创中的中证报做了一个活广告，真可谓是锦上添花。为此，报社对我和陈元春给予表扬和嘉奖。

后来中证报创刊后确实不负高层期望，在业界影响力日益增强。创办五年后，即1998年5月在由国家统计局中国经济景气监测中心和央视调查咨询中心等机构联合发布的调查报告中显示，《中国证券报》成为阅读率最高的全国性四大报纸之一。两年后的2000年，由央视调查咨询中心在全国15个城市所做的调查报告中显示:《中国证券报》在全国金融证券类专业报刊中阅读率排名第一。当时还有几个数字可以佐证中证报的影响力，从1994年中证报由对刊四版的周二刊改为每周五刊，对开八版，代印点遍及十几个国内经济发达城市，包括上海、深圳、广州、成都、海口、福州、杭州、南京、武汉、济南、沈阳和西安12个代印点，后来扩大最多时达30多个。报纸发行量（邮发和零售）1994年最高时就达到100万份。

1998年，在朱镕基担任总理后，中证报把赠阅报纸送进了中南海的"总理办"，成为首家进入总理办公室的证券专业报，也为朱总理了解金融证券市场的动态增添了一个重要的渠道。2003年，温家宝接任总理后仍保留了中证报的这份特殊待遇。中证报与三任总理结下的缘分，使中证报身上的官方权威色彩愈加浓厚，市场各方人士也刮目相看，为这份年轻的专业媒体而大加点赞！

二是通过策划一系列市场各方关注的重大选题和评论文章，来引导年轻的证券市场规范健康发展。

当时作为分管报道的编委之一，我有印象的一些重大报道包括：对《公司法》和《证券法》这两个证券市场和股份制公司的基本法律的酝酿出台、研讨和建议、修改完善做了持续20多年的跟踪报道，并组织举办相关研讨会，先后推动了《公司法》于1993年12月和《证券法》于1998年12月出台施行。对1993年4月国务院颁布的《股票发行和交易暂行条例》也作了及时的解读。对朱镕基总理提出的"法制、监管、自律、规范"八字方针，也配发了一系列评论。对跌宕起伏的股市风云也都及时评析。我印象最深的是1993年9月因深圳宝安举牌上海延中实业，即"宝延风波"，我们编辑部在每周两个出报日的前一天晚上，等记者发稿上版面，都在10点后才能传稿过来，边录边改边排版，及时报道市场各方观点。时隔不到半年，即1994年3月底，深圳市场君安证券又与万科实业暴发股权之争，那时已是周五刊的日报，连续报道五天，因当事双方举动频繁，新闻不断。当时的两位值班老总，包括施光耀副总编辑和我们几位编委，几乎每天都要忙到深夜，甚至凌晨才能签字付印报纸。施光耀主持中证报采编工作近10年，以后杜跃进、孙伶、段国选先后担任常务副总编辑，主持报道工作，为不断提升中证报的报道质量作出了积极努力和重要贡献。

在中证报创刊初期几年，在经济理论界对股票市场仍有不同看法，特别是在市场大涨大跌之时，批评的观点就冒出来，我记得大概是在 1995 年下半年，即“327”国债期货风波之后，股市先涨后跌，中证报针对经济界及社会上不少人士对股市的消极情绪，特邀董辅礽、厉以宁、江平、萧灼基、曹凤岐、韩志国、樊纲、刘纪鹏等七八位中证报专家顾问，召开闭门会议研讨，第二天以“经济专家会诊把脉中国股市，提出规范健康发展良方”刊登在头版头条位置，在市场产生广泛影响，有些不宜公开报道的观点写成了内参，通过新华社渠道编发传递给高层。以后在周道炯接任第二任证监会主席后，十分重视国字头报刊，中证报不定期给会里呈报情况反映简报，此做法一直延续到郭树清担任证监会主席时，这也为证监会向国务院呈报市场动态提供了重要的参考依据。

中证报的权威性还来自一次在“两会”记者招待会上，开创了向总理提问回答证券市场问题的先河。那是 2000 年的“两会”，报社安排我牵头中证报“两会”报道，对最后一天例行安排总理记者招待会我们做了精心策划和布置。首先向总社申请参加此场记者招待会的名额，我们争取到了两位参加；其次是反复商量拟好现场提问的问题；最后是要求记者早到会场占据有利位置。此外，还要求记者穿着佩带显目抢眼球。大概是从“凤凰卫视”女记者吴小莉开始，参加“两会”总理记者招待会的女记者们都穿戴上大红大紫的外套和围巾，以吸引主持人的眼球。这场招待会是朱镕基总理上任后的第三场，新世纪如何开好局，无疑受到海内外极大关注，尤其是朱总理答问时充满自信和幽默风趣的谈吐，其强大的磁场对现场的每一位记者都有无比的吸引力。那天我们的女记者——来自深圳站的陈雪机智地抢到了话筒，向朱总理提问“如何评价发展十多年的中国证券市场”等问题。那天中午，朱总理回答中证报记者的问题一结束，中国证监会办公厅新闻处的同志就给时任社长兼总编辑陈乃进打来电话，告诉说，会领导已看到了直播现场，非常感谢中证报记者在全国“两会”上向朱总理提问证券市场这一十分敏感而又迫切需要高层关注的问题，中证报这一提问代表了我们证券界的心声，让市场各方人士异常振奋和鼓舞！那天中午当记者回到报社也兴奋地汇报说，她是抢来的这个提问的机会，本来话筒是递给她旁边的一位境外女记者的。这个抢到的独家答问报道，在第二天的中证报头版头条刊发，为此报社对陈雪记者予以特别嘉奖。因为这在当时可谓是“震动了证券界”，是开创先河的“两会”证券首问！

还有一件转载中证报稿件的事值得一提。大约在2001年，美国纳斯达克泡沫破灭后引发美股及全球股市持续两年多的激烈波动和巨幅下跌，中证报刊发了《环球股市震荡说明了什么》一稿（由时任副总编辑杜跃进和国际报道记者朱长征撰写），受到朱总理的高度好评，并立即批示，要求国内主要时政和财经报刊全文转载，包括《人民日报（海外版）》《经济日报》《金融时报》和《上海证券报》《证券时报》等先后转载。以后中证报也把被海内外媒体转载和引述作为衡量报道影响力的重要指标。在人民币升值，央行加息、降息周期的报道中，中证报分跑央行的记者曾多达七次以上准确预测了升降息的时间和幅度，相关报道被中国香港、美国等境外媒体广泛转载引用，大大增强了中证报的权威性和影响力。正如中证报在创刊20周年的纪念专刊上对采编报道的总结时写道：“历二十载风雨，中国证券报在行业内树立了权威、高端、客观、全面的品牌形象，现在每天都有大量新闻稿件被国内新闻网站、财经网站以及海外媒体广泛转载、引用。”“20年来，在中国资本市场发展的每一个关键时刻，在股权分置改革、人民币升值、国际金融危机、房地产调控、养老金入市等涉及中国经济和资本市场发展全局的重大问题上，中国证券报都及时发出自己的声音，报道事实，解读政策，分析趋势，引导舆论，许多稿件得到了国务院领导的批示，影响了高层的决策”“央行、证监会、银监会、保监会等部委都把中国证券报作为发布信息的权威平台，高频率接受专访或刊发署名文章，有效影响社会舆论”。

有一件事值得特别一提。2000年前后，中证报理论版被列入国家级经济类核心学术期刊目录，许多有职称评定需求的作者希望在理论版刊登论文，作为评职称的有效依据。因此，报社要求更加严格把关。理论版当时归报社专版部，分管负责人是陈妩，版面主编先后是门耀超和杨光。中证报在创刊时就设有理论版，最早的理论版主编叫王健，她是北大厉以宁教授的研究生，当时她是中财大的讲师，是中证报首批招聘的兼职编辑。我本人也曾在1994年下半年担任副总编辑时兼任专版部主任两年多。

在近30年中，中证报获得了许多的荣誉和奖项，其中包括：被美国《哥伦比亚新闻评论》杂志评为“中国传媒业标杆品牌（金融证券类）”“百度中国最具影响力产业类媒体状元奖”“十大专业报品牌奖”“中国财经媒体十强”“新媒体影响力指数”TOP10 强。中证网也被评为最有影响力的财经网站。2002 年 12 月，时任中央政治局常委李长春、中央政治局委员兼中宣部部长刘云山视察中证报，对中证报的各项工作给予好评。2005 年 2 月，国务委员兼秘书长华建敏到中证报考察慰问员工，给予极大的鼓励。早在 1995 年中证报创刊三周年之际，时任国务院副总理邹家华特地发来贺词，寄语希望。时任全国人大常委会副委员长王光英还出席了中证报在钓鱼台国宾馆举办的创刊三周年庆祝活动。新华社高层领导，从穆青、郭超人老社长到现任社长蔡名照，都先后对中证报的创办和发展给予了充分的肯定。

打造“中证金牛品牌”——关于金牛奖的故事

中证报经过 10 多年发展，在业内树立了权威地位，随着报纸报道的发展，进行深度耕耘与招展提上日程。如今已形成的“金牛奖”品牌就是一个成功的探索，特别令中证报引以为自豪的是“中国基金业金牛奖”，这个奖项 2010 年获得监管部门的资格认定，被业内公认为“最具影响力和权威的品牌”，也被大家美誉为一年一度基金业评选的“奥斯卡”奖，成为基金公司奖励基金经理的重要依据。

关于中证报的评奖活动最早可追溯到 1999 年，当时先把上市公司作为评比对象，中证报与上海的亚商咨询公司合作推出了上市公司 50 强评比活动。金牛奖设立之后更名为“上市公司金牛百强奖”。我记得金牛奖的取名是由时任中证报编委、市场部主任兼中证报首席经济学家卫保川提出的，我当时分管评奖活动，对此名称十分赞同，后经编委会讨论上报报社党组最后确定下来。股市要牛市，股民喜欢牛，基金业要创造金牛，这个奖项名称一亮相就得到了业内人士的广泛认可。为扩大“金牛奖”的社会影响力，第七届和第八届“中国基金业金牛奖”在 2010 年和 2011 年与央视财经频道联合举办，央视录播了盛大的颁奖典礼场面，在财经频道多次滚动播放，扩大了金牛奖品牌在社会上的知名度，产生了较大的轰动效应。这里要感谢中国基金业协会的支持，他们在授权资格及对评奖办法等方面给予了大量指导和帮助，从而使这个奖项的评价体系严谨、规范和可操作。报社为了满足获得这一评奖资格要求的条件之一，即评奖小组成员应通过证券从业资格考试，专门要求报社基金部的几位编辑去参加统一考试。几位编辑基础都很好，也很努力，很快就拿到了从业资格证。

为保证评奖的公正性，中证报不接受被评比的基金公司合作与赞助，但作为金牛奖评委，根据评比办法，可以从具有评价资格的基金公司研究部门聘请，事实上，中证报的各项金牛奖评委组成人员，大多分别来自包括证券公司相关行业的研究专家和市场权威人士，先后包括中信证券、招商证券、海通证券、银河证券、天相投顾、国信证券和上海证券等机构的研究所，他们都为打造中证报的金牛奖品牌作出了重大贡献。基金业金牛奖每年评比，都要走这样的规范流程：每年初由各评委单位，将上一年度的基金各项数据统计分析并作初步排名，在春节前后，中证报评奖小组召集各评委单位开会一起分析讨论后，再排名次，名单出来后由中证报上报基金业协会把关，主要是看候选的金牛公司有无硬伤，对私募基金还要组织评委去候选金牛公司现场考察调研后，才最终确定获奖名单。因为中证报这个奖项的权威性，基金公司都很在乎，希望当选。刚开始评比的一两年，难免会走漏风声，有的公司获知未在获奖名单之列，就通过各种关系渠道，或公司老总亲自出面到报社来沟通，有的甚至动用证监会的领导关系来协调“干预”，对这些来自各方面的压力，中证报一是要求顶住不妥协，二是要求以后各家评委单位做好保密工作。后来基金公司也都以业绩为重，不再进行这种事后的“公关”。记得当时一家创立最早、业内影响最大的基金公司副总，是我的大学师弟，他们公司那次落榜了，他分管这块工作，觉得很没面子，于是请我吃饭，他们公司老总也是我 20 多年的老朋友，在业内是教父级大腕。但我跟他讲，评比结果是评委们的综合意见，我们都要尊重这个结果，不可能随便更改，这是很严肃的事情，以后你们还是把业绩做上来，名副其实当选，那才是真正的荣誉。

随着金牛奖影响力的日益扩大，金牛奖评比的范围也结合证券基金业的发展而不断拓展，共包括中国基金业金牛奖、阳光私募金牛奖、上市公司金牛百强奖、中国证券业分析师金牛奖、中国证券投资银行金牛奖，还在投资顾问和理财资管领域设立了金牛奖项。为保证金牛奖品牌的合法性，中证报当时的品牌部专门去工商和专利部门申请注册了“金牛奖”商标。以后围绕金牛品牌，中证报还推出了衍生品，与中证指数公司于 2011 年 11 月共同发布中证金牛基金指数系列，首批推出了“中证金牛股票型基金指数”和“中证金牛混合型基金指数”，为证券市场提供了新的投资交易品种。报社还与社外机构合作注册了“中证金牛（北京）投资咨询有限公司”，据现任公司总经理、原中证报事业发展部主任钱昊旻讲，新华网上市后投资参股中证金牛公司，获得了较高的溢价回报。

围绕“金牛奖”举办的高层论坛及峰会也是金牛奖延伸活动的亮点。包括全国政协副主席李金华、全国人大常委会副委员长陈昌智、国务院直属央企监事会主席季晓南等都先后参加过“上市公司金牛奖”的论坛并发表致辞和演讲。

关于金牛有说不完的故事，中证报负责金牛奖评比工作的基金部、市场部、公司部及原主管金牛品牌运作的事业发展部和品牌部以及报社下属的新证广告公司的员工，为这一品牌的树立和开拓付出了智慧和辛勤的汗水！

中证报成功创办和发展的几点思考

中证报经过近 30 年的发展，取得的成功是大家公认的，观察中证报的成功之路，思考其成功之原因，有以下几点值得总结：

一是借助良好机遇，天时地利人和助力。

中证报的创办可谓有独特的天时与地利。“天时”就是邓小平南方谈话后，全国掀起的第二轮改革开放大潮，而且明确股市可以继续试，但要加强统一监管，为此国务院专门成立了证券委和证监会，这对中证报的创办正是大好的机遇。从“地利”看，中证报依托新华社，位居北京，随时可以采访国家宏观财经部委，办一份全国性证券专业报刊有天然的地利优势。再看“人和”，新华社两家主办部门——《瞭望》周刊社和经济信息部，当时是新华社的骨干部门，《瞭望》作为时政周刊，当时设有最权威的“中南海纪事”专栏。经济信息社是新华社加强经济信息报道而开辟的新部门，可谓一个精通上层建筑，一个有扎实的经济基础，两家共同开创新事业的愿景一致，故一拍即合。特别要浓墨重彩写上一笔的是，当时新华社总社党组的高瞻远瞩，虽然当时也有谨慎的考虑，但最终的天平还是向改革创新倾斜，支持两个部门创办证券专业报，当一次改革开放的弄潮儿！于是在 1992 年 6 月拍板批准两部门筹建中证报。

《瞭望》周刊社和经济信息部立刻抽调精兵强将，开张营运。正是这“天时地利人和”之因素，中证报才顺利诞生。

二是政策支持倾斜，放水养鱼鱼儿大。

从内部看，作为主管和主办的新华社总社，对中证报最大的支持就是“宏观方向把舵，微观运营搞活”，可以说不具体管就是最大的支持！当时的确就是“三不政策”，即“不给一个人，不给一分钱，不给一间房”，从一开始就把中证报推向市场，而中证报面对的是最具风险的资本市场，好在这也是个有钱的市场！于是，中证报通过“四自”对策，即“自筹资金、自找房子、自建队伍、自我发展”，迅速打开局面，在两期试刊上就获得了可观的广告收入。为支持作为企业身份的中证报的运营，总社对中证报在头五年的经营上给予“三免两减”的政策，这是总社当时对下属经营部门最宽的支持政策。

从外部政策看，最大的支持就是信息披露指定报刊制度，使中证报在经营上随着证券市场规模的扩大，特别是上市公司的扩容和基金公司的设立，中证报的信披占有率长期占据指定报刊前列，信披收入也大幅增长。到 2003 年十周年就已上了亿元台阶，到笔者离开中证报的前两年，即 2017 年经营收入达到 8 亿元人民币以上。完全可以说，没有这样宽松和特定的政策，中证报就难以支撑到今天。原中证报总经理马忠志说，中证报三四百号人，开张一天就是几百万开支。目前，随着信披政策的多次调整，信披改由网披为主，收费大幅下降，中证报将面临新的经营挑战……

三是体制机制灵活，遵循办报和企业运营规律。

中证报作为一份财经媒体，在业态上是新闻属性，但中证报在体制上又是企业属性。所以中证报第三任社长兼总编辑林晨同志在 2006 年上任后提出：中证报作为财经媒体要遵循新闻办报的规律，中证报作为市场化的企业，又要遵循市场经济的规律。办好报纸要找准自己的“读者定位、市场定位和内容定位”，提供有效信息，体现做“可信赖的投资顾问”的办报宗旨。办好企业要建立企业人才的竞争机制、产品营销的价格机制和企业价值的交换机制等。

我个人认为，对报道而言相对主动，比较好办。而对企业运营来说，时常会受变化莫测的市场制约和政策影响，这就要不断调整经营思路和对策，增强服务意识，居安思危，才能使企业化的媒体立于不败之地。此外还要继续靠主管部门用市场化手段支持中证报发展。2012 年，在 2004 年把中证报列为文化体制现代企业试点的基础上，将中证报正式改制为中国证券报有限责任公司，目前正通过已组建三年多的新华财富传媒集团统一运作上市。我作为已离开中证报的局外人，衷心期盼中证报能早日实现上市目标，真正成为按现代企业制度要求组建，并发行股票上市的公众公司。

四是人才队伍，人才资源是中证报的核心竞争力之所在。

报刊是轻资产部门，即便中证报是市场化的企业，其固定资产价值也很有限，2011 年与外资合作前测算评估的，包括电脑、机房设备、办公用具、各地运营中心购买的办公用房等，全部固定资产 7000 多万人民币（不包括没有产权的总部办公用房）。所以支撑一个轻资产报业的发展，关键是人才！

中证报从筹办开始就以市场化的手段从社会上招聘了各有特长的年轻英才，在 1994 年从周二刊改为日报前，又从社会上招聘了四五十人，以后每年在社会招聘的基础上，又在新华社给予留京指标的政策支持下，从社校园招聘 10 多名应届大学本科以上毕业生加入，包括清华、北大、人大、中财大和经贸大学等重点院校。中证报的团队平均年龄最早 20 多岁，后来较长时期稳定在 30 多岁，是一支干事创业的优秀团队，这支人才队伍为中证报的发展打下了坚实的基础。不少人成为业内的名人，如当年跑央行的女记者于力，人称“于人行”，后来负责市场报道的卫保川被中证报授以“首席经济学家”之名衔，其在证券业内是“网红”级大腕（20 世纪 90 年代就是央视《财经频道》证券节目的嘉宾），为中证报打造的金牛奖品牌作出了开创性贡献。中证报办公室主任马朝阳，报社员工称她“马姐姐”，在当记者编辑时，她受命创办“感性财经”专栏，她在三年多时间采访撰写的一系列重磅财经人物报道，增加了中证报的可读性，赢得了社内外的广泛赞誉。中证报原先的 13 个记者站（后改为地方运营中心），每位站长和首席记者都是在当地上市公司和券商机构中有影响的人物，如已退休的福建站原首席记者施如海，在当地还担任上市公司协会副秘书长。山东站原站长郑文明，不仅报道和经营任务完成得好，与当地政府和证券界人脉关系也很畅通。在中证报快速发展时期，一批分社的经济记者和采访部负责人先后成为所在地方记者站负责人，如辽宁分社的周保华、江苏分社的李巍、陕西分社的彭少阳、重庆分社的邱贤晨、湖北分社的刘向东等，尽管他们后来工作岗位又有变动，但在当时，他们的加盟是如虎添翼，为中证报的地方报道和经营业务发挥了突出的作用，中证报一直把各地记者站人

中证报有一支朝气蓬勃的人才队伍。图为 2016 年秋参加新华社第五届职工运动会后的部分员工合影（中排右一为本文作者）

才和团队作为报社最大的财富和财富之源。

总之，中证报和其他市场化的媒体一样，一支稳定而优秀的人才团队是其核心力之所在。

想想自己已离开了中证报，为何还在想中证报的事？因为我在中证报工作了 26 年多，对这份自己亲手参与培育的报纸有着特殊的感情，或者叫“中证情结”，所以，我衷心希望她越办越好，在媒体融合的新形势下，继续闯出新路，发展壮大，再创辉煌，用优异的业绩迎接中证报 30 年华诞！这是每一个曾经和现在的“中证人”的共同心愿！

附记：

写完以上回忆内容，心中仍觉得还有许多未能表达出来。在中证报 26 年多，9000 多个日日夜夜，2000 多个夜班，有美好的时光，也有酸甜苦辣的日子，无不令人深深怀念。鉴于目前疫情仍不便回北京，只好请报社的几位原同事，包括现任工会主席的门耀超和发行部主任郑东，原品牌部副主任林威及张洋帮忙查找了一些以前出版的内部纪念特刊，如中证报20周年专刊就是张洋女士给我快递到南京的（她也是这个专刊的版面美术主要设计者）。专刊里的内容，文字和图片对帮助我回忆过往的经历起到了很大的作用，一些准确的数据和提法也被直接加以引用。我还致电王军副总编，向他核实中证金牛奖有关细节。在此非常感谢以上几位中证报原同人的助力！即便如此，以上所写的回忆纪事中仍难免在时间、地点、事件描述及观点判断上有一些出入和欠准确。虽然本书编辑没有对我提出字数限制要求，但许多事情的经历和细节，因缺乏第一手笔记资料而无法呈现，还望包括中证报同人在内的市场各方人士，特别是以前帮助、支持过中证报和我本人工作的朋友，多多包涵谅解！如果今后有机会再写，我一定会弥补此文中的不足以及我心中的所有遗憾！

最后，特别要感谢给我提供此次撰写机会的原山东记者站站长郑文明，是他与贺强教授协商，在此回忆录书中增添了这一“戴帽下达”的“媒体篇”，还要特别感谢中证报原常务副总编辑施光耀的推荐，让我来撰写此篇回忆录。通过我这位历经中证报六朝的元老（如包括新华社总编室副主任孙勇主持中证报的三个多月，应该是“七朝”），在离开中证报一年多后，从见证中证报发展与30年证券市场同行的视角，写一篇媒体人的回忆纪事。由于时间很短，难以面面俱到，兼顾各方，行文内容也太散杂，未必尽如人意。施光耀先生对此文帮助作了阅改和提示，但愿这篇“急就章”对于此书的出版也算是个圆满。

2020年7月18日

深圳"8·10"股潮

张新民[*]

一

1992年，中国人民做了一个很大的梦，似乎每个人都能发财了，只要紧紧攥住股票。当年8月上旬，深圳传媒公告，将以认购抽签表的方式，公开向社会发售1992年度5亿新股。消息一出，整个深圳就被挤爆了，大街小巷全是人，人人手里都攥着钞票和一摞一摞的身份证，到处都在排队，人人都想圆那个梦——买股票发财。

想想20世纪80年代末期股票在国人心目中的位置，面对1992年8月的深圳，你会有一种感觉涌上心头，那就是中国人民从此"觉——悟——了"!

1997年，有深圳学者针对早期持"原始股"者轻轻松松成为百万富翁、千万富翁的事实，有过一番剖析，摘录如下：

假定有人在1987年花2000元买了发展银行股票100股，此后一直没有抛售，那么到了1993年，他所赚到的钱和投入可以从下表看出：

* 张新民，原《蛇口消息报》记者，中央财经大学证券期货研究所顾问。

表 1 深圳发展银行历年配送与投资者的投入情况（1987—1993）

历年配送	股数		投资（元）	
1987 年 1 股 面值 20 元	本次新增	+1	本次投资	+20
	累计股数	1	累计投资	20
1988 年 2 配 1 配股价 20 元	本次新增	+0.5	本次投资	+10
	累计股数	1.5	累计投资	30
1989 年 3 月 2 送 1 配 1 配股价 40 元	本次新增	+1.5	本次投资	+30
	累计股数	3	累计投资	60
1990 年 3 月 2 送 1，拆细至面值 1 元，另 10 配 1，每股 3.56 元	本次新增	+96	本次投资	+32.04
	累计股数	991	累计投资	92.04
1991 年 3 月 10 送 4	本次新增	+39.6	本次投资	+0
	累计股数	138.6	累计投资	92.4
1991 年 8 月 10 配 3 每股 12 元	本次新增	+41.58	本次投资	+498.96
	累计股数	180.18	累计投资	591
1992 年 3 月 2 送 1	本次新增	+90.09	本次投资	+0
	累计股数	270.27	累计投资	591
1993 年 4 月，10 送 8.5 股，配 1 股，每股 16 元	本次新增	+256.74	本次投资	+432
	累计股数	527	累计投资	1023

注：此处 99 股计算如下，原 3 股 2 送 1 变成 4.5 股，按照 1∶20 的比例拆细后，增加到 90 股，在此基础上 10 配 1，得到 99 股。

从上表可以看到，1987—1993 年（4 月送配之前）短短 6 年，100 股“原始股”持有者为买配股总投入 59100 元，股票持有量则扩大至 27027 股，按 1993 年 2 月末每股 60 元的市价计算，收支相抵，净赚 150 多万元。

1987 年花 2000 元买 100 股发展银行股票，之后不抛不炒，揣在衣袋里 6 年之后，就变成了 150 多万元！现在你当然会认为那是股市神话，但在 1992 年前后那些日子里，曾经就是现实。

1992 年人们对于“原始股”已经由早先的毫无认识和怀疑，急转为迷信和崇拜——谁持有原始股，就意味着谁把财神爷抱在了怀里。8 月上旬发行新股的消息一传出，深圳街头就沸腾了，上百万怀揣百元钞票和大把身份证的人，聚集在全市300个发售点，不顾日晒雨淋蚊叮虫咬，眼巴巴地等待一个发财机会的到来。可是他们大多数人没有想到，财神当前，会使一些人利令智昏，营私舞弊就在众目睽睽之下公然登堂，冲突此起彼伏，最后股潮成为股灾。

1991年7月深圳证券交易所挂牌至今，深圳股市可谓波涛汹涌、迂回曲折、跌宕起伏、千姿百态，但是潮起潮落，唯有1992年8月那次大潮，留给人们太多悲喜，铭心刻骨，记忆犹新。本文所记录的就是1992年的大潮以及大潮的前前后后。

二

中国第一家股份公司到底是哪一家？众说不一。资料显示：1982年11月成立的深圳市宝安企业（集团）股份有限公司当获此“殊荣”。但该公司直到1991年6月25日才上市，上市之前只是一家“内部股份制”公司。真正意义上的第一张股票大概是上海的飞乐，1984年11月18日，由上海电声总厂发起成立，经营成套设备，并承包宾馆、影剧院、体育馆音响设施的设计、安装工程，接受个人和集体自愿认购股票并以此筹集奖金的上海飞乐音响公司正式开业，公司公开向社会发行股票1万股，每股50元。这是“文革”结束后中国出现的第一只股票，1986年9月进入市场交易。比深圳1987年5月上市的“0001”号发展银行股票早了8个月。深沪两地几家公司的股票进入交易，拉开了中国股市的序幕，但是在20世纪80年代末，对中国普通老百姓的日常生活并没有造成任何影响。大多数老百姓并不知道股票为何物，知道了也普遍持怀疑态度，因此才有了当初发展银行股票上市需要动员党员干部带头购买，也只完成发行计划49%的“股幽默”。

1988年，发展银行的规模和影响都很小，分支机构少，门面也不大，发展银行股票和它的第一次分红，在我和我的同事、亲友们的脑子里，都没有什么印象。1989年2月，深圳市第二只股票金田上市，社会上开始有一些反响，但反响不大。至6月中旬，人们对股票交易才开始有了一点印象，那点印象也就是，知道有些人用兜子拎着股票在摆卖，劝说人们花1元钱买1张印着股票字样的纸，到了天黑要收摊了，贱卖至8角钱1张，据说还是无人问津。对股票如此不恭，分析起来一是当时收入不高，二是人们对旧社会房契地契印子钱利息这类词语恐惧犹存，难以把自己划入不劳而获者行列。再说，一张纸，遇到风吹草动，说作废就作废的事，也经历得太多了。

这种对股票麻木不仁的状态一直持续到 1989 年 12 月安达股票上市。安达股份制改造之前是一家信誉较好的公司。我在蛇口的同事中，有很多人的亲朋就是安达公司的员工。上市前夕，有人来单位登记：要不要认购一点？居然无一人动心。安达上市当天，销售情况却出人意料的好，眼看就要卖光，这时有在银行负责发售股票的亲属来了电话，说再不买就没有了，仍然没什么人理会，个别头脑机灵的，权衡再三，咬紧牙关以身试股，出手也不大，一般都是三五千试试看。

以 1 元钱 1 股上市的安达股票，一年之后最高涨到 30 元 1 股。当初以三五千元咬牙一试者，个个都可以不费吹灰之力赚它个 10 万、20 万，这是一幅多么诱人的图画！可惜，绝大多数理论上的幸运者都与这图画无缘。安达上市不到五天就涨到 1 元 3 角，这个涨幅在后来可能不足挂齿，可是在当时，却如同公鸡生蛋一样令人感到不正常。很多人口袋里的股票在嘣嘣乱跳了，人也坐不住了。钱当然人人都想赚，但是这样没道理地赚，当时很多人并不习惯。前景莫测，相当一部分持原始股“试试看”者，在“股票理论家”的警告和带动下，抛！急匆匆、美滋滋地赚上了每股 3 角钱。据当事人回忆，即便是最稳得起者，最终稳到 2 元也憋不住了，悉数卖出。只有极少数两耳不闻窗外事的傻瓜，以及因故长时间外出而不知股票在炒作过程中可以完全背离它的销售价值者，才得以让股票静静地锁在抽屉里，稀里糊涂地当上了众人羡慕的大富翁。

1990 年 12 月 1 日，深圳证券交易所开业。在这之前，深圳市面上的股票只有发展、金田、安达、万科以及原野等五只股票，交易场地也屈指可数，而且是非常原始、效率极低的柜台上板竞价方式，以致大量的交易都在场外一手交钱一手交货（俗称黑市），但其来势凶猛的牛气不仅让普通老百姓大面积觉醒（尽管多数人措手不及），也让更多正在酝酿筹划之中的公司如芒在背，大大加快了自身“股份制改造”的步伐（图 1）。

急于寻找出路的民间闲散奖金似乎看到了出路。已经懂得“鸡生蛋、钱生钱”的持币者牢牢记住了两句话：“革命不分先后”和“后来者居上”。

1991 年 4 月，媒体开始发布深圳股价指数。9 月 30 日，收市 45.98 点，

图 1　1990 年时，深交所采用黑板上公布行情的方式

到了 11 月 14 日收市，已经飙升至 136.9 点。市场显然是求大于供，股价犹如鲲鹏展翅，扶摇直上。股民在呼唤新股上市，“原始股”的财神爷地位，在老百姓心目中已经悄然确立（图 2）。

1991 年 11 月 10 日，深圳市为配合 11 家新股上市，在全市各金融网点派发新股认购申请表。所谓派发，即每位市民凭身份证，交上 1 元钱工本费、填上一张申请表，即可争取到 3.6% 的购买新股的机会，市政府为这次“公平竞争”准备了 300 万张申请表。毫无先验的深圳居民算了一笔账：当时全深圳加上流动人口不到 200 万人，刨去没有身份证的未成年人，每人领填 2 张申请表

图 2　1990 年，股票交易大厅开门的一刹那

图 3 1990 年 11 月，第一次认购时，建设银行门口填表的人

都有可能，似乎用不着担心领不到表而提前去通宵排队（图 3）。但是 9 日下午，各金融网点门口还是排起了长队。10 日上午，各网点在公安、保安人员的配合下，三四个小时就派完了申请表。自以为“每人两张都轮得上”的深圳人，仍有相当多的人失望而归，他们低估了深圳以外地域投资者的能量——事后有传媒报道说，起码有 61 麻袋的外地身份证通过邮路进入深圳。

1991 年 11 月的新股申请表派发，虽然没有引起大的骚动，但却是一次争购新股的全社会彩排，彩排唤醒了更多的民众，为 9 个月以后的“8 · 10”股灾、为在这次股灾中担任各种角色的人们提供了方方面面的实战经验。

三

1991 年 11 月领到申请表的幸运者还没来得及举杯庆贺，熊市的阴影已经开始笼罩深圳上空。治理整顿、收缩银根的大气候使人感到 1991 年的冬天分外寒冷。12 月 10 日，深圳股价开始出人意料地下跌，一跌就是四个交易日，第二周，还是大滑坡，节节败退，兵败如山倒。初入股市者慌了，抛！卖出的疯狂一点不比当初买入逊色。长长的队伍一直排到街边，有的人早上 4 点多钟就守在证券部门口，希望自己能够第一个冲到柜台，第一时间将手上的股票卖出去（图 4）。

可是没有人买。

图 4　1991 年，证券公司门外

这时人们才发现，股票可以让你变成富翁，同时也可以让你血本无归，两者都在稍不留神之间。

这年的元旦和春节非常接近，此期间证券部门口却没有了昔日的喧闹。

2 月，邓小平南方谈话，其中谈到了证券市场："证券、股市，这些东西究竟好不好，有没有危险，是不是资本主义独有的东西，社会主义能不能用？允许看，但要坚决地试。看对了，搞一两年，对了，放开；错了，纠正，关了就是了。关也可以快关，也可以慢关，也可以留一点尾巴。"

南方谈话过后，深圳再次成为全国的明星。

3 月 14 日，发展银行通过了 1991 年的分红方案，宣布每两股普通股送一股红股，另派利息 2 角。

3 月 15 日，万科召开第四届股东大会，确定分红方案为 5 股送 1 股红股。

3 月 24 日，深圳市公布了《深圳市股份有限公司暂行规定》，明确规定了法定公积金转增资本，配发新股等一系列问题的若干操作规则。

在众多利好消息刺激下，3 月 25 日，"发展"带头一路上扬，5 月 26 日，深圳股票指数升至 312 点。盘跌了四个多月的深圳股市，终于摆脱了巨熊的纠缠，拉开了新一轮牛市的序幕。

1992 年 8 月 7 日，深圳市人民银行、工商管理局、公安局、监察局发表公告，宣布 1992 年发行国内公众股 5 亿股，发售新股认购抽签表 500 万张，每一张身份证一张抽签表，每人一次最多买 10 张表。然后将在适当时候一次性抽出 50 万张有效中签表，中签率为 10%，每张中签表可以认购本次上市公司发行的股票 1000 股。

在这之前，消息灵通人士之间已经暗中开始了一场身份证搜集大战。一连数天，深圳的特快专递和包裹里，都塞满了一捆捆的身份证。公告发布当天，全市 300 个发售点就开始有人排队。全国各地四面八方的寻梦者急奔深圳，广州至深圳的火车票根本就买不到了，来往于两地间的大小巴士，票价比平时猛涨好几倍，丝毫未能阻止蜂拥而至的人潮。人潮压境，即便早有心理准备的深圳人依然大吃一惊：这一次，决然不同于去年了！

公告预告 8 月 10 日上午开始发售抽签表。8 日一大早，上班的人们已经看到，各个发售点已经排起长长的椅子板凳大阵，板凳们的主人坚定不移要打一场持久战，抢先进入阵地（图 5）。到了晚上，椅凳行列又加入了凉席、折叠床，甚至小木桌。人们抽着烟、聊着天，点着蜡烛、摔开扑克牌“锄大地”，蚊叮虫咬仍然斗志昂扬。熬过一夜之后，工薪族冷水一抹脸再挺着去打卡上班，位置由家里的老人、小孩、保姆上岗守卫。可是现场的阵势却愈演愈烈，一些个体老板开始用汽车把自己公司的民工一拨一拨拉到发售点，宣布：排队跟上班一样，给工资、包吃饭而且再加 10 元钱补贴，到时候谁买到抽签表还另有奖励。也有人干脆就在现场招募民工为自己排队（图 6）。雇佣劳动力进入队列之后，形势变得严峻起来，原有秩序说变就变，满大街人龙摆尾，频频滚动。这时警方已意识到问题的严重，加强警力维持秩序，到后来警力不足，导致边检、武警出动。

图 5　1992 年 8 月 8 日深圳街头，股票发售点前排起的椅子板凳长队

人潮经过整日曝晒，反而

图 6　替人排队的民工

越聚越多，越来越密，每个发售点都是里三层外三层。置身其中，脚臭、汗臭、尿臭无法阻挡，挤在核心的人要想出来透透气方便方便，也须经过千难万险。晚上 9 点，闷罐似的天空撕开几道裂缝，炸雷响过之后，豆大的雨点劈头盖脸淋将下来，人们惊呼着、尖叫着，忙不迭把屁股下垫着的草席、椅凳举过头顶避雨，阵地依然固若金汤（图 7）。阵雨时间不长，老天爷似乎并不想浇透排队人火一般的心肠，只是泼点凉水，让烦闷的头脑稍稍清醒清醒。但是，雨后湿气蒸腾，蚊虫肆虐，人潮核心部位空气愈见浑浊，个别体力不济者已经感到继续撑下去可能会昏倒，甚至搭上性命，虽然知道曙光就在前头，还是万般无奈撤出了坚守数十个小时的阵地。但是绝大多数人矢志不移。他们盘算

图 7　雨中排队的人群

着：再有十几个小时就会天亮，几十年的穷日子都熬过去了，这十几个小时又算得了什么？

四

黑夜褪尽，曙光初露。最难挨的一个夜晚挨过去了，寻梦者终于迎来了8月10日，再有几个小时就要开始发售抽签表，他们已经站在了财神爷的家门口。

满大街都是疲惫不堪的人，到处都是踩烂的板凳片、拖鞋、雨伞、塑料袋、饮料壳（图8）。小贩们一车又一车给人龙运来食品和饮料，价格翻番，依然供不应求。人们从疲惫中重新抖擞精神，准备最后冲刺。但是美梦成空的恐惧却无处不在——到处都是人山人海，谁能确保自己固守的阵地在最后一刻生效？人龙自发登记排号，结绳维持顺序，但是不断被打乱，不断被重新组合。虽然排队的男女已将平日的矜持置之脑后，前胸后背紧贴，一个紧抱一个，彻底解放也彻底尴尬，但是这样的长蛇阵在人海中依然脆弱得可笑，后浪推前浪，稍有波动即面临溃散（图9）。在这关口，警方增派力量把守各发售点的前门后门侧门天窗。警员不够，边检部队、武警部队增援，如此一来，现场有了权威，队列完全由警方安排，进出发售点的通道由警方把守，混乱局面得到一定程度控制（图10）。但同时，也给后来发生的舞弊埋下了伏笔。事后，当人们在议论维持秩序与舞弊现象有无关联时，有这样的议论：人山人海背后，无形的权力只会在关键时刻显现。

图8 8月10日清晨

图 9 前胸贴后背

图 10 边防部队协助维持秩序

预定发售时间前 1 个小时，各发售点聚集的人群如潮水般来回涌动，所有的人都知道，关键的时刻就要到了。人们使出了吃奶的劲，拼命往前挤，临近窗口的地方形成了人潮的旋涡，前排的人十几秒钟前还在后排手里抱着，转眼间就在眼皮底下消失无踪了（图 11）。警察和保安在人海中左按右扑，人群就像风吹麦浪，一时呼啦啦倒向这边，一时呼啦啦倒向那边。那阵仗，真是壮观极了（图 12）。

图 11 “针插不进，水泼不进”

我被这种“史无前例”震撼了。干了十多年的摄影记者，我知道这阵仗不仅前所未有今后也不会再有，我应该记录下来，我必须记录下来。突然，肩膀上被重重地拍了一下，紧接着脖子上的相机背带被几只强有力的大手拽下，“不许照相”！解释没用，出示记者证也没用，跟认识的警官套近乎也没用——“明天你到局办公室来拿相

图 12 300 个发售点之一

机吧”。就在大剧即将进入高潮的关键时刻，和我片刻不离的三台照相机不由分说被“暂时军管”。

专心拍摄照片而无暇考虑自己是否也设法弄上一份抽签表的我一下子蒙了，将要与中国股票史上最悲壮最扣人心弦一幕失之交臂的恐惧，丝毫不亚于队列中任何一个寻梦者对自己被排挤出局的惊恐，我从头到脚变得冰凉。突然，我想起了报社还有一台勃朗尼卡相机，这种 120 型相机虽然不适合抓拍新闻，但此时此刻却无异于救星。我取出勃朗尼卡重新回到人海之中时，发售抽签表时间已经临近了。就近挤进一处发售点，维持秩序的不是警察而是边检部队士兵，他们很配合记者采访拍照，主动让我站在他们汽车顶上俯拍。透过取景框，我看到在邻近发售窗口的旋涡中心，一个浑身被汗水湿透的小伙子正在被清洗出列（图 13）。

我跳下汽车，追到他身边采访，这位专程从江西赶来的寻梦者眼窝里挂着豆大的眼屎，头发尖到脚底全部透湿，被汗水浸得发白起皱的手里，紧紧攥着捆扎得结结实实的身份证和钱，对着我的镜头绝望地喊道：“我排了两天两夜啊……”（图 14）

图 13　被挤出列的排队男子

图 14　“我排了两天两夜啊！”

这幅照片后来获得“1992 人民摄影报杯中国新闻摄影奖大奖”，相关组照获第七届尼康奖摄影比赛特等奖，评论界称其为记录 1992 年深圳股灾的经典之作，被无数传媒广为引用。

五

后来查实，在全市 300 个发售点中，有 95 个点受到群众举报，到 12 月 10 日自查内部截留私买的抽签标的 105399 张。8 月 11 日，大街上的人潮尚未散尽，人们还在祈盼增售抽签表时，我所在单位写字楼里便窜出一些显然不是排队的人，用旅行袋装着抽签表向我们兜售，每份表要价 1700 元（图 15）。

8 月 10 日晚上的事件成了深圳股市当年最大的利空消息。早先普遍认为新股抽签表售出后，势必牵动人气，带出一段上升行情的乐观估计被事实击得粉碎。股灾过后，行情显示屏上尽是一片卖盘。两三个月之中虽然出现过一些反弹，但是股民们的笑容还没来得及收敛，股价又一路跌了下去。进入 11 月，市况更是凄迷悲凉，一举跌破指数 200 点，进逼最后关口 160 点。又一轮熊市降临了（图 16）。

从 20 世纪 80 年代末人们对股票的毫无认识，到今天人人都知道股票，

图 15　风暴过后

图 16　1993 年，漫长的熊市，交易大厅打起了乒乓球

图 17　涨了还是跌了?

1992 年前后的深圳股潮，可以说既是中国人股票观念的大唤起又是大转折。短短八九年间，中国股市的坎坷跌宕大悲大喜令人叹为观止，不少人含泪斩仓告别股市，但明知凶险跃身而入者更多（图 17）。若干年后，回顾深圳股市初期这一段的潮起潮落，亲历者记忆犹新，获利者或套牢者，都有一肚子故事。

真个是，悲欣交集。

2002 年 8 月

匆匆的北商所

廖　一*

20 世纪 80 年代末期，不少不法港台商人在国内开办了期货代理机构，主要是通过欺骗和虚假交易获取非法暴利。主要业务是炒外汇，俗称外盘，乱象丛生。当时在国内有期货交易业务的交易所达 40 多家，还有不少地方在筹建或准备开业。

1992 年 5 月 28 日，物资部和上海市政府合办的上海金属交易所挂牌成立，采用计算机自动撮合交易，当天成交额超过 50 亿元，后来合并改组为上海期货交易所。

1993 年 5 月 28 日，郑州粮食批发市场转为期货交易所，推出标准化期货合约，实现由现货向期货的过渡。

1993 年 3 月，有一帮人入驻了北京亚运村 N 座。这一群来自多个国家部委的老中青结合的精英开始筹划在北京设立期货交易所。

在北京亚运村中心花园西南侧、汇宾大厦的北侧，有一栋不太起眼的四层独立小楼，这栋楼原为亚运会的运动员餐厅，因其西端有一个约 1800 平方米的无柱大厅而被相中了作为北京商品交易所的交易大厅，在 20 世纪 90 年代上半期成为带动亚运村的热点发源地。曾经其一楼还开设过北京石油交易所，不过很快就被整顿关闭了。

1993 年 7 月，北商所发布招聘广告。当时可说是精英云集，中高层管理

* 廖一，北京溪流投资董事长，中央财经大学证券期货研究所顾问。

队伍的人才素质非常高，几位高管分别来自国务院发展研究中心、农村研究中心、国家体改委及财政部、商务部等相关部委，骨干员工很多来自北大、复旦、人大及北京物资学院。这些人中，包括了后来出任大连商品交易所理事长及中国金融交易所监事长的武小强、中国证券业协会会长和银河证券董事长陈共炎、北京市证监局副局长陆倩、嘉实基金董事长赵学军、长城证券董事长黄耀华、太平洋证券总裁廖一、首创证券副总裁左沃生等，相当多的人后来成为证券公司、期货公司、基金公司的高管和骨干。

1993 年 11 月 4 日，国务院发出《关于制止期货市场盲目发展的通知》（通称国发〔1993〕77 号文件），开始对期货市场进行规范整顿，有 15 家交易所被确定为试点交易所，其中包括正在筹建的北商所。可以说，中国的期货市场早期发展经历了一个由乱到治的过程，北商所筹备与当时对市场规范整顿的大背景下，有些生不逢时。

北商所落实了 14 家发起单位，按市场化原则实行现代公司治理，股东中包括北京首创集团等大型公司，实力雄厚，成为支撑北商所快速发展和后来顺利改制的坚实基础。交易所后按中国证监会要求对交易所改制为会员制管理。交易所有会员席位 400 个，当时确定每个席位 40 万元。1993 年 11 月 18 日，北商所举办了开业典礼。参加的人员包括田源、常青、刘晓光、于旭波、刘晓雨等企业家，还有国务院发展研究中心顾问杜岩等老专家。开业时吸收了 270 多家会员。

员工在北商所前台留影

开业的时候，一楼的石油交易所给北商所赠送的礼品是一只落地的大木钟，其实挺大气的，但是交易所领导总觉得有人送钟不太吉利，就把钟藏在楼梯底下扔了。没多久，石油交易所就先倒闭关门了。

北商所当时还有一支高素质的研发队伍，

有的研究员在当时就分析了上海证券交易所的国债期货交易制度的缺陷，从而设计出更合理的交易和结算规则，保障了北商所国债期货交易的正常、平稳，在存续期间未出现风险事件；团队成员中有的至今还在从事证券期货市场的研究工作，如现任一德期货首席经济学家的郭士英，他还曾任太平洋证券研发中心主任。

北商所的培训中心也很火热，因为每个公司的交易员都要通过培训结业后才能进场做红马甲，培训中心经常请来香港的期货专家授课。据称，证监会曾表示有北商所培训证书的可以具备期货从业人员资格，可见交易所培训的专业化水平得到了社会认可。培训中心主任后来留任首创证券，再后来调任中国证券业协会投资者教育与服务部主任。

北商所的结算和风险控制系统非常好，北商所的国债期货交易因为在保证金和涨跌停板制度的合理设计而没有发生交易风险，在上海证券交易所的“327”风险事件导致了国债期货交易暂停的时候，北商所的国债期货超过 600 亿的交易于 1995 年 3 月 24 日实现了顺利平仓，受到行业和当时主管领导的高度认可。目前流传的期货市场十大风险案例中没有一例是北商所的交易风险。

壮观的北商所交易大厅

北商所在筹建之初就非常重视交易系统智能化、电子化的建设，筹建时期就耗时三个半月与清华大学计算机系计算机网络与协议测试实验室合作开发了专用的计算机交易系统，该系统采用当时世界上最先进的分布式程序设计技术，成功解决了多个面向应用的关键技术。

科技进步奖

证书

为表彰在促进科学技术进步工作中做出重大贡献者，特颁发国家科技进步奖证书，以资鼓励。

获奖项目：北京商品交易所计算机交易系统

获奖单位：北京商品交易所有限公司

奖励等级：三等奖

奖励时间：一九九七年十二月

证书号：01-3-017-02

中华人民共和国

国家科学技术委员会主任 宋健

北商所获得科技进步三等奖证书

1995 年 1 月 10 日，经过由国内著名经济专家和计算机专家组成的测试组对该系统全面的测试，认为该计算机交易系统在全部交易过程自动化程度高，运行稳定，系统响应速度快。1995 年 1 月 20 日，项目鉴定委员会一致认为该系统处于当时国际先进水平，后来获得了国家科技进步奖三等奖。当时用上了从美国直接进口的 SUN 服务器，据称当时受巴统协定管理很费周折才进口的，为此，美国大使馆还专门至北商所来考察是否真为民用。

该计算机交易系统在投入运行后的三年内，就完成了总交易额超过 30000 亿元，最高日交易达到 602 亿元，保障了北商所成为我国规模最大综合性商品期货交易所，跻身于国际著名期货交易所之列，为北商所的发展作出了巨大贡献，也可以说，对我国期货市场的健康发展起到了积极推动作用。

北商所因为在北京高起点建设，与证监会的沟通比较方便，证监会期货部的领导经常来交易所考察、指导，张邦辉、姚刚、季向宇等主管领导先后来交易所指导、交流。业界权威专家也经常来考察指导，还有北京物资学院、人民大学、对外经贸大学等院校的学生经常来实习、考察。

北商所初始会员 270 多家，其中金融机构近 70 家，会员成员来自全国 27 个省市，包括了诸多实力雄厚的机构，从北商所走向全国市场。

当时，国家对期货交易监管较严。1994 年初，政府关闭了全部外盘交易，4 月暂停了钢材、煤炭和食粮的期货交易；10 月，暂停了粳米、菜籽油期货交易。1994 年 4 月 28 日，河南省出台了我国第一部地方期货管理法规《河南省期货市场管理条例》。1994 年 5 月 16 日，国务院办公厅批转国务院证券委《关于坚决制止期货市场盲目发展若干意见的请示》(国办〔1994〕69号文件),进一步强调期货市场治理整顿。

为了在这样的环境中发展,北商所成立后先后开设了胶合板、线材、绿豆期货和国债期货合约,先后成为当时火爆的交易品种,刚刚成立的北商所在混乱的市场和高压的政策环境中摸索着、探索着……

1995年2月23日因为上海证券交易所发生国债期货“327”事件,3月证监会首任主席刘鸿儒卸任。5月,上交所又发生“319”国债风波;5月17日,证监会暂停国债期货交易;5月19日,上海万国证券总经理管金生被逮捕;9月,上海证券交易所总经理尉文渊辞职。可以说,这是中国期货市场发展过程中的巨大震荡和风波,甚至扭转了中国期货市场的发展方向。从某个角度说,期货市场的发展也是从无序到有序、从乱到治的过程。根据数据统计,1995年全国期货交易额(单边)超过5万亿元,而2000年降为0.8万亿元,直至2003年才又重新创下5.4万亿元的新纪录。

1995年下半年,北商所派出了10多人的工作组托管了长春联合商品交易所。1996年6月19日,中国证监会批复同意长春联合商品交易所并入北商所,全国的期货交易所变为14家。

1996年上半年,北商所的交易量位居国内前列。

在交易所红火和高峰时期,带动了整个亚运村地区的火爆,刺激了附近商圈的高消费。在亚运村国际会议中心里的鱼翅海鲜酒家、附近的道乐日式料理、小康乐游泳桑拿等也都随之生意兴隆,有个老人家就靠着给交易员送午餐而发家了。

曾经有一段时间,我们天天根据交易所的交易量测算交易所可得的手续费收入,连续多日超过100万元,突破200万元,带动交易所的员工士气高涨,员工当时的工资待遇也较高,人人都有自豪感。交易所还给干部员工都买了楼分了房。

由于交易所发展得非常快,内部管理跟不上的环节越来越多,内部矛盾和问题积累也越来越多,主要是对外投资方向和财务管理上暴露出分歧和矛盾,最终在国家的清理整顿中未能保留下来,与其他10家交易所在全国的市场整顿中被改组重整为证券公司,北商所的部分员工在1998年前后分批筹建了首创证券。

1998 年 8 月 1 日，国务院发布《关于进一步整顿和规范期货市场的通知》(国发〔1998〕27 号)，将核批的 14 家期货交易所最后清理规范为大连、郑州、上海 3 家期货交易所。北商所按文件规定关闭、停业，转制设立首创证券公司。1998 年 11 月 12 日，中国证监会对北京市政府以证监会证监期字〔1998〕23 号文《关于北京商品交易所改组方案的批复》，文件根据《国务院关于进一步整顿和规范期货市场的通知》(国发〔1998〕27 号)精神，具体批复如下：

一、将北京商品交易所改组为证券经纪公司，原有的债权债务由改组后的法人承继。

二、北京商品交易所成立筹备工作小组，具体负责改组的各项工作，筹备方案须经你市证券监管部门初审，初审合格后报证监会审批。

三、要认真做好清产核资和会员资金清退工作，并采取有效措施平稳结束期货交易，妥善处理交易所改组前后的各项事宜，确保平稳过渡。

此后，北商所的主要工作就是安排相关的清算关闭事宜。1999 年 11 月，证监会批复了改组的基本方案，清退会员席位费。至此，北商所从设立到高峰到闭幕仅只 6 年，很多人的青春岁月和理想都留在那里，此后只能从幕后走向新的舞台。

北商所是个大平台。北商所的管理团队中，原总裁武小强后出任大连商品交易所理事长、中国金融交易所监事长；原常务副总裁陈共炎后出任中国证券业协会会长、银河证券董事长；原企划部总经理黄耀华后出任长城证券总裁和董事长，原会员部主任和培训中心主任廖一后出任太平洋证券总裁；原研发部赵学军后出任嘉实基金总经理和董事长；原研发部郭士英后出任一德期货首席经济学家。

北商所的会员单位中，有很多人通过参与北商所的期货交易和投资而后成为所在机构的高管，也有人创立了自己的事业平台。如中粮期货的二任总经理吕军和于旭波先后成为中粮集团董事长和总裁(于旭波后调任中国通用技术集团董事长、党组书记)，原人保期货总经理姜培兴后来成为阳光基金总经理、中德证券 CEO，当时从人大研究生刚毕业就参与在北商所做交易员的王旻后来参加公考进了证监会风险办，后出任了河北证监局局长、中国证券业协会副会长，原中农信期货部交易员青松后出任安信证券副总裁，交易员任学良后出任中国民主建国会北京市委会常务副主委……交易所的会员单位后来操作收购了昆百大、洛阳钼业等上市公司，开发建设了北京大红门的百荣世贸商城，等等。

廖一近照

可以说，很多人后来在金融投资领域非常活跃，有的做出了出色的业绩。

我在北商所工作期间，因为工作分工和主管领导的安排，先后参与了绿豆、胶合板的交易风险处置，协助经纪公司老总与交易所领导洽谈风险处置事项。在“327”风波之前，我先后接待中经开、涌金期货来交易所与领导洽谈交易。

回顾起来，1993—1999 年的北商所的工作期间，我先后负责管理过会员处、会员管理中心、培训中心，还兼任过交易所下属公司总经理，参与交易所的对外投资事宜及相关规划和筹备。这一段经历，是我从事金融投资经历中难得的、宝贵的经历，对于我也是极大的锻炼和培养。其中，1995 年还曾参与筹备与中华全国供销总社合作推出农副产品电子商务平台，现在看来，在当时是很有前瞻意识的，只是起了大早但没执行落实误了机会……

我在北商所关闭后先到天津从事风险投资，后到上海和深圳参与了跟德隆集团合作的股权投资与并购，参与了对传媒、医院、汽车、非银行金融机构的并购投资洽谈。2003 年受明天系邀请参与收购云南证券公司，通过风险处置后改组设立太平洋证券公司，出任总裁，操作了新股东增资后于 2007 年底上市。2007 年曾联络洽谈对常青先生的金鹏期货的收购。2010 年我开始创立自己的股权投资平台，由 PE 到产业基金到政府基金，走上一条前途光明但道路曲折的创业征程。

发展中国资本市场：一场静悄悄的革命*

陈浩武**

尽管中国供应约束时代已经结束，但仍然是一个争夺资源的时代。现在对资源的争夺主要集中于资本市场对货币的争夺。在资本市场中的资源争夺遵循着“洼地效应”，价格信号、利润信号引导着资源的流向。

大家可以看到，社会经济生活已进入一个争夺资源的时代，现在到处都在争夺资源。中央和地方之间也在争夺资源，税制改革就是通过分税制把国家与地方的关系强化。我最近看到一份资料，去年我国的税收完成情况良好，整个工商税超过了 1100 亿元。地税除了南方的一些省市和上海外，其他省市的完成情况不太好。中央和地方争夺资源方式是税收，中央税、地方税、中央和地方共享税。同时，省与省之间在争夺资源；省和地市之间在争夺资源；地市和地市之间在争夺资源；县和县之间在争夺资源；内地和香港之间在争夺资源；亚洲与中国大陆之间在争夺资源……到处都在争夺资源，形成了一场争夺资源的大战。这种资源争夺的最高形态就是对货币的争夺，因为货币是可以媒介一切商品的等价物，争到了货币就争到了一切资源。刚才我讲过，中国进入一个供应约束结束的时代，很少有用钱买不到的商品。争夺这种货币资源的方式是什么？我们的面前有一个锅，每个人都可以拿瓢舀一瓢，这个锅就是 4 万多亿元的储蓄存款。4 万亿的储蓄怎么才能拿得到呢？通过资本市场。

我上次跟中国证监会副主席陈耀先同志说，中国唯有一样东西是紧缺的。

---

* 根据 1998 年 2 月 24 日作者在黑龙江省资本运营研讨会上的讲话整理。

** 陈浩武，石门坎教育公益基金会理事长，中央财经大学证券期货研究所顾问。

1998 年，作者与时任中国证监会党组书记、常务副主席陈耀先（右）交谈

他问是什么？我说是上市公司指标。拿到了上市公司指标，就意味着可以在 4 万亿的储蓄存款里舀一瓢。全国 700 多家上市公司中，黑龙江有 18 家，占 2.4%；黑龙江的国土面积有 47 万平方公里，是湖北省的 3 倍；人口有 3000 多万，是湖北省的一半多一点，湖北省有 6000 多万人口，人口密度比黑龙江大得多。在全国 1000 家大中型企业、512 家大型企业集团当中，黑龙江占了 49 家，而上市的只有 6 家，应该说步伐是不快的，其他省份 512 家中没有上市的不多了，但黑龙江还有很大一部分。300 亿额度发行，如果按单个额度可发行 6 元计算，就是 1800 亿元，如果黑龙江拿到 1 个亿的额度，就等于拿到 6 个亿的资金。拿到 10 个亿的额度，就等于拿到 60 亿的资金。在 4 万亿的大锅里舀一瓢，就靠分配的额度。争夺这种资源，关键就是拿到上市公司指标。这个指标怎么拿到？就是把黑龙江省的企业拿来包装，让现在的存量资本转化成一种流动资产。我们现在 700 多家上市公司，共筹集了 2295 亿人民币的资金，这就是从 4 万亿的大锅里面舀来的。所以，现在的关键就是争夺资源。举个例子，黑龙江有个企业叫龙丹集团，是生产奶粉的。在我国生产奶粉的大企业中，河北有一家、内蒙古有一家、黑龙江有一家，这三家企业占了市场份额很重要的一部分。这三家企业争夺的是什么？是上市指标。谁先拿到上市指标，谁就能占领更多的市场份额，谁能占领更多的市场份额，谁就能创造更多的税收、更多的就业机会、更多的财政收入。同样地，黑龙江省的森林工业、石油工业、制糖工业，谁能先成为上市公司，谁就能争夺到货币资源，地方的

1997 年，在上海证券交易所新址落成仪式上，作者与时任中国工商银行行长张肖女士合影

经济就能得到较快发展。地方经济的不平衡是绝对的，争夺资源也是绝对的。靠跑北京，找财政部要钱，这条路已断了。靠银行，到各个总行要钱，现在这种体制下也没有了。剩下对资源的争夺主要就集中在资本市场，拼的不是关系，是实力。

在研究资源的争夺时，我们发现有一个“洼地效应”。什么是“洼地效应”？还是以龙丹等三家奶粉企业为例，如果龙丹每股净资产、净收益是最好的，那么货币将从其他地方流到龙丹。这就是“洼地效应”，即货币是在价格信号、利润信号引导下自由流动的。这是资本市场的特点。为什么深圳和上海能很快发展起来？最根本的原因在于改革开放后的货币流动。上海以前跟我们湖北一样，都是银行切块规模。无非上海要了 100 亿，黑龙江要了 70 亿，湖北要了 80 亿，差距仅此而已。但自从上海和深圳有了交易所以后，就不是 100 亿的贷款规模了。上交所最高规模的时候，一个星期调进 2400 亿的资金。深圳也是如此。所以，开放资本市场，扩大资本营运，改造国有企业，推动产权制度的改革已是一个迫在眉睫的任务。这个道理适合人才、货币，适合所有的资源。如果把世界作为中国的“蓄水池”的时候，我们就可以看到建立资本市场的意义，如果把中国作为黑龙江的“蓄水池”的时候，就可以看出黑龙江开放资本市场的意义。

中国的许多社会问题都集中在国有企业中，解决这些问题的关键在于深化国有企业改革。国企改革的核心是“抓大放小”。在这个问题上，波兰通过资本市场推动企业改革的经验值得借鉴。

国有企业改革已是我们社会矛盾的主导方向。为什么这么说呢？大家知道，我们从 1993 年开始的调整，实际上是从压缩通胀、压缩货币供应开始的。

这个调整时期的一个重大变化，是把通胀率控制在 6%，M0 增长控制在 17% 左右。这个目标已经实现了，我们现在正处在一个低通胀时期，人民币币值稳定。人民币的坚挺不仅于中国有意义，于亚洲有意义，甚至对世界都有意义。东南亚危机后，人民币仍然坚挺，大大提高了中国在整个国际经济生活中的地位。中国政府对维持人民币汇率稳定是有信心的。但所有事物都有两面性。我们在维持人民币坚挺、人民币稳定的同时，也付出了沉重的代价。这个代价就是高失业率。经济学中有一个很重要的图表叫“菲利普斯曲线”，这个曲线表明，通胀率高的时候，失业率就很低，但当曲线往下走，通胀率降低时，失业率就上升。所以，我们现在就面临这样一个问题，应在菲利普斯曲线上找到一个既能充分就业，又能维持低通胀率的点。我们把通胀率控制在 6% 以下，所付出的沉重代价是城镇失业人口有 1300 万，城镇失业率在 6%—7%，这是新中国成立 50 年以来的最高水平，这还不包括农村，不包括大量被土地排斥的农民工。如果加上农业失业人口，这个数字非常大。企业的发展，是一个资本深化的过程，不是增加劳动力的过程，而是排斥劳动力的过程，是资本有机构成的提高。

现在，中国提出要“抓大放小”。我觉得我们现在“抓大放小”应该有一些办法。有一种做法叫“拉郎配”，我觉得“抓大”就是要搞“拉郎配”，特别是政府在解决国有大型企业的问题上，唯一的办法就是搞“拉郎配”，因为我觉得没有比“拉郎配”更好的办法。现在的问题是：谁来做“拉郎配”？只能是政府。当然，政府能不能按照规律来“拉郎配”，这是值得研究的。当政府是整个资本市场的主导力量的时候，“抓大”应该是“拉郎配”。我们应该提出一个鲜明的口号：“放小”就是民营化，“抓大”就是“拉郎配”。在“放小”的问题上不能遮遮掩掩，犹抱琵琶半遮面。在解决“放小”的问题上，就是要加快民营化步伐，真正解决问题的核心就在于此。把民营企业作为增加就业的一个相当重要的渠道。就业应从现在的安排为主，真正地转向市场就业为主。现在有人提出，为什么国有企业不景气，而我们的税收又大幅增加？其实这个问题是很好回答的，就是因为我们的“三资”企业、民营企业的生产情况是非常好的。而真正不好的是国有企业，整个税源已经发生了很大的变化。

我想给大家介绍一下波兰。我随国家体改委考察了波兰国有企业的改革。波兰推行的改革与中国不一样，中国的改革是渐进式的，波兰推行的是“休克

1994 年，作者（右一）在美国纽约华尔街证券交易所，当天上海石化在纽交所上市

疗法”，波兰主要通过出卖股权的方式在进行改革。很巧的是，它的大型企业也是 512 家。它是把 512 家的股权作为 100，剖细，其中有 25% 是政府持有的，有 17% 是分给企业老百姓的，剩下的全部打包给基金管理公司，由基金管理公司来运作这一部分股权。这些基金管理公司都是由世界级的大证券公司来重新组建的、真正股份制的、具有资本营运功能的金融机构，这样的公司共组建了 15 家，由波兰人开办的很少，基本上是由英国、美国、澳大利亚、法国这些投资银行业务非常发达的国家来组建的，并向世界招聘优秀的经纪人。这些基金公司主要做的工作就是重组，寻找战略投资家，但他们不在波兰的领土上进行重组，主要是面对美国和欧洲市场。我在波兰的时候，考察了三家基金公司和一些企业，其中有一个造纸厂，有 40 年的历史，生产的产品曾一度卖不出去。造纸厂的基金管理公司经理是从英国留学回来的，在国际上有很多资源，他就把它 51% 的股权卖给在斯堪的纳维亚半岛的一个国际造纸公司，然后由这个国际造纸公司投入大量的现金，完成对波兰那个造纸厂的改造，产品升级换代了，销售问题也解决了。就是这样，通过分割股权、拍卖股权、资产重组的方式，将国有企业一家一家地改造。这给予我们最有借鉴意义的是，波兰真正起用了世界上一些优秀的投资银行家，这些人带来了广大的市场。所

以我们的政府也可以考虑通过一些优秀的投资银行家，来帮助解决国有企业的资产重组问题。

发展资本市场需要有一批职业企业家充当资本市场的牧羊人。但在中国，产权关系的模糊，对商业精神的鄙视，使得企业家公务员化或公务员企业家化，企业家精神难以成长。发展资本市场，我们首先应尊重企业家，培养企业家精神，以市场机制来为企业家的才能定价。

我不知道今天是不是来了很多企业的厂长和经理，我觉得我们现在要大声地疾呼——尊重企业家精神。道理很简单。在革命战争年代，军事家、优秀的将领非常重要。而在改革年代，最稀缺的资源是企业家。把一个企业办成真正的企业，能够向政府提供税收，向民众提供就业机会，给职工提供很好的福利，给社会提供很好的产品，这样的企业家在中国是最稀缺的人才。

我们现在最大的问题就是企业家公务员化，力图把企业家改造为公务员。中国人历来认为，“普天之下，莫非王土；率土之滨，莫非王臣”。所有的东西都没有产权概念，企业家和公务员的概念混淆就是这个原因。在西方，公务员和企业家的界限是非常明显的，企业家是纳税人，公务员是受雇于纳税人的。马克思说：“一个最好的政府不是廉洁的政府，而是廉价的政府。”什么是最廉价？就是花钱少，效率高，这样才是好政府。如果他纳税，他就是一个好人。税收是维护国家机器的最重要手段，税收是使整个国家机器得以良好运行的最重要的润滑剂，没有税收就没有其他一切。在这种情况下，如果说某个企业能够凭借它良好的商品，良好的服务，占领市场份额，提供就业机会，提供社会产品，且照章纳税的话，那么这样的企业家应该得到政府的尊重，而且应该尊重这种企业家精神。100 个都在生产矿泉水的企业家中，可能只有五个是成功的。为什么？因为只有这五个人相对来说对市场比较敏感，具有较好的经营能力。曾经有人做过一个统计，1990 年以后下海的知识分子真正能够成功的只有 2%，98% 都失败了。这就说明一个问题，并不是所有的人都能够成功地经商。

商业是有商业精神的。中国传统文化几千年来都是“重农轻商”，一些涉及经济学的论述，像《论贵粟疏》《盐铁论》《货殖列传》等都有如此倾向。古代的文学中只要涉及商业，都是一种鄙视的态度。白居易的《琵琶行》，“浔阳江头夜送客”，写一个独自弹琴的女子，她悲伤是由于“商人重利轻别离，前月浮梁买茶去”。中国的传统文化是一种轻商文化，中国人认为“无商不奸”，这些观念都是非常陈腐的。现代化的商品经济所需要的企业精神、商业精神绝对不应是那样。我们现在营造尊重企业家精神的环境非常不够，企业家的劳动创造得不到合理的承认。

我前些时看一份内参，写的是云南红塔集团的褚时健，这事中纪委作为一个大案来抓，会有定论的。但这份内参却从另外一个角度提出一个问题，对于能把一个名不见经传的小厂发展成一个年利税 200 亿元的企业的褚时健，奖励 5 万元是否太少了呢？他每年提供的税收是 200 多亿元啊。褚时健是什么时候犯的错误呢？是新的厂长要调来之时，经济学中的“59 岁现象”。他知道自己时间不长，就开始动手。但是记者也提出一个问题：把一个企业家的良心每天都放在巨大的利益面前来煎熬，这是很痛苦的一件事啊。他每天都在为国家创造大量税收，但政府只奖励了他 5 万元。很显然，在这里，企业家的劳动创造得不到承认。

我曾到美林证券公司考察，他的总裁的工资加上分红每年是 9000 多万美元。当然中国不可能出现这种情况，两者所有制不一样。我们现在很多关系没有理顺，其中之一就是企业家公务员化。也许有人会说“你本来就是公务员派过去的嘛”“你是某某处长、某某厅长派过去的，你本来就是公务员，我当然要以公务员的要求来要求你”。乍一听也有道理，但是很明显，这里就排斥了一种企业家精神。是不是每个人都有经商能力，是不是每个人都能给社会提供就业机会，是不是每个人都能够为社会提供产品，是不是每个人都能为国家提供税收？不见得。经营才能如同战争时期的将军一样，对社会而言是可贵的，就该得到承认。没有对企业家精神的承认，就没有企业，也就谈不上资本市场。理顺国家和企业的关系，承认企业家的劳动，尊重企业家的精神，为企业家的成长创造良好的外部环境，应该是政府现在需要大力去做的事情，这绝对不是和资本市场无关，而是密切相关。企业通过资本市场筹集资金与原来通过国家信贷、财政拨款的方式筹集资金不同，前者实际上是一个寻找“资本牧羊人”的过程，是一个充分遴选和淘汰“资本牧羊人”的过程。只有优秀的牧羊人才能把羊养肥，而不优秀的牧羊人会把羊养瘦，甚至让羊被狼吃光。所以，我认为，建立资本市场的关键是培养、造就，直至形成一支职业企业家队伍，一个优秀的“资本牧羊人”群体。

1995 年，作者与美国美林证券公司董事长托尼先生（右一）在北京会谈

资本市场的生命力在于高科技产业的发展，因此，政府应该重视高新技术产业的重组和上市工作，主动利用资本市场推动高科技产业的发展，并以此促进经济增长。

我觉得黑龙江省政府在组织未来资本运营中，要重视高新科技产业的重组和上市方面的工作。大家知道，美国最近股市行情一直持续上扬，屡创新高，多次破了 8100 点、8200 点、8300 点。为什么走势这么强劲，并且美元也这么坚挺？一个相当重要的原因就是，克林顿政府抓了一个非常重要的产业——信息高速公路，所以美国保持了长达 84 个月的经济增长，这种“低通胀、高增长”的经济运行态势在美国历史上是非常少有的。为什么现在克林顿敢耀武扬威地对伊拉克动武？因为他国内的经济非常好；为什么这么多“桃色新闻”打不垮他？就是因为民众支持他，觉得这种“桃色新闻”对于 84 个月的经济增长来讲是小事一桩。美国经济高速增长主要得益于高科技的增长，我看哈尔滨还有很多属于这类题材的公司，如哈尔滨高新技术等。

未来的市场是个了不得的市场。前天一个朋友跟我讲，美国目前在争夺中国的一种资源——基因。美国现在高科技的发展主要体现在生物工程领域、生命科学领域，例如克隆技术。美国正从基因角度来研究医学问题，如果你患了哮喘，你的毛病可能并不出在喉咙、呼吸道，而是你的细胞的基因有问题。美国正在研究一种药物，把人的细胞中导致哮喘的基因的缺陷提取出来。中国是一个人口大国，很少流动，几乎不与外民族通婚，保持着稳定的“家系”，有缺陷的基因经过遗传而散布在“家系”成员中间。据说美国人曾千方百计地来到中国寻找这类“家系”，去年在沈阳就提走了 11 万人的血清血样，这个领域可赚的钱真可以说是无限的。当我们现在还在研究青霉素、链霉素的问题的时候，别人就已经跳到基因工程、生物工程上去了。所以我觉得黑龙江省应该以发展高新技术产业来推动资本运营。哈尔滨的大学、科研机构很多，高素质人才、科技专家的数量也相当多，应该注重利用资本市场去推动高科技产业的发展，利用高科技产业的发展，促进地方经济的发展。

资本市场和商业精神

陈浩武

一、追寻企业文化根源　塑造湖证商业精神*

在公司发展的过程当中，很有必要经常从思想上做一些反省工作，做一些检讨工作，这本身就是一种自我提高的过程。领导班子提出了开读书会，大家在黄山读书会听课的过程中，思考了很多问题。我也想重点说三个问题，第一个问题是，为什么我们要在发展的过程中组织读书会，什么理由，基于什么背景？第二个问题是，通过学习和研究徽商、晋商要达到什么目的，现实的借鉴意义何在？第三个问题是，我们应该怎么办？

在社会全面改革发展、人民生活质量不断提高的今天，人们的精神需求被重新唤起，表现为一种寻找精神资源的倾向。同时，面临的种种问题，也使我们深深地意识到，必须找到一种精神上的支柱，找到一种信仰，找到一种能够支撑和规范我们行为的东西。这就是我们来黄山读书的基本目的。

公司成立六年来，一直在提倡一种人文精神。公司的发展在相当程度上得益于这种人文精神的提倡。我有一种很强烈的感觉，我们这些所谓下海经商的人，在自觉或不自觉地做一件工作，这件工作就是寻找一种精神资源。推而广之，我觉得整个社会都有一种寻找精神资源的倾向。我们在这个时代这么强烈

* 根据 1997 年 7 月 1 日作者在湖北证券公司黄山读书会上的讲话内容整理。

1991 年 3 月 18 日，湖北证券公司在武汉成立，作者在成立会上致辞

地寻找精神资源，仔细分析一下，这确实是有道理、符合逻辑的行为。

中国文化发展到今天，当中出现了很多波折。我觉得，经过“文化大革命”，中国出现了文化中断的现象。我们这一代人是亲身经历过“文化大革命”的，“文化大革命”是从哪里开始的呢？就是从文化开始的。虽然是搞武斗，但是题目叫“文化大革命”，首先表现为比较系统地批判了中国的传统文化。那时候，所有历史的东西都是反动的，所有历史的东西都是落后的。这样，所谓“文化大革命”的指导思想是历史虚无主义，实际上就成了对文化的一场浩劫。“文化大革命”结束以后，我们才发现已经陷于文化的沙漠。同时我们也发现自己没有思想支柱了，我们这个民族没有精神支柱了。这种精神支柱的折断、精神信仰的崩溃确实导致了很多人没有理想、没有文化、没有道德观念。我觉得中国要花很多年才能慢慢地医治好这种精神上的创伤。这实际上是我们中华民族的一个最大的悲剧。

这就回到我刚才讲的问题上来了，为什么我们的社会会出现一种寻找精神资源的倾向呢？其原因就是在社会全面改革发展、人民生活质量不断提高的今天，人们的精神需求被重新唤起。我们发现，必须找到一种精神上的支柱，找到一种信仰，找到一种能够支撑和规范我们行为的东西。从哪里去寻找呢？非常简单，中国有五千年的文化，有从姜太公到董仲舒并且一直延续下来的文化传统。人们很自然地从这里面去寻找精神资源。其实，教授们讲徽商也好，晋商也好，仔细地剖析一下的话，核心问题是历代成功的商人对精神资源的需求，以及这些精神资源转过来如何支撑他们的商业活动。换言之，就是成功的商人是怎样运用成功的文化，来滋润和支撑他们的商业实践。历史就是这么相似，我们这些人到黄山来，也是要寻找一种东西支撑我们的行为、规范我们的行为。

我推荐大家看余英时先生的《士与中国文化》，余英时先生是普林斯顿大学的教授，在研究儒家文化方面很有造诣。余英时先生在《士与中国文化》里，分析了为什么中国商人要在传统文化和传统道德观里面寻找一种精神资源来支撑其商业活动，并且把它当作一件非常严肃的事情。联系到我们公司，如果用自我批评的观点来看，我们所说的企业文化，开始提出时实际上是非常模糊的，仅停留在修身这样一个层次。我记得公司第一次开会的情景，那个时候我们只有几个人，在人民银行办公室里，那天把所有的事情讲完了以后，我说了一段话："你们如果犯了其他的错误，我会为你们承担责任的，我会保你们的，但是如果你们犯了贪污、盗窃、获取不义之财这种错误，我是坚决不保你们的。"这一段话，应该说当初在场的同志印象还是比较深的。那个时候是一种非常朴素的感觉，是从人的情操和品德这个角度提出问题的。可以说，我们是在公司的发展过程中，逐步形成一些有文化内涵的理念，并开始有意识地加以总结和提炼，使之系统化。我们还逐渐感觉到，公司的文化理念，其根基与中国的传统文化一脉相承，比如说，我们提出的"人与资本"这个公司理念，我们提倡的"追求卓越"的企业精神，如果剥去外表，裸露的正是儒家文化的核心。我们知道，在儒家和道家这两种文化当中，道家是"出世"的文化，追求仙风道骨，追求在山林中隐姓埋名做隐士的生活。但是儒家文化刚好相反，它是一种"入世"的文化，它提出知识分子的责任就是改造社会。因为要改造社会，才提出了知识分子的精神修养。你要去改造别人，所以你自己必须是一个高尚的人，修身齐家、治国平天下是儒家文化的核心内涵。首先是修身，以天下为己任，你说孙中山身上体现的是什么文化？我看就是儒家文化，因为他以天下为公，他有着造福天下的博大胸怀和抱负。毛泽东身上体现的是什么文化？毛泽东提出为人民服务，提出学习张思德，提倡白求恩同志那种高尚的精神，号召大家做一个高尚的人，一个对人民有益的人。这就是一种入世的文化，就是一种儒家文化。

我把公司文化形成的过程给大家讲一讲。目的是要说明，湖北证券公司在发展的过程中，已经开始有意识地寻找一种精神资源，并希望这种精神资源能够支持我们的商业活动，能够支持我们对市场的开拓以及对公司的管理，同时也希望这种精神资源能够对我们每个员工起到道德上的约束的作用，并激发他的热情，激发他的社会责任感，使他对市场建设有抱负，对公司的发展，乃至社会的发展和社会的进步有责任感，这实际上也是我们上黄山读书的基本动机。

1998 年，李锐先生为湖北证券公司题字

除此之外，公司自身发展中所出现的问题，以及我们所面临的基本形势和宏观环境，也要求我们相对沉下心来，认真地思考与研究一些问题。这也是我们组织这次读书活动的初衷之一。那么，究竟我们面临哪些问题呢？

第一点，我觉得公司发展到今天，的确取得了很大的成绩，并且这些成绩不是别人恩赐给我们的，是我们用自己的双手去创造去奋斗得来的。这是令人非常欣慰的。昨天晚上，陈继朝对我说，我们的总资产已经达到 38 个亿。从六年前 1000 万资本到现在的 38 个亿总资产，增加了 380 倍，这当然是非常了不起的。而且湖北证券公司已经跻身全国十大券商的行列。我估计 8 月可能又是我们一级市场上市挂牌的高峰，八九月又有一批由我们操作的公司即将上市，到那个时候再回过头来看看我们在市场的排名，我觉得应该会是令人振奋的。

但是，发展到这一步以后，新的问题又出来了，我在考虑，进入了前十名以后，我们过去的后进优势开始丧失了。湖北证券公司发展到现在，这种后进优势正在消失，就是说，靠模仿与借鉴别人已经不行了。你已经被推到了先进的行列，要由你到前面做开创性的工作、探索性的工作了。如果说湖北证券公司进入了十大券商之列以后，仍然跟在别人后面，整天去模仿别人、借鉴别人，就跟你的身份不相称了。这种后进优势的消失，对于我们实际上是一种挑战，逼着你必须不断地去开拓，为别人示范。所以，我们现在是越往前走，开拓市场的任务就越艰巨。

第二点，300 亿的股票发行可能会对中国资本市场的变化产生巨大的催化作用，对此，我们要有精神准备。300 亿的发行结束以后，估计上市公司将会达到 1300 家到 1400 家左右，接近东京证券交易所现在的上市规模。中国的股民数量、交易席位、营业机构都将发生重大的变化。比如，从发行市场来讲，如果我们将来有 1000 多家上市公司，股票的发行还会不会出现像现在这样上百倍的超额认购的情况？我看这要打一个很大的问号。我这次到日本考察，就很奇怪，他们怎么没有讲到投资银行业务？日本的公司是怎么去做上市的呢？我们几次提到这个问题，他们都没有谈到投资银行里面去。原来，他们的股票发行都是上门推销的，所以他们对客户来说，买新股和代理是一样的意义，都是经纪人。中国将来会不会出现这样的情况呢？像现在这种营业机构多如米铺、营业网点人头攒动的局面以后还会不会存在呢？我看要打一个很大的问号。我断定这种局面最终是要消亡的。再好比说股市本身，我估计 300 亿上市以后，中国股市的市价将会发生很大的变化。不知道大家研究过香港股市没有。香港到去年年底，有 540 多家上市公司，一块钱以下的股票 80 多只，两块钱以下的股票 90 多只，十块钱以下的股票 100 多只，但是也有一批股票市价 150 多港币、200 多港币，例如汇丰银行现在股价是 200 多港币。香港的股票之间市价的差距拉得非常之大，不像我们哗一下子消灭了 10 块钱以下的股票，又哗一下子消灭了 20 块钱以下的股票。我估计 300 亿的股票发行完了以后，我们的股票的股价可能会拉开。拉开意味着什么呢？意味着我们的投资银行业务会面临很大的挑战。如果你承销的企业发生了很大的问题，股票是很难推销出去的。另外，股价的拉开，对我们的投资业务、资产管理业务和经纪业务也会提出很多新的问题。

另外，300 亿的发行结束以后，我估计中国的券商在市场上的定位就基本上完成了，中国的券商在中国资本市场上的地位、功能、规模的定位基本上完成了，将会进入一个稳定发展的时期。现在是春秋战国，天下大乱。但是等这个阶段过去以后，你这个公司大体占有多少份额，在 97 家公司中占有什么地位，你是经纪型的公司、全能型的公司，还是以投资银行为主体的公司就基本上确定了。想再发生很大的变化，这种可能性有没有呢？有，但是可能性减小。因此作为中国的一家券商，湖北证券公司在竞争非常激烈的这个过程之中很好地确定自己的定位，是一个非常现实、非常紧迫的问题。

第三点，十五大的召开，将会对整个政治经济生活产生巨大的影响，其中首当其冲的应该是中国的资本市场。在这次会上给大家发了厉有为同志的文章，请大家看一看。厉有为的这篇文章说明了什么问题呢？在改革开放的前沿，当相当一部分人已经财产化了以后，实际上形成了一种很大的利益集团。厉有为所讲的绝对不仅仅是他个人的一种意见，反映的是财产化了的阶级在政治上、经济上、社会地位上的一种需求、一种声音。微风细雨，青蘋之末。现在虽然这种声音很弱小，还受到批评和围攻，但是，它所反映的阶级的成长、政治力量的较量，可不是一般的问题。在中国提倡一部分人先富起来意味着什么？就意味着贫富差别是合理的。先富起来了的一部分人，掌握了资本，而资本是可以创造价值的。大家知道，马克思的资本论所揭示的就是资本在运动过程中创造剩余价值，这是其核心。让一部分人先富起来就意味着按照资本来分配财富，而不是按人头来分配财富。所谓的公平就发生了重大的倾斜。《公司法》的出台意味着把投资人的利益看成是至高无上的。谁是投资人？路边的乞丐、无产者肯定不是投资人，投资人就是有产者。保护投资人的利益就是保护有产者的利益。按照股份来决定投票就意味着按资本来分配权利，而不是按人头来分配权利。股票的存在说明什么？说明投资者可以通过资本去获得新的财富。按股权来举手发言意味着什么？就意味着按照资本来分配权利。所以厉有为的这篇文章的重要性就在于它已经开始从理论的角度传达一个阶层的声音，这个阶层已经不甘心仅仅做富翁或富婆，它要参与国家和社会的政治经济生活中，它要发言。

江泽民同志 5 月 29 日在中央党校的讲话，是对高级干部的讲话，实际正在传达这样一种信息：股份制没有阶级性，它只是一种所有制形式，它不存在姓“资”或是姓“社”的问题，它是我们都可以借鉴的一种中性的所有制形式，而且在当前，它是解决我们国家现实问题的一种比较好的方法和一种重要的途径。现在大家都认为 5 月 29 日的这个讲话实际上就是十五大的基调报告。我想如果十五大能够从所有制的角度来高度地肯定股份制这种经济形式的话，将是非常了不起的一件事情。

我们现在看电影《鸦片战争》、看收回香港，很自然地会联想到中国的近代史。从 1919 年到 1949 年花了 30 年时间完成了新民主主义革命，从 1949

年到 1979 年花了 30 年时间完成了社会主义革命，那么从 1979 年到 2009 年这 30 年我们将做什么呢？这个 30 年要完成市场经济的革命。这个 30 年当中前 15 年我们是在建立一种市场架构，引进一种市场经济体制，改造传统计划经济的模式；后 15 年就是解决所有制的问题。所以本世纪的一百年，现在看来是走到了最关键的时期。我觉得从十五大到十六大期间，如果我们的党按照这样一种纲领来设计我们的政治制度、选择我们的经济体制改革方向的话，对国有企业大规模的股份制改造将势不可挡，中国的资本市场将迎来一个发展的春天。在这个过程中最大的受益者，即这种巨大市场资源的最大的受益者是谁呢？肯定是我们这种类型的公司。

第四点，我觉得在我们公司里面，需要保持谦虚谨慎艰苦朴素的作风，不要大家都像一个叫鸡公，把脖子都伸得长长的，还没见到两秒钟，鸡毛都竖起来了，冠子都红了，准备战斗了。不管对外也好对内也好，都要保持谦虚谨慎的作风。5 月我们开了一个投资银行会议，开投资银行会实际上也是我放的一个气球，什么气球呢？就是在公司里面提倡戒骄戒躁的作风。我选了成绩最大的一个部门、最辛苦的一个部门、为公司的发展立下了汗马功劳的一个部门。这次投行会上，我们并没有歌功颂德，在做什么呢？在做反省，在做批评和自我批评。我当时就想，如果我们投行部的人能够头脑清醒，那么其他部门的人头脑就更应该清醒。当时我的指导思想就是，我们一定要在成绩面前保持一种不骄不躁的作风，一定不能翘尾巴，因为骄兵必败。为了使我们的投资银行业务更加开拓、更加发展，我们就选择了这个部门来做自我批评。我记得我在这个会上强调要赋予投行业务一种管理思想，我还非常尖锐地批评投资银行的成绩是建立在沙滩上的，就是说我们有些问题不解决的话，我们的关系不理顺的话，这些成绩就是建立在沙滩上的。这话说得非常重。实际上我们从 5 月起，就开始有目的地做这方面的工作，但是我觉得还不够，还非常有必要把这个工作再向前推一步。这有点像党的七届二中全会，学《甲申三百年祭》，毛泽东同志在这次会上说了两句话：务必使我们的同志保持谦虚谨慎的作风，务必使我们的同志保持艰苦奋斗的作风。这就是革命快要成功了，就要从西柏坡迁到北京去时说的两句话。这次黄山会议的主旨，也是这两句话：谦虚谨慎，艰苦奋斗。

以上说的各点，就是我们召开这次黄山会议的基本目的。概括起来说，我们要寻找一种精神资源；我们要研究怎样克服后进优势；我们要研究在300亿发行结束以后即将形成的公司最终定位对我们的意义；我们要研究党的十五大召开这么一个重要的政治事件，将会给中国的资本市场带来什么样的变化；我们要形成批评和自我批评风气，保持谦虚谨慎、艰苦奋斗的作风。

最后一点，要学习徽商勤奋、节俭、力戒奢华的艰苦奋斗精神。最近有篇文章提到山西晋商的节俭、抠门，其实徽商在这点上也是非常突出的。所以，火腿的发明地在这个地方是有道理的，因为肉舍不得一下子吃光，于是就腌得咸咸的，一回吃一点，一回吃一点。有个故事说，一个商人正在吃豆子，有人来报告说，你儿子嫖娼去了，他气得直发抖：老子赚的几个钱都被他……这几个豆子老子都吃光了它，再也不留着了！你看，他气得发抖也只不过多吃几个豆子来发泄而已。徽商的节俭真是到了极致。不过从另外一个角度看，这种创业精神、艰苦奋斗的精神已经渗透到他的血液里面去了。

当前，我们既要抓住机遇奋力开拓业务，又要致力于把公司文化规范化、凝固化、外在化，在强调职业操守的同时，加强制度建设。我们要汲取农民革命的教训，在不断奋斗、不断追求当中，来寻找完成自己事业的途径。

学习徽商，对我们来说，有什么现实意义呢？就公司目前情况而言，表现在这么几个方面：

第一点，在当前这个背景之下，抓住机遇开拓业务。我们要学习徽商和晋商这种对市场、对商机的高度敏感，抓住机遇迅速地开拓市场。包括：第一，我们要开拓国际业务。中国证监会已经正式确认了我们的B股承销资格，公司决定，成立公司国际业务总部的筹备小组。我们已经正式任命李格平为这个小组的组长。要花不长的时间，把公司在香港的分支机构建立起来，利用香港这个市场开始我们的国际化进程。国际化问题我们提了好几年，现在要进入一个全面的实施阶段。由于香港是世界著名的金融中心，著名的公司在香港都有它的分支机构，我们进入了香港就等于进入了世界，非常方便，大大减少了交流的成本和阻力。所以我希望这个小组能够利用好香港回归这个历史机遇，迅速地运作起来，尽快地物色人员，在不长的时间内建立香港分公司。我们这个方案已经得到政府的批准。第二，集中人力，拓展一级市场业务。我们今天上午研究了相应的体制和人力的配备问题，公司的投资银行业务将在投行总部领导下实行战区制，建立的第一个战区就是北方中枢。我听说已经在北方物色了一些很优秀的人才，公司还要再拨一部分力量充实进去。这个会后马上就开始行动。第三，资产管理事业部也应该走出去，和上市公司、准上市公司打交道，哪里有资本，我们就应该到哪里去营运。第四，经纪事业部应该研究目前市场的变化、客户的变化和电脑技术的变化，切切实实地推行经纪人制度，并且通过电脑来管理我们的客户系统。我建议经纪事业部在 7 月或 8 月再召开一次工作会。先做好调查分析，然后有的放矢地研究当前经纪业务这个市场上所发生的新变化，解决我们所面临的新问题。最后，要拓展我们的实业投资业务，从产权和资产重组这个角度把我们的实业投资公司和投资银行业务有机地结合起来。我们已经基本上完成了对华中产权交易中心的收购，下一步要和省体改委很好地结合起来，运作起来。我想十五大以后，这肯定是一个很大的市场。

第二点，加强和同行之间的相互学习、借鉴、交流。这次会后，争取拿出一个月时间，由公司领导带队，投资银行总部、研究所、资产管理事业部、经纪事业部以及其他综合部门、后台部门的人员参与，分别到华北、东北这一片，西南、西北这一片，华东这一片，还有中南这一片走一走，做什么呢？三个任务：第一，走访当地的上市公司，寻求一级市场资源；第二，走访当地证券市场的主管部门，宣传公司，汇报工作，开拓市场；第三，走访同行业，和同行业交流。责成陶树生同志在会后拿出一个方案，下决心抽调一批力量分布到全国去，对全国的市场进行一次地毯式的轰炸。在这个过程中，一方面传播湖证的文化，另一方面和同行切磋交流，学习和借鉴同行的先进经验，同时力争引起各地政府部门、主管部门对我们公司的重视。

第三点，把公司文化真正地规范化、凝固化、外在化，把公司的人文建设真正提上我们的议事日程。这不能简单地号召，要有专门的人来做这项工作，要有专门费用来支持这项工作的开展，要有专门的载体来宣传公司的文化，真正使公司的文化起到团结人、教育人、凝聚人、改造人的作用。我们准备把原来总裁办的《红马甲》和经纪事业部办的《经纪快讯》合并起来，专门成立一个《红马甲》编辑部，划归总裁办领导。《红马甲》将改为旬刊，10 天一期。而且公司准备在所有的总部和所有的事业部设兼职记者站，充实这个编辑部的力量。然后在适当的时候召开一次宣传舆论工作会议，大力加强对公司文化的宣传工作。所以请大家以后要支持这一张报纸。当然，首先要把这张报纸

1996 年，作者（左一）与李小加在人民大会堂合影。李小加曾任香港联交所行政总裁

办好，使其真正做到“载我之德，载我之智”，成为公司员工交流的一个园地。另外，今天在座的公司高级管理层的领导同志，在你所在的部门，要坚持不懈地抓企业文化建设。公司准备最近在一些全国性的大报上展开宣传攻势，这已经列入了我们的计划。我们的宣传并不是自吹自擂，而是要把公司文化通过宣传媒体和同行进行交流。前一段时间我们做了一项工作，就是委托华中理工大学的五位研究生对湖北证券公司的文化做了一个专题研究，现在已经形成了一个几十万字的报告。这是公司第一次有意识地对我们的文化进行系统归纳。

第四点，加强我们的制度建设。教授们在讲课中向我们介绍了晋商内部十分严格的管理。晋商在经商过程中建立了各种条例、规章和制度，甚至规定，派在外地的掌柜，书信都不能写到家里去，要写到总行，由总行来转发；派到外地的总经理回来后必须首先到总行去报到，然后才能回家。这样的细节都规定得这么具体，可见其内部管理的严格。为什么要在这里提到制度建设的问题呢？我想，我们的文化实际上包括两个侧面：一个侧面就是我们所提倡的这种人文精神、这种儒家风范、这种操守，而这些更多的是起到一种律己的作用，律己是建立在自愿和自发的基础之上的，并不带有强制性；另一个侧面是制度文明，制度文明除了有律己的作用，还有一种制人的作用。古人说得好，无德即亡，唯德必危。就是说一个人没有道德肯定要消亡，一个群体没有道德就肯定要失败，但是仅仅讲道德也很危险。所以我们强调一种自律的文化，强调操守还不够。所以我们过去就讲，制度也是一种文明，也是一种文化。我觉得，我们这些年来在制度建设上做了很大努力，但是现在还存在两个问题，一是还有很多制度尚未涵盖的地方，二是有很多制度还被束之高阁。在这一点上，公司提倡向经纪事业部学习，在制度的制定和执行上要敢于碰硬，要敢于动真格的。说到了就要做，不怕得罪人。

第五点，当前特别要强调艰苦奋斗、克勤克俭的精神。古人说：克勤于邦、克俭于家。就是说，对国家，要勤政，过去皇帝在中南海里面建一个勤政殿，就是时刻勉励自己要勤政。而你当家，就要勤俭。勤俭是由两方面构成的，是一体两面，就是有勤的一面，也有俭的一面。在创造财富上要勤，在使用财富上要俭，这就是我们所说的开源节流。李商隐不是有两句诗吗？“历览前贤国与家，成由勤俭破由奢”，纵观古代所有的国家与家庭，归纳起来就两条，成功是因为勤俭，破败是因为奢侈。我觉得这一点对我们有着特别重要的借鉴意义。从财务这个角度来看，克勤克俭，应该体现在严格的财务纪律、严格的审计制度、严格的开支标准上面。我相信，就湖北证券公司的员工来讲，就我们在座各位来讲，应该说收入水平和社会上比较起来，距离还是很大的。我记得，春节后，我给大家讲了一番政治，现在有 2000 万人失业、待岗，6000 万贫困人口，我们这些人的头脑里面还是要多想想这些事情。要比奢华，你是永远攀比不完的。我跟各位打打招呼，要坚决地反对那种盲目攀比的倾向，扭转随环境好转、工资待遇变化而出现的奢华之风。

我前面说过，我们现在不是处在产业危机的阶段，而是处在产业大发展的前沿。在这个大发展的前沿，有一种思想和精神上的准备，是非常重要的。我相信，只要我们这一帮人是团结的，只要我们这一帮人能够保持艰苦奋斗的精神，只要我们能够不断地奋力开拓，我们的管理半径将来绝对不止今天这么大。我们不企图一统天下，但是我们也不甘于长期偏安一隅。日本、美国证券业的发展说明，要真正占领市场份额，就必须进入前几名里去，否则就比较危险。因此，我希望黄山会议既是一个读书会，也是一个反思会、总结会，同时还是一个动员会。我们要汲取农民革命的教训，在不断奋斗、不断追求当中，来寻找完成自己事业的途径。这才是我们学习徽商、学习晋商，到黄山来读书的根本目的之所在。

二、从创业文化走向发展文化**

文章背景　创业七年，成长迅速、业绩骄人的湖北证券公司广为世人所瞩目。湖证的成功，其企业文化功不可没。湖证的创建者和湖证文化的倡导者、公司董事长兼总裁陈浩武，在接受《中国证券报》记者王俊采访的过程中，就湖证文化的起源、内涵和发展方向等问题作了精辟的阐述。陈浩武道出了对湖证创业文化的真情实感和对湖证发展文化的深入思考。

新兴的证券业聚集了众多可塑性强的年轻人，他们面对的是一个充满诱惑的世界。必须为证券从业者树立一个正确的价值坐标，倡导一种健康向上的精神，从而培养他们健全的人格和对社会高度的责任感，这样才能塑造一个追求卓越的优秀集体。

什么是湖证文化的核心和内涵?

目前湖证文化还只是一种口碑，还在探索中。我认为，湖证文化首先表现为一个价值坐标。公司是一个群体，任何一个群体都必须有价值坐标，我在从事了多年的管理工作后，感觉这一点在证券公司里尤为必要。为什么这么说呢?

第一，证券是一个新兴的产业，聚集的是一群年轻人。这些刚刚走出校门的青年学生，虽然大多已经具备较完善的知识结构，但多年的“应试教育”，使得他们的人格以及对社会的责任意识尚不健全。同时，这些年轻人的价值观、世界观也处于可塑状态。正因为如此，我们有必要建立优秀的企业文化，通过企业文化的熏陶培养他们健全的人格和对社会高度的责任感。

第二，证券业是一个充满诱惑的行业。我们的年轻员工整天跟金钱打交道，有些跟我们公司一起成长的股民，开始只有几万、十几万、二十几万，但现在有的已拥有几千万的财富。如果不树立一个健康的价值坐标，我们的年轻员工就容易受到物欲的诱惑而走入歧途。

** 根据 1997 年 12 月 27 日作者答《中国证券报》记者问的内容整理。

第三，从社会的角度讲，改革开放实际上是人们价值观变化的过程：人们既在接受传统思想熏陶，同时又在接受新思想、新世界观的影响。传统的观念中也有不健康的东西，怎么去甄别？现代的观念中，特别是从国外传来的新思潮中，也有健康的东西，怎么去吸收？我们真正需要的是把东西方文明中优秀的部分糅合在一起。我在公司曾给大家打过一个比方，就是“洗地毯”。公司的地毯本身是干净的，但街道上是脏的，每个从外边来的人，都难免带来一些灰尘，所以，地毯只有不断地洗，才能保持干净。清洗“地毯”就是抵御外来不健康的东西侵蚀。

鉴于这三个方面的原因，当年轻人投身于这个新兴的产业、面对一个充满诱惑的世界时，我们必须帮助他们树立一个健康的价值坐标，从而才能聚集起一个精诚团结、富有战斗力的集体。

这种价值坐标一定要适应生产力的发展，而且是适应新的生产力的发展。比如，我们提出“做现代人”，就是适应了改革开放后一大批优秀毕业生和机关干部来到一个现代化的公司后，必须要对他们赋予一种现代观念的需要。如果还是原来那种机关作风，平均主义、大锅饭的方式，就不可能凝聚这一批向往新的生活、新的观念的人才。所以我们提出“办现代公司，做现代人”，是赋予员工一些“现代”的观念。这点本身就对一些向往现代生活的年轻人有吸引力。我们有一个干部，大学毕业时非常优秀。那时他有三种选择：一是进入中央部委机关，通知都已下发；二是组织部要他下去当干部；三是免试去读研究生。他是连续两届光华奖的获得者，非常优秀。他选择了哪儿呢？他既没有去国家机关，也没有去读研究生，而是选择了湖北证券。我感到这是一个信号，说明新一代的大学生在向往一种新的东西，选择一种新兴产业，一种具有挑战性的行业，去实现他的抱负和理想。这代表了当今社会的一种潮流，反映了社会的一种进步。

当然，湖证文化不是在一天两天中形成的，而是随着公司的发展，围绕价值观这个核心问题，不断积累形成的。我们有个口号叫“承认主义”，承认主义是什么？就是反对大锅饭。大锅饭讲的是结果均等。他定了十级，为什么我只定了八级？但反过来我问你，他每年创造了一百万的利润，你创造了多少？他做了那么多工作，你做了多少？我们所提倡的“移民文化”就是反传统。不要认为你在机关当了处长，一到公司来就要当事业部的老总，没那回事！你照样从小兵当起，从基层做起，我提倡“把昨天变成零”。承认主义是承认你为公司做的贡献。你过去是模范，是积极分子，是厅处级干部，到公司以后这些通通没用。你要重新学习，重新把你的能力展现在别人面前。在传统的模式中，你把这个厂搞垮了，但还是正处级，调到另一个单位，当了党委副书记，还要打个括号“正处级”。但在我们公司绝对不是这样的。

从另一个角度来说，作为一个公司的领导、作为这个行业的代表人物，必须提出一些符合他们思想发展规律的东西，必须用一种现代的东西去武装他们，否则就可能留不住人才。

作为这个公司的代表人物，我所倡导的企业文化、人文精神首先必须符合新潮流的发展方向，符合新生产力的发展要求，必须有时代感，这样才能吸引一批代表新生力量的人才，让他们感到在这个地方是有前途的，是可以得到发展的。

湖证文化内涵十分丰富。在我看来，湖证文化中还包含一种精神。一个军队必须要有一种士气，一个民族必须要有一种骨气，一个群体必须要有一种精神。如果没有精神，这个群体就是松散的；有了精神，这个群体就有凝聚力；有凝聚力的群体就能战无不胜。湖证这些年从一个小公司成长为一个大公司，而且在一些困难的环境中都能化险为夷，一个很重要的原因就是这个团体有精神、有战斗力。只要领导班子很团结，员工很整齐，大家的心都在一起，就没有做不好的事情。我说我们这个公司可爱，很重要一点就是这支队伍的精神状态。前些日子，公司的一名员工要提拔到另外一个公司去，在给他开欢送会时，我给大家讲了一段他的亲身经历。1992 年，公司派他去上海筹备上海业务部，有一天一个员工从上海打电话给我说：他经常晚上一个人偷偷地哭，为什么这样大家都不知道。后来才了解到，那个时候他妈妈身患绝症，写信到上海说可能在世时间不多了。可筹备业务部期间，工作压力很重，特别是那个时候通信条件没有保障，行情经常中断，如果当时他离开岗位，公司的业务势必会受到很大的影响。所以，他只有把他妈妈写给他的信藏在枕头底下，半夜没人的时候才一个人偷偷地边看边哭。你说我们员工的敬业精神到了什么地步！有这样的员工又有什么办不好的事呢？

再比如，我们经常说，要与传统的国民劣根性挑战，与落后的观念挑战，最典型的口号是“追求卓越”。追求卓越就是跟传统的惰性挑战。市民文化中

1996 年，作者（右一）在由中国金融学会举办的投资基金研讨会上

的“无所谓”即做得马马虎虎就可以啦，这就是不负责任，这就是一种惰性。一个新兴的群体，必须有种积极进取的精神，在竞争中，愈挫愈奋，屡败屡战，不为失败所困惑，不断前进。美国人开发西部时表现的西部精神，其实就是一种进取精神。英国人在开拓澳洲市场、日本人在战后恢复时期、犹太人在复国时期都表现出了这种精神。

作为新中国的第一代“红马甲”，我们倡导湖证文化，源于深沉的历史使命感，源于对改革开放的高度认同，以及对当代社会的全面观察和深入思考。

对于企业文化理念的凝练是否与个人的经历有关？

就我个人来说，拿高级经济师职称时是全国人行系统最年轻、破格最早的，现在是一个金融公司的董事长，博士学位拿到啦，担任了几所大学的兼职教授，但始终是如临深渊，如履薄冰，兢兢业业，丝毫不敢懈怠，没有半点停下来的念头。我经常提倡员工读书，我自己每天读书读到十一二点，否则就睡不着觉。就是一种责任感和使命感。因为我们这一代人，在三年困难时期中出生，又是属于“老三届”的知识青年，经历过“文化大革命”、上山下乡等，受了许多磨难，这种经历使我们这一代人对社会充满抱负和责任感，热爱生产力发展，对改革和开放有高度的认同，我们这代人的使命就是为中国的现代化、为中华民族的振兴做一块铺路石。

改革开放的同时泥沙俱下，如何看当代社会出现的问题？

在枯枝败叶下一定有新芽出现。你扒开枯枝败叶，下面露出的就是新芽，这棵新芽就是希望，这棵新芽最后也会成长为一棵参天大树。推行改革的过程，就是一个民族从混乱繁荣向有序繁荣转变的过程。现在中国处在一个混乱繁荣时期，就像现在突然有了很多汽车一样，有中国的、有外国的，这看起来很繁荣，但交通秩序、红绿灯管制和人们的道德体系没有完全建立起来，没有做到很文明、很遵纪守法。从混乱走向有序，就是在繁荣的基础上重建新的文明。

欧洲文艺复兴时期主要的思想就是提倡人的价值，主张思想自由和个性解放。这种思想是从中世纪的黑暗统治，从中世纪对人的个性的磨灭和压抑中成长起来的。它首先表现在文艺方面，例如那个时候有很多作品是对人体本身进行描绘，认为人体是美的，但人体的展现在中世纪的贵族看来，是非常不堪入目的，被看作是一种邪恶、低下的东西。而当时代表新兴中产阶级的人们却认为它是进步的，因为它呼唤了人的价值的复活。新旧价值观念激烈碰撞的结果，使人文主义成为资本主义萌芽时期的先进思想。

你看现在社会上，卖淫嫖娼有之、坑蒙拐骗有之、吸毒贩毒有之，这些都是不好的现象。在改革开放中，难免泥沙俱下。但这些不良现象并不会动摇我们发展市场经济的决心。透过这些现象看本质，就好比拨开败叶看新芽，中国的市场经济正显示出勃勃生机。而市场经济本身就是一种文明、一种进步。

它表现在人的个性的解放，人的自我主体意识的上扬。比如大学生毕业分配，过去让你去当老师，你就去当老师，让你去当工人，你就去当工人，让你去当干部，你就去当干部，你并不能自主决定，自己应该去做什么，适合做什么，社会没有提供给你选择的机会。这个时候的人成为被别人支配的一种工具，必须压抑自己的想法，觉得“我是革命的一块砖，哪里需要哪里搬”。而事实上，一个经过了多年大学教育的人毕业后，他应该有机会选择适合自己做的事情，社会也应该提供这种机会。现在这两者都有了。第一，他可以选择；第二，社会给他提供了选择机会。这就是一种进步。

恩格斯讲过，所有的问题都必须从生产力中寻找原因。思想的发展必须与生产力发展的水平一致。改革开放初期，商品并不充分，市场机制并不充分，所以决定了人的思想不可能像现在这么解放。

从西方国家社会经济的发展过程来看，从混乱繁荣走向有序繁荣的一个根本标志是：中产阶级作为一个阶层出现。这时，这个社会的稳定和有序才真正有基础，因为有一个利益群体在支撑着它。这个群体的利益和价值观，是由它所代表的生产力水平决定的。举例说，中国几千年发展的历史，从某种程度上说就是战争和动乱的历史，《水浒传》写的是义士，《三国演义》写的是割据势力之间的战乱。连绵的战争，不断地破坏生产力，不断地破坏物质生产。这种战争为什么能够延绵下去呢？一个很重要的原因就是赤贫阶级的大量存在。所谓“有恒产者有恒心”，只有社会多数人有恒产，这个社会才能安定。人之所以容易进入一种动乱状态，绝大部分都是因为他没有财产。马克思在《共产党宣言》中写道：“无产阶级失去的是锁链，而得到的是全世界。”这是一种多么低成本的交易：用锁链换全世界。

关于湖证文化的精神渊源

很小的时候我就对文学、史学、哲学感兴趣。没有哪一个民族的文化有中华民族这样博大精深。五千年的文明史给了我们很多思想养料，好比说，我们公司提倡“孝敬节”就源于儒家文化。孔夫子倡导“仁”，概括了人的忠，人的孝，人的节，人的义。忠，就是忠诚正直的德行；孝，是尽心奉养父母；节，是在利益面前表现的一种气节操守；义，是对社会和对朋友的一种责任感。

对我的管理风格影响最大的思想还是儒家文化。我们树立的价值坐标，在很大程度上是讲如何去做人。儒的核心是通过内省、通过修身来达到一种人生境界。同时，儒家文化与道家文化的根本区别在于，儒家是入世的，是积极的。儒家讲“修身、齐家、治国、平天下”，最后的抱负是治国平天下。儒家文化对我们来说，影响最多的是对人格的要求和规范，包括进取精神。

我们在公司专门为孝敬父母确定了一个节日，也是希望对员工的品行和操守有一种更严格的要求。我们今年设置一个“忠诚奖”。例如严守公司商业机密是对公司的忠；努力为公司创造更多的利润，拿到更多的项目，这也是对公司的忠；在关键时候，敢于与损害公司利益的行为做斗争，这也是对公司的忠。节，我们提倡在利益面前有节，我们坚决反对员工炒股，这就是一种节。

我们提出公司的管理规范和规定管理半径，是源于《资治通鉴》，即“皇帝管三公，三公管九卿，九卿管百官，百官管万民”。这就是说，领导者的管理半径是有限的，领导干部不必事必躬亲。“皇帝管三公”是一种“人治”的旧观念，但是赋予它一种管理半径的新概念，就是一种现代的东西了。

还有一个很重要的原因就是个人的生活经历。《中华英才》元月号将刊登我的一个专访，特别还问了一些个人的事情。我的成长过程中确实饱经艰辛和坎坷。在我五六岁的时候，我父亲就被错划为右派。我本人经历了“文革”、知识青年下放这一过程。有年冬天下大雪，我下放到农村做农田基本建设，兴修水利，晚上就睡在鸡笼旁边。那是一个偏僻的湖区，野地里有一种黑线鼠，这种老鼠身上的螨虫带有出血热病毒。四个人同去，只回来了三个，其中一个就得了出血热的病死掉了。而且，除了“文革”、自然灾害这些外部环境外，还有政治上的压力和歧视。虽然你很优秀，但始终得不到承认，入团、入党、招工、提干都非常困难。“承认主义”这个口号的确是来自我心里的呼声，是因为得不到承认而在心灵中的呼唤。呼唤公平，呼唤被承认。在公司如果一个人努力工作，哪怕最微小的贡献也要去承认他。承认才是公平的，不承认就是不公平。

我曾经写过一篇文章，叫《大智者治人，小智者治事》，我特别讲到了“公正”。公正就是创造一个均等的机会去让每个人发挥他的作用。没有什么比不公正、比用人不当更能挫伤部属的积极性。这是一种发自内心的呼唤。这种呼唤使得我们在有了一些权力的时候，还要有一颗公正的心。公正就是要人有一个博大的胸怀，一定要对部属所有的努力给予评价和承认。这非常非常重要。不能说这个人给我提了几条意见，我就不断打击他；他做得再好，我也照样整他。这样的人最不得人心。

另外，我在 1996 年召开的九宫山工作会议的讲话中提到过“宽容”，一定要对人宽容。年轻人都会犯错误，犯了错误也要教育他，更要给他机会让他改正，不要打击他。

我自己这种切身经历也是一种思想养料。这些经历都在我心中留下了深刻的烙印。培根讲过一句话：“苦难不仅仅是肉体的导师，也是精神的导师。”正是因为你的苦难、磨炼，你自己的精神也得到了一种升华。我觉得我的个人经历给自己起到了一种精神导师的作用，它教给了我应该怎么去做人。

在基本上完成了创业阶段的历史使命以后，湖证进入了一个新的发展时期，湖证文化也相应地从创业文化转变为发展文化。创业难，守业更难。“持续发展，健康发展”，是摆在已创造辉煌的过去、还需创造更美好未来的湖证人面前的重大现实课题。

经过六年的发展，湖证的原始积累已完成，它的商誉已经建立起来了，在竞争中与全国大公司的差距已大大缩短，加上人力资源也有很大储备，可以说，对湖北证券而言，创业阶段已经完成，湖证进入了一个新的发展时期。这个时期很重要的一个特点是要按照资本的规律和企业的发展规律使湖证持续健康发展。与这一点相适应的是我们的文化也要发生变化。现在我们提出了“发展文化”，发展文化与创业文化是不同的。例如，在战争时期，我们主要的目标是打败敌人，消灭有生力量，然后建立政权。但当政权建立以后，进入一个建设期，这时，对知识、对人才、对市场经济规律的尊重就变成另外一个主题，主旋律已经发生了变化。

我觉得文化的转折大体应表现在这么几个方面。

首先，就是要将创业热情、创业冲动演化成一种守恒、守诚。创业的时候很多靠热情支持，靠那种“滚地铺”的艰苦创业精神来支撑。创业难，守业更难。现在在守业的时候，公司的健康发展、持续发展就变成一个至关重要的问题。

其次，创业文化向发展文化的转变，很重要的一条是建立制度和规范，特别要把制度的文明、制度的建设、制度的框架和制度的约束力提到一个至高无上的位置上来。人与人之间不能靠亲情关系、战友关系来维系。

另外，还要有全方位的开放的人才观。创业阶段人才的价值标准主要是功臣，谁是创业的功臣，谁就应该分享一块天地。如果现在继续停留在这种文化上，就会排斥对社会精英阶层的吸引和吸纳。我们这次大规模地招了 100 多名本科生和研究生，而且原则上我们对这些层次较高的人才，如博士，给予了很高的待遇。这对传统观念是一种冲击。有人说，为什么我来公司六年还没分房子给我，而他来一年多就分房子给他？但如果还是按照原来的功臣观念，按进公司时间长短来判断价值肯定不行。只有人力资源持续发展，这个公司才能持续发展，所以在人才的观念上要进一步开放。还有就是分配体制要发生变化，要体现“拉开差距、稳定骨干、网罗人才”的原则。

把这些归纳起来，一个核心的问题就是，要以这种人文精神为引导去真正地办企业。企业的本质是什么？是遵守企业规律和资本规律。

没有陈浩武的湖证将会怎么走？

我在《人与资本》这本书中曾讲过，制度也是一种文明，如果企业的创建和发展始终靠企业家的人格魅力来维系，这将是一种失败，不能持久。如果说湖证紧紧跟陈浩武联系在一起，说没有陈浩武就没有湖证，那么陈浩武本身也是失败的。

所有的改革都是利益的调整：一部分利益群体在改革中得到好处，一部分利益群体在改革中失落。改革的成功是以牺牲部分人的利益作为代价的，但是并不能因为部分人的失落就阻碍整个改革的大趋势。湖证从创业阶段进入发展阶段，企业文化从创业文化转变为发展文化，今后的路还很长，要做的事也有很多，在发展的过程中也还会遇到各种各样的问题，但总的来说，湖证对自己未来的发展充满了信心和希望。

一个普通人的投资故事

纳东升*

改革开放40年刚过，新中国成立70周年将至，恰逢中国证券市场建立30周年，又是振奋人心的一年！每个中国人都值得骄傲和自豪，我们生在新中国，成长在中国经济高速发展时期，我们这代人是中国资本市场成长中的受益者。

我是中国银行的一名普通员工，投资基金是业余爱好，我亲历了中国资本市场的跌宕起伏和投资的酸甜苦辣，本文主要就我自身十余年的投资经历交流几点感悟。

中国的公募基金起步于1991年，并以1997年10月《证券投资基金管理暂行办法》颁布实施为标志，分为两个阶段。1991年10月在中国证券市场刚刚起步时，“武汉证券投资基金”和“深圳南山风险投资基金”，分别由中国人民银行武汉分行和深圳南山区政府批准成立，成为中国第一批公募基金。

我是自2004年开始投资基金的，第一只基金是华夏大盘精选（000011），目前的净值仍为13.28元，可惜本人在持有近两年后全部赎回（赎回时只盈利了80%）。2006年初资本市场迎来了春天，即股权分置改革的重大利好，又加上北京成功申办奥运会的消息鼓舞人心，这是千载难逢的好机会，于是我拿出积蓄几十万元，购买了8只基金，在2007年10月上证指数在6124点时，基金净值曾高达203万余元，2008年全球受到美国次贷金融危机的冲击，股市

* 纳东升，中央财经大学证券期货研究所顾问。

债市哀鸿遍野，在股灾来临前，及时调整了基金仓位，虽然没有全身而退，却从中赚得 40 余万元。

2014 年，在国家大力倡导“一带一路”“亚投行”“2025 中国制造”，监管层对场外配资炒股的宽松政策等多项利好的影响下，我又开始新一轮的加仓布局，在 2015 年 5 月上证指数重上 5000 点（5178），基金净值曾站在 203 万元的历史最高点，然而胜利冲昏了头脑，好景不长，证监会在 6 月中旬出台降杠杆，即打击场外配资，市场行情急转直下，市场和投资者开了个大玩笑，我坐了一趟过山车，所幸有惊无险，在这一波大起大落的行情里也小赚了 70 余万元。

我在十几年的基金投资生涯中能够独善其身跑赢市场，有一些体会和经验值得和大家分享：

1. 价值投资永远是基金盈利的核心价值观。选好一只优质的基金如同农民购买了优良品种，源头上把好关就等待丰收的季节颗粒归仓。价值投资就是优质的基金产品长期持有，才能使财富增值，不是频繁地买卖做短期投机，因为波段操作手续费高，还有短期的波动投资者很难把握，股神巴菲特形象地比喻价值投资是“别人用脑子赚钱，我用屁股赚钱”。

2. 闲钱投资，忙钱消费。拿出资产闲置的资金购买基金产品，市场的波动不会影响你的正常生活，也不会对你的心理造成恐惧，该消费的钱一定要去消费。

3. 选择现金分红，落袋为安。我持有的易方达基金（110009）、银华基金（180010）、华夏回报（002001）、兴全基金（163402）等基金的现金分红均为本金的三倍，所以现金为王，手中有粮，心中不慌！

4. 常言道：“会买的是徒弟，会卖的是师傅。”基金的买入时机很重要。在熊市的低位买入可以降低机会成本，在牛市的高位卖出赚得盆满钵满，也规避了高位随时可能会出现的风险。

5. 不断地学习金融知识，增强投资风险管理意识。把理论与实践相结合，投资保本是关键，不能借钱做投资，更不能抵押房地产去购买基金，一旦遭遇金融危机将血本无归，风险意识和情绪管理是立足之本。

投资，消费，出口被形象地称为拉动中国经济增长的三驾马车。随着中国经济由高速发展向高质量发展的转型升级，投资拉动内需向消费拉动内需的转变，出口产品由低附加值向高科技型转变，都为投资指引了方向，作为投资者应审时度势，把脉市场方向才能立于不败之地。

经历了两次大的危机后，如今中美贸易战如火如荼的时候，我的内心也变得从容淡定，中国经济的基本面没有发生根本改变，证监会主席易会满在接受媒体采访时说道："中国的资本市场风险总体可控，我们有多项工具足以应对外部风险，继续进一步开放资本市场和期货市场。"

现在的市场已经跌到谷底，散户如惊弓之鸟，新入市的基民更是焦躁不安，借用巴菲特先生的名言：别人恐惧的时候我贪婪，别人贪婪的时候我恐惧！

如果贸易战出现转机，A 股将会有一波井喷行情。我们作为小的投资者虽然改变不了世界，也不能左右贸易战，但能改变自己。在全球化信息时代，各种信息充斥了我们的头脑，我们应该静下心来独立思考，逆向思维。每天坚持读书学习，阅读大量的财经知识，只有自己内心变得强大了，才不会被眼前的危机所吓倒，才能从容淡定。耐得住寂寞，方能守得住繁华，对投资也不会迷失方向。

2019 年 10 月

中国证券市场发展历程索引

张春廷 *

总　　论

证券产生的历史，中国最早可追溯到春秋战国时期，当时国家向大户的举贷和王侯给平民的放债，形成了最早的债券。汉唐以来，国家因军事需要临时向富商举借巨款的事已不再是偶然现象。特别值得一提的是，明清之际，在一些投资大、收益高且又具有一定风险的行业，如上海沙船业，四川井盐业，云南、广东矿冶业和山西金融业，已经较多地采用“招商集资、合股经营”的组织形式。这种组织形式明显地具有资本主义的股份制特征，而“集资合股”的参与者之间签订的载明权利责任的契约，则是中国最早的股票雏形。

当然，真正具有现代意义的证券的出现，在中国则是19世纪40年代以后的事。鸦片战争后第一批进入中国的贸易洋行和外国人，他们将西方已经十分普遍的证券带到了中国，并相互转让买卖。对资本主义制度，尤其是对外国股份制企业公司及其发行的股票有一定接触和了解的中国买办和商人，在目睹外国股份制企业公司经营及买卖证券获利丰厚后，也开始投资附股洋行、外资企业，以图分享杯羹余润。他们成为中国最早熟悉股份制和投资证券的人。随着中外进口贸易和外国资本输入规模的扩大，为在华外资企业公司服务的外商

* 张春廷，中央财经大学证券期货研究所顾问。

证券市场出现。由于19世纪70—90年代洋务民用股份制企业大量设立，中国自己的华商公司股票和证券买卖也随之出现。公债制度也在这一时期由西方移入。

民国初期，创建铁路和兴办新式银行及其他实业的热潮，使铁路、银行股票和其他实业证券有了相当的规模，中国证券市场由零星松散的“茶会”“公会”时期进入有组织的“交易所”时代。后因过多设立交易所和信托公司、过度投机炒作引发了“信交风潮”，也使得刚有起色的产业证券市场严重受挫。

取而代之的是北京政府的公债市场，由于公债发行与交易引入借助新的银行信用及其银行金融机构，公债发行与交易规模迅速扩大，筹资活动变得相对容易。证券市场上公债交易一枝独秀，公债市场后来居上。

及至南京政府时期，抗日战争爆发前的十年，中国证券市场得到了继续发展。公债市场发行与交易规模数倍于北京政府时期，公债继续主导证券市场。股票和债券等产业证券市场较前也有很大的发展。证券法制建设和证券监管机构得到进一步的加强。如果不是抗日战争爆发，中国证券市场当时已经是亚洲最大的证券市场，其发展前景或不可估量。

抗日战争时期，“国统区”公债市场萎缩，证券市场无所作为；租界“孤岛”股票市场畸形发展；“沦陷区”日伪利用证券市场大肆经济掠夺。证券市场完全脱离经济与生产，演变成投机套利的工具。

战后的南京政府，本可重整证券市场再回战前发展轨道，但内战又起。公债发行无论怎样变换名目也难改颓势。因通货膨胀，与商品密切相关的公司股票价格高涨，股票市场出现短暂的“繁荣”，同样因为通货膨胀，经济崩溃，最终导致证券市场迅速衰败。此外，同一时期由中国共产党领导的新民主主义革命及建设中也进行了一系列的证券实践活动，这些活动也是当时证券市场不可或缺的一部分。

新中国成立以后，对证券市场先是接管、关闭，后是恢复、利用。在通过证券市场吸纳游资、疏通游资转向生产和利用国债制度举借内外债等方面做了有益的尝试。

计划经济初期，在国家开展大规模经济建设和对农业、手工业、资本主义工商业的社会主义改造过程中，对证券市场进行了有限利用。政府通过举借内外债筹集建设资金，通过股票、股息，完成合作社向集体经济过渡，实现对资本主义工商业的和平赎买。但是，随着计划经济体制的确立，证券市场最终被摒弃。

1978 年 12 月中国共产党十一届三中全会召开，开启了中国改革开放新时期。为弥补财政赤字，国家恢复了公债的发行，举借外债也同步在金融机构、财政部和地方政府投资公司利用国际金融市场发行国际债券中进行。

农村经济体制改革中兴起的乡镇企业和城市经济体制改革中兴办的街道集体经济企业以及改制经营的中小型国营企业，为解决企业资金问题，自发地采用股份制形式，通过“招股集资”。股票、债券和证券转让买卖在全国各地自发萌生。

在此基础上，国家有意将自发兴起的证券市场纳入国家经济的发展轨道。在要求建立全国性金融市场即证券市场的呼声和建立跨地区、横向经济联系的银行拆借市场尝试后，国家提出了根据中国经济发展的实际，在移植、借鉴当今世界成熟、先进的证券市场制度和发展经验的基础上，重建再塑中国证券市场的发展方略。

1990 年 12 月以深圳证券交易所和上海证券交易所设立为标志的全国性统一的证券市场初步建立。1992 年专司证券监管的中国证监会设立。随后《证券法》《证券投资基金法》相继颁布实施，证券市场法制化建设有序推进。全面提高上市公司质量；加强证券公司综合治理；引入证券投资基金、私募投资基金、社保基金和 QFII 等证券投资机构；相继推出中小企业板、创业板和新三板；掀起大型国有商业银行国内上市；启动并完成证券市场划时代意义的股权分置改革；推进股票发行和公司上市制度改革；开办股指期货交易、股票期货、恢复国债期货市场和举办券商融资融券；不失时机地推出沪港通和深港通，均是中国证券市场改革创新的丰硕成果，中国证券市场得到了长足的发展。

新近，中国证监会管理层提出进一步加强证券市场法制化建设和道德伦理建设，确保中国证券市场规范、健康发展，更好地服务于实体经济。相信中国证券市场明天更美好。

为了更好地了解中国证券市场 160 多年的发展历程，尤其是了解改革开放新时期中国证券市场 30 多年的发展历史，吸取更多宝贵的历史经验与教训，我们将中国证券市场发展历程划分为清朝晚期、中华民国北京政府时期、中华民国南京政府时期、中华人民共和国成立初期和计划经济时期、中华人民共和国改革开放新时期五个历史时期，并对各个历史时期的证券市场进行相应的概述。

清朝晚期证券市场概述（1840—1911）

1840年鸦片战争以后，广州、厦门、上海、福州、宁波开埠通商，西方国家常见的股份制经营和证券及其交易，便跟随着第一批进入中国的外国洋行和外国人来到了中国。随着中外进出口贸易的逐渐扩大，外国资本开始涉足与贸易相关的银行、保险、航运业、船舶修造、码头货栈、出口加工和部分轻工制造业以及租界公用事业。这些在华设立的各类股份制公司企业，不仅把资本主义生产方式带到了中国，而且把西方国家采用的股份制集股筹资的方法也带到了中国。这些在华企业最初的集股筹资活动，还仅限于英国本土和英属受殖民统治的印度及中国香港等地，但从19世纪50年代起，这些在华外资企业开始在中国向中国买办、商人发售其股票，并逐渐使这种集股筹资活动主要在中国进行。

中国效仿西方，采用股份制，发行证券，组织近代企业公司的活动始于19世纪70年代。在此之前，熟悉了解外资企业公司股份制运作和证券买卖的中国买办、商人，在目睹外资企业公司获利丰厚后，开始投资附股于这些外资企业公司，以图分享杯羹余润。与此同时，清政府洋务运动于19世纪60年代兴办旨在“自强”的军事工业，由于清政府财政困难，经费难以为继，加上缺乏必要的工矿、交通等民用工业与之配套，大多陷入困境。在这种情况之下，清政府为借重民间资本，解决国家财力不足，于19世纪70年代，仿效西方股份制，采用“官督商办”“官商合办”和“商办”等形式，兴办了一批旨在“求富”的中国近代民用企业。1872年设立的上海轮船招商局是中国第一家近代意义的股份制企业，并诞生了中国人自己发行的第一张股票。继船运业后，股份制公司又在保险、银行、矿业、纺织业、电报通讯等行业得到了仿效应用，一批华商股票应运而生。原先投资附股外资企业的中国人，此时也纷纷移资或直接投资洋务民用企业，或自立门户“商办”近代工矿、运输企业公司。至此，华商证券的发行开始形成气候。

证券一经产生，证券交易买卖不久也随之出现。据史料记载，1861年以前，在上海等地就已有经营证券买卖交易活动，但仅局限在外商之间，买卖并不兴隆。19 世纪 60 年代以后，随着上海殖民经济的逐步“繁荣”，尤其是世界棉业投机热潮席卷上海，在华外资银行、企业获得丰厚利润，其股票普遍大幅升水，外资证券买卖交易变得十分活跃。不仅出现了专门从事证券买卖交易的外资证券公司，而且还组织了上海证券掮客公会即上海股份公所，外商在华组织的证券市场初步形成。

至于华商进行的证券交易，若将五六十年代中国人附股外资企业的证券买卖活动除外，至少在 19 世纪 70 年代初就零散出现。80 年代前后，先前成立的上海轮船招商局、开平矿务局等近代厂矿企业经营成功，获利很高，其股票价格成倍增长。受此影响，其股票人们争相购买。当时的《上海新报》和《申报》对此都有专门报道。仅矿业股票筹集的股金就达白银 300 万两，其市场交易额保守估计应该在 1000 万两以上，这在当时是一笔十分可观的巨额资金。

华商证券买卖交易，起初既没有固定的场所，又没有相应的交易规则，证券交易买卖一般在亲朋好友、熟人中“以亲带友、以友及友”进行，成交价格却视外商证券行情和证券本身的市场供求而定。1882 年 9 月成立了上海平准股票公司，成为中国自设证券交易所的权舆。

若把 1895 年前的中国早期证券和证券交易视作中国证券市场的萌芽的话，那么，1895 年以后至清末，中国证券市场就进入了初步形成阶段。众所周知，1895 年后，西方国家对中国的殖民掠夺，由最初的商品输出改为资本输出，更主要的是通过获取在华设厂、开矿、建铁路和向清政府借债等特权进行资本输出。更大型的外资公司和更大数量的外资证券在中国涌现。

与此同时，甲午战争的惨败使“振兴工商，实业救国”的呼声日渐高涨，再一次引发了中国第二次设厂办公司的高潮。1897 年中国通商银行的创立揭开了中国近代工商企业创立高潮的序幕。1901—1911 年的十年间，中国先后创办新式厂矿企业 386 家，资本额达 8.8 亿多元，厂矿股票发行量也随之大幅增加，再加上新式银行的股票和全国 15 个省设立的铁路公司的股票，市场为之一新。

华商证券交易组织形式也有了较大的进步和发展。1904 年梁启超提出了组织“股份懋迁公司”（即证券交易所）的倡议，1907 年又有上海买办商人袁子壮、周舜卿、周金箴等提出仿日本取引所组织公司的要求，但清政府未予重视和采纳。华商证券交易处于无组织的状态。1910 年前后，股票交易买卖主要在茶馆进行，是为中国证券市场的“茶会”时期。

公债制度也在 1894 年前后移入中国。1894 年清政府为筹措甲午军费，仿效西方向国内发行公债，“息借商款”。此后，又发行“昭信股票”和“爱国公债”两次国内公债。在此之前的 1853 年上海苏松太道吴健彰为镇压上海小刀会起义，向外国洋行赊账雇募船炮，首开中国近代举借外债先河。随后海防借款、塞防借款、铁路借款、矿业借款甚至行政经费借款，一发不可收。晚清共借外债 208 笔，债务总额为白银 13 亿多两。

在华外商证券交易方面，原先设立的西商上海股份公所，1895 年以后因俄法借款、英德借款和英法续借款等金币公债的上市交易，以及怡和、老公茂、瑞记、鸿源等四家外资纱厂新股面市，外商证券交易又有新的转机。1904 年西商上海股份公所改组为上海众业公所。在该所上市交易的证券除上述的金币公债外，还有中国及远东各地外商公司股票、公司债券和南洋各地的橡胶园股票，后来又增加租界工商局的市政公债。由于上海众业公所除为在华外资企业筹集资金外，还是少数不法洋商投机劫利的工具。1910 年上海爆发的“橡皮股票”风潮就是最好的例证。也正是这次风潮，使中国新兴的证券市场遭受比 1883 年矿业风潮更为沉重的打击，中国股票市场自此进入低谷。

中华民国北京政府时期证券市场概述（1912—1927）

民国成立以后，北京政府先后颁布了一系列保护奖励近代工商业发展的政策法令，倡导支持民间资本投资设厂、办矿、开银行。适逢此时，第一次世界大战爆发，西方各国不仅减少对华商品输出，反而对中国工商业提出了商品需求。而此时由于政府无力主导经济，加之地方军阀割据，中央政府权威严重削弱，使得民族工商业的发展有了更多的主动权。一大批纺织、面粉、卷烟、火柴、采矿、机器制造、交通运输和金融企业应运而生。1912—1927 年，仅创办资本在万元以上的工商企业就有 1984 家，投入资本总数约为 45895 万元；创办新式银行 313 家，投入资本总计为 20662 万元。中国近代工商业的发展进入黄金时期。

产业经济的发展，创造了越来越多的产业证券，而由于新创办的企业运营状况良好，给股东发放优厚的股息红利，使得其发行的股票更易为人接受，反过来又促进这些企业公司在更大的范围内发行更多的股票，筹集更多的资金。

更为欣喜的是20世纪20年代初期，公司债券也首次登场。1921年春，通泰盐垦等五公司委托上海24家银行和银钱业组成银行团，发行年息8%的公司债券50万元，首开中国企业发行公司债券先河。

产业证券的大量发行，有力地推动了证券交易市场的发展。清末的“茶会”市场，很快被专管证券买卖的股票公司取代，1914年秋，经农商部批准，上海股票商业公会成立，中国证券市场进入“公会时期”。在公会上场买卖的股票达20多种。

清末就有设立证券交易所的倡议，民国初年设立交易所提上了议事日程。1914年底颁布了中国第一部《证券交易所法》，1918年6月中国第一家证券交易所北京证券交易所诞生，随后上海证券物品交易所和上海华商证券交易所相继成立运营。中国证券市场进入了有组织的“交易所”时代。

与中国近代工商业、金融业蓬勃发展相反的是，北京政府的财政状况每况愈下，几近枯竭，政府只得仰赖举债度日。先是举借外债，1912—1926年先后举借外债387项，借款总额12亿多元。其中许多外债由外资银行在国际金融市场上发行金币公债予以募集，于是在伦敦、巴黎、纽约等金融市场和上海众业公所出现了一个中国金币公债市场。

1914年欧战爆发，国际金融市场低迷，加之北京政府前期所借款项屡屡不能按时偿还，更无举借新外债的希望。于是，政府便转向国内发行公债。1912—1926年，先后发行国内公债27种，共计6.12亿元。除此之外，还发行各类短期国库券1.08亿元以及名目繁多的地方公债。

如此巨量的公债发行，在当时并非易事，政府只得采用高息、大折扣的发行吸引银行承销。银行承销公债不仅有上述优厚利息、折扣，而且购入的公债可代替现银充作银行发行准备。因此，银行承销公债趋之若鹜。中国公债发行市场正式形成。

新设立的上海证券物品交易所短时间获厚利的效应，人们对交易所事业刮目相看，误认为开交易所是发财致富的捷径。于是各业纷纷效仿，形成了争设交易所和信托公司的热潮。到1921年底，仅上海一地开设的交易所就达140家之多，信托公司也有12家。起初各交易所还只是充当有价证券和物品买卖的中介，收取佣金，但后来市面上可用于交易的证券和物品，相对短时间一下成立的上百家交易所显得十分有限。于是，交易所自己炒作本所的股票，以虚带虚，哄抬股价，从中牟利。恰逢此时欧战结束，外资卷土重来，国内战争频繁，工商不振，市场萧条，游资充斥市场，暴利引诱涌向股市投机。1921 年春，银钱业为资金安全计，开始收缩银根，连锁反应先是股票价格大跌，后是交易所、信托公司大量倒闭，“信交风潮”爆发。盛极一时的股票市场，从此再次陷入低潮。

当股票信誉扫地、无人问津时，公债买卖交易却因此日渐兴隆，在北京和上海的证券交易所开拍成交的证券 98% 以上是公债。据统计，1927 年底，仅国内 30 家较大的银行购进保存的有价证券（主要是公债）达 10881 万多元，而当年主要公债的流通市值大约为 2.25 亿元。公债交易市场后来居上，中国财政证券市场正式形成。

至于此时的西商上海众业公所，先受 1910 年“橡皮股票”风潮累及，后又遇第一次世界大战爆发，使该所业务几乎停顿。直至战后外资卷土重来，在华企业公司获利倍增，上海众业公所的外资股票才又兴盛起来。上市买卖交易的除 30 多种股票外，还有 10 多种中国金币公债。

中华民国南京政府时期证券市场概述（1928—1949）

南京政府时期，中国社会处在一个急剧动荡变化的年代，也是中国证券市场演变最复杂的时期。这一时期的证券市场大致分为 1927—1937 年南京政府前期、1937—1945 年抗日战争时期和 1945—1949 年南京政府后期三个历史阶段。此外，南京政府时期也是中国共产党领导的新民主主义经济时期，在根据地和解放区出现过证券实践活动，这也是该时期中国证券市场发展史不可或缺的一部分。

南京政府前期证券市场继续发展，其最突出的标志就是公债市场迅速扩大，并出现了鼎盛的局面。这一阶段，举借外债虽不是南京政府的重点，但 1928—1937 年仍举有外债 52 项，总计约 2 亿美元。在发行内债方面，较北京政府是有过之无不及。1927—1936 年的 10 年间，共发行公债 26 亿元，是北京政府 15 年发行公债的 4 倍多。其公债发行主要依赖初步建立起来的四行二局的金融垄断体系。此时的证券市场依然是公债一统天下，1927 年公债成交量还只有 2 亿—4 亿元，到 1929 年已经增加到了 14 亿元。1931 年竟高达 39 亿元，为全部公债发行的 3 倍以上。公债交易市场这种兴旺发达的局面一直持续到 1937 年 7 月抗日战争全面爆发。

中国的证券市场在这一阶段继续发展还表现在如下三个方面：

第一，证券市场的监管力度有所加强。专司证券市场管理部门逐步统一且升级，1929 年颁布更为完整的《交易所法》，并于同年颁布了中国第一部《公司法》，规范股份公司和证券市场行为。

第二，以上海为龙头的全国证券市场形成。上海的证券市场业务合并，由上海华商证券交易所统一经营，北京证券交易所改称北平证券交易所，天津当时虽然未成立证券交易所，但却有许多证券行（证券公司），此外，还有宁波、青岛、汉口和重庆的几家证券交易所，规模不大，交易量也较小，除买卖中央政府公债和本地少数几只知名企业股票外，主要经营地方政府债券的买卖。

第三，尽管当时是以公债为主的财政证券市场，但股票和债券等产业证券较前仍有进一步增加。1929 年 2 月至 1933 年底，仅上海一地注册登记的 393 家股份有限公司实缴资本就达 2.02 亿元。1936 年，工矿业的资本达 13.76 亿元。据估算，到 1933 年，除外商股票，上海本国企业公司至少发行了 1 亿元的股票。30 年代以前，公司债虽有发行，但尚属凤毛麟角，并不普通。20 世纪 30 年代以后，公司债券的发行逐渐增多。闸北水电、六河沟煤矿、启新洋灰等七家企业公司仅 1934 年就发行了 1750 万元的公司债券。有资料表明，到 30 年代末，全国发行公司债券的企业大致有 19 家，债券总发行额约为 5000 万元，其中上海的 8 家企业公司发行公司债券 1800 多万元。据此推算，到抗战前夕全国历年所发行的产业证券至少在 5 亿元。当然，此时期产业证券的交易受 1921 年“信交风潮”的影响，几乎停顿，再加之政府公债长期主宰证券交易市场，产业证券很难插足其中。但实际情况还有另外的一面，那就是这一时期发行股票和公司债券的企业公司均为效益卓著的企业公司，其发行的股票、债券多掌握在少数大企业家、官僚和富商以及承办发行的金融机构手中，很少面世。因此，此时期产业证券仅有发行市场而无交易市场。

抗日战争时期证券市场的发展演变主要表现在如下几个方面：

第一，南京政府统治区，公债市场一落千丈，最终停摆。战争爆发，国土沦陷，公债发行困难，军政建设开销，只能依赖货币发行。战时经济统制，也不允许市场交易动摇战事与经济。

第二，上海租界“孤岛”股票市场畸形发展。1937 年 11 月，日本占领上海，上海租界沦为“孤岛”，政治上的“苟安”和托庇租界的中外经济机构，使狭小的租界出现畸形繁荣。1939 年第二次世界大战爆发，上海流往香港资金回流，加之南京政府外汇政策和黄金政策实施，使聚集在租界的游资涌向与外汇、黄金有联系的外资股票。在此推动下，长期冷落的华商股票重新又开始受到市场的青睐。西商上海众业公所当然不会错过此机会，其上市交易的证券有 162 种之多，其中股票 96 种，公司债券 10 种，其他各类金币债券 56 种。股票市场这种畸形发展一直延续到 1941 年 12 月太平洋战争爆发。

第三，在沦陷区，日伪政府利用证券市场进行殖民经济掠夺。除了大量发行伪政府公债和日资企业公司债强迫人民购买外，对证券交易市场更多的是利用其吸纳游资。被迫恢复营业的上海华商证券交易所，在这一时期上市挂牌的证券 199 种，1945 年该所又加拍 14 种股票，并实行延期交割办法。

南京政府后期证券市场在经历短期“繁荣”后迅速衰亡。证券市场出现短期“繁荣”起先是由于 1946 年 5 月新设的上海证券交易所统一了全国证券市场，继续开拍政府公债，交易公司股票，并采用“递延交割”和套利交易业务，刺激市场，鼓励投资所致。但后来，随着战事南移，政府公债发行无论调换什么名目，都无人购买，交易市场公债更是无人问津。而此时股票市场仍继续维持“繁荣”有两个原因：一是 1947 年 3 月，政府禁止黄金及外汇买卖，社会游资全部涌向股票市场；二是通货膨胀，导致与商品关系密切的公司股票成为保值增值的炒作对象。到 1947 年底，上市股票增加到 32 只，总市值达 70783 亿元。但是，通货恶性膨胀，导致经济全面崩溃，股票市场在经历短暂的“繁荣”后，也开始迅速衰退。

新民主主义革命时期，根据地和解放区的证券实践活动是这一历史时期的重要部分。伴随着新民主主义经济的成长，根据地和解放区在保障革命战争为中心内容的各项经济政策中，不乏现代证券市场思想，并对证券市场进行了有益的尝试。早在土地革命时期，除借助公债形式发行根据地公债，动员根据地财力、物力支援革命战争和经济建设外，还采用股份制形式，通过发行股票方式筹集资金，创办工农银行和建立生产、消费和信用合作社。这些证券实践活动一直贯穿在以后的抗日根据地和解放区的经济建设中。据相关资料统计，根据地、解放区先后发行过 71 种公债，其中土地革命时期发行了 18 种公债，抗日战争时期发行了 22 种公债，解放战争时期发行了 31 种公债。

中华人民共和国成立初期和计划经济时期证券市场概述（1948—1978）

从 1949 年到 1978 年的 30 年间，证券市场经历了由改造、利用到最终否定、摒弃的过程。

中华人民共和国成立初期对证券市场的改造、利用主要体现在两个方面：

第一，设立证券交易所，开放证券市场，为恢复国民经济服务。新中国成立前的证券交易所，是社会游资投机活动集中的场所，新中国成立后，政府迅速接管和关闭这些证券交易所。与证券一起被禁止交易买卖的还有黄金、白银和外币。这样游资除一部分转入地下黑市继续买卖外，大部分一齐转向商品市场，囤积居奇，对物价冲击更大，反而给政府疏导游资投向生产带来了更大的困难。加之当时股份制私营经济在社会经济中占有很大比重，私营和公私合营股份制企业公司发行的股票仍然存在，它们客观上也需要一个转让买卖流动的渠道。有鉴于此，政府决定重设证券交易所，开放证券市场。1949 年 6 月的天津证券交易所和 1950 年 2 月的北京证券交易所正式成立。天津证券交易所上市的证券有启新洋灰、开滦矿务、江南水泥和东亚企业等近 10 种公司股票，北京证券交易所由于没有合适的本地公司股票上市，故选择了在天津证券交易所挂牌上市的启新、江南、开滦、仁立、东亚和耀华等 6 种股票作为交易对象。尽管这两个交易所在 1952 年 7 月和 10 月先后关闭，但在吸纳游资、疏导转向和稳定物价、恢复国民经济等方面起到了一定的作用。

第二，利用公债制度，尝试举借内外债。为了平衡财政收支，1949 年 12 月政府通过《关于发行人民胜利折实公债的决定》，首先在国内发行折实公债。1950 年经中央批准，东北先后发行了两次地方折实公债。这是新中国利用公债市场的第一次尝试。与此同时，政府还向苏联举借外债。根据《中苏友好同盟互助条约》及其《贷款协定》，1950 年 2 月政府取得苏联的第一笔贷款，总额 12 亿旧卢布（约 3 亿美元），利率 1%，10 年内分期还清。1951 年 2 月和

1952 年 11 月，政府又向苏联举借了两笔分别为 10 亿和 10.36 亿旧卢布（约 5 亿美元）的抗美援朝军需借款，利率为 2.5%。此外，中苏还采用合资形式开办中苏有色金属公司、石油公司和民用航空公司以及轮船修建厂等四个“平权全股”公司，中苏各占 50% 的股份。这是新中国最早的一批外债，也是政府利用外债解决国内财政不足的一次尝试。

计划经济时期对证券市场的有限利用和最终摒弃也主要体现在两个方面：

对证券市场的有限利用一个是继续举借内外债，支援国家经济建设，另一个就是利用股份制、股票形式，支持实现完成对农业、手工业，尤其是对资本主义工商业的社会主义改造。1954—1958 年，政府连续 5 年发行国家经济建设公债，总额为 35.54 亿元，年利率为 4%，除 1954 年期限为 8 年外，其余各年度均为 10 年。这些公债的发行，对建立国民经济工业基础发挥了十分积极的作用。1954 年 10 月和 1958 年政府又向苏联举借了 5.2 亿旧卢布的外债，至 1958 年底，中国共向苏联举借外债 14.06 亿新卢布（约合 74 亿旧卢布、15 亿美元）。苏联借款对改造中国的旧企业的经济建设，宏观上起到了重要作用。

政府在举借内外债的同时，还利用股份制和股票形式，在开展的合作化运动中，鼓励、组织农民、手工业者根据自愿的原则，采用股份制形式，组织生产合作社、供销合作社和信用合作社，逐步将个体经济转为集体经济，由此产生了一大批形式多样的合作社股票。另外，对私营工商业通过加入国营股份，进行公私合营，并在全行业实现公私合营的基础上，对私有经济进行清产核资、定股定息，通过发行股票和发行固定股息的证券市场行为，实现了对私有经济的和平赎买，实现完成对他们的社会主义改造。到 1956 年底，全国有 87900 多家私营工商企业完成了所有制的改造，核定私股股额 24 亿多元。自 1956 年 1 月 1 日起，国家按 5% 的固定股息每年给私股发放 1.2 亿元的定息，领取定息的私人股东共 114 万人。这些私股是新中国出现的又一种特殊形式的股票。

对证券市场的最终摒弃始于 1958 年。1958 年，随着前期公债还本付息数额增加，政府认为依靠公债筹集资金的意义不大，因此，1958 年 4 月作出了《关于发行地方公债的决定》。决定自 1959 年起，中央不再发行全国性的公债，但允许地方在确有必要时发行地方公债。1959 年后，只有安徽、黑龙江、福建、四川、广西等少数省份发行了少量的地方经济建设公债。先前发行的公债，到 1968 年全部还清。举借外债也于 1958 年停止，并在 1965 年前偿还了全部的苏联借款。合作社股票随着农村人民公社的成立和城市集体经济的建立也逐渐消失。原公私合营时划定的私股，也于 1966 年 8 月停止支付股息，实际上名存实亡。1968—1978 年中国进入既无外债又无外债的无债时期。

中华人民共和国改革开放时期和中国特色社会主义新时代证券市场概述（1978—2019）

1978 年，中国的政治、经济发生了巨大变化，中国进入了改革开放的新时期，开创了中国特色社会主义道路。首先公债市场恢复，其次股份制经济和证券市场在经济体制改革中自发萌生。随着改革开放、创新发展的不断深入，新时期高起点再建重塑的证券市场得到了长足的发展。中国证券市场用 40 年较短的时间，走完了西方国家证券市场上百年、几百年的发展道路，实现了历史的大跨越。

一、改革开放初期公债市场的恢复与证券市场的自发萌芽

1. 国债市场的恢复。1979 年和 1980 年国家财政出现巨额赤字，有限的财政结余和向银行有限的透支仍然不足以弥补财政缺口。当时经济虚弱、市场容量有限，过多的货币财政发行，势必引发严重的通货膨胀。政府不得已打破“既无外债，又无内债”的老框框，恢复公债发行制度。1981 年，财政部首次发行国库券 48.66 亿元，填补向银行透支 80 亿元后剩下的 1980 年财政赤字缺口。新时期中国证券市场复兴的序幕也由此拉开。与此同时，政府通过金融机构开始在国际金融市场发行国际债券举借外债。1982 年 1 月，中国国际信托投资公司在日本东京私募发行 100 亿日元的武士债券，首开新时期举借外债的先河。接着福建投资企业公司、中国银行等 7 家银行、信托公司以及原来的财政部也先后进入国际金融市场，发行国际债券。到 1989 年底，累计发行各类国际债券近 50 亿美元。

国库券和 1987 年以后推出的重点建设债券、财政债券、国家建设债券、特种债券和保值公债等序列国债的相继发行，又催生了国债交易市场的形成。1985 年前，国债禁止转让流通，但民间一直存在黑市交易。1985 年后，开始

允许国库券在银行抵押贷款和贴现，但仍未从根本上解决国债的转让流通问题。直到 1989 年 4 月，国务院首先在上海、沈阳、武汉、深圳等七大城市试点，正式开放国库券转让市场。1990 年在全国放开。

2. 证券市场的自发萌芽。企业股票、债券的再现起源于经济体制改革的实践，其最初的雏形是城乡经济实体各种形式的社会集资。1979 年开始的农村经济体制改革，以家庭为单位的“个体户”“专业户”普遍出现，农村社队企业也有了一定的发展。在此基础上，农民自发地用“以资代劳”“以劳带资”的方式筹集资金，兴办了一批合股经营的乡镇企业，股份制经济与股票首先在农村出现。

股份制与集股筹资的方式很快蔓延到城市。为解决城镇就业，80 年代初，开始出现集资兴办城市街道股份制企业。紧接着这种集股筹资的办法，后来又扩展到国营中小企业的经营改制之中。1980 年 1 月，中国人民银行抚顺市分行抚顺办事处为当地两家砖厂发行了面额为 1 元的股票 280 万股，新时期的第一张股票诞生。随后，武汉东西湖农工联合、成都工展、深圳宝安、佛山信托等早期股票也相继面世。到 1990 年底，全国各类股票发行金额累计达到 45 亿多元。

企业债券的出现，大约在 1983 年下半年。仅 1985 年和 1986 年两年，企业向社会和企业内部职工发行的企业债券就达 100 多亿元。到 1990 年底，地方企业债券、重点企业债券、基本建设债券、企业短期融资券和企业内部债券累计发行额接近 1000 亿元。此外，还有 1985 年后发行的金融债券 300 多亿元。

随着股票、债券的大规模发行，这些证券的流通市场也开始活跃起来。1986 年 9 月以前，股票、债券转让需自找对象，并到证券代理发行机构办理转让手续。转让不仅困难，而且成本也高，于是出现了证券交易的黑市。1986 年 8 月，沈阳信托率先开办了有价证券的柜台转让业务，标志着我国有组织的证券交易正式出现。同年 9 月上海也出现类似的股票柜台交易，随后深圳、武汉、北京、天津等地的柜台交易市场也迅速出现。到 1990 年，各类股票、债券的交易量达 136.5 亿元。深圳还专门成立了中国新时期的第一家证券公司——深圳特区证券公司，股票热首先在深圳形成。深圳最先面市的深发展、深安达、深万科、深金田和深原野五只股票持续上涨，呈“五马奔腾”之势。

深圳股票上扬，又刺激了上海股市，上海飞乐音响、飞乐股份、延中实业、真空电子、豫园商城等八只股票表现不俗，上海股市也被热炒。证券市场就这样在全国各地自发萌生。

二、全国性证券市场的再建重塑

在全国各地的场外证券市场发展的基础上，国家有意将自发兴起的证券市场纳入国家经济发展轨道，在移植和借鉴外国成熟、先进的证券市场制度和发展经验的前提下，重建再塑中国证券市场。

以 1990 年 12 月深圳交易所和上海交易所设立为标志的全国性证券市场初步形成。证券市场从此由场外分散交易进入场内集中交易，由欠规范发展逐步走向规范发展的崭新阶段。

1991 年在深圳证券交易所和上海证券交易所上市的股票只有 14 只，市值仅 109.19 亿元，1991 年全年成交量为 43.37 亿元，远不如分散在全国各地的场外交易市场。但到了 2000 年，深沪两市的 A、B 股达到 1088 家，其中 B 股 113 家，此外还有证券投资基金 36 只和国债、企业债券等十几只其他证券品种。

1992 年中国证监会设立，证券市场制度性建设加快。1998 年，证监会取缔了全国 28 家地方证券交易中心，关闭了 STAQ 和 NET 两个法人股交易系统。全国性的证券市场正式形成。

这一时期证券市场再建重塑、初步发展主要表现在如下几个方面：

第一，股票市场龙头地位显现。1996—2000 年，股票市场连续几年快速发展，实现了历史的大跨越。1992 年，中国首次发行 B 股，迈开了证券市场国际化的第一步。随后，通过多种渠道和形式在境外上市筹资的企业越来越多，除 H 股外，还有香港红筹股、纽约上市的 N 股、伦敦上市的 L 股和新加坡上市的 S 股。

第二，国债市场稳步发展。1990 年国债转让市场全面放开后，国债市场发展迅速，并一直高居债市榜首。1998 年 9 月，财政部还发行了 2700 亿特别国债和 1000 亿专项国债。国债二级市场也在 1994—1996 年股市低落的情况下形成了“债券热”。

第三，企业债券市场在规范中创新。1992 年是企业债券市场大发展的一年，发行额骤增至619亿元，1998年15家公司发行了公司债券24.65亿元，1999年又有12家公司发行公司债27.2亿元。重点企业债券和基本建设债券在1998—1999年共发行了157亿多元，商业银行金融债券停发后，政策性金融债券大量发行，其规模仅次于国债。

第四，投资基金异军突起。80年代出现了中国概念的投资基金，在1992年得到了很大的发展，该年批准设立的投资基金公司有57家。1998年开元、金泰等一批5家较规范的封闭契约基金正式面市。证券投资基金异军突起。

第五，证券衍生产品崭露头角。1991年后出现的证券衍生品主要有国债期货、认股权证、可转换债券、存托凭证和股票指数期货。这些证券衍生品的出现虽然较少且有的很快退出，但它们却昭示着中国证券市场结构更趋完善。

三、中国证券市场在改革创新中得到了长足发展

1999年7月《证券法》的实施，完善了证券市场环境，确定了证券市场地位。中国证券市场在《证券法》的法律框架基石之上，进入了改革创新和规范发展的新阶段。

首先，证券市场监管体系得到了进一步的完善，形成在中国证监会领导下的上海证券交易所、深圳证券交易所、中国金融期货交易所和派驻各地的证监局以及中国证券业协会、中国基金业协会的证券监管体系，在《证券法》和《证券投资基金法》及其他法律法规的框架下，对证券市场实行有效监管。在这一时期，在全面提升上市公司整体质量，推出上市公司ST制度和引入上市公司退出机制；加强证券公司综合治理，在南方证券、汉唐证券、闽发证券和大鹏证券相继被托管或被清盘治理措施之后，推动证券公司业务转型和经营模式的转变，并对证券公司实行分类管理；规范证券交易行为，实行严格的信息披露制度，打击证券违法违规行为，保护投资者的合法权利和根本利益等方面成效十分显著。

随着市场经济体制的确立，2004年国务院《关于推进资本市场改革开放和稳定发展的若干意见》（国九条）出台。中国证券市场改革创新步伐明显加快。2004年深圳证券交易所推出中小企业板，是证券市场制度创新的重大举措。2005年证监会启动并实施的股权分置改革，在证券市场发展史上具有划时代意义。在2009年深圳证券交易所再次推出创业板后，2014年被誉为“中

国版纳斯达克”的新三板也正式启动。与此同时，股指期货开办、国债期货市场的恢复、股票期权、券商融资融券业务的推出，将中国证券市场的业务创新发展推向了高潮。

股票发行方式和发行制度的改革一直持续进行；中国证券市场引入投资基金、私募基金、社保基金等机构投资者取得了很大的成效，中国证券市场散户结构得到了重大改善。在推出 B 股、H 股和鼓励企业走出去，到国际资本市场上市交易的基础上，又实现了“沪港通”和“深港通”，还成立了中欧国际交易所，中国证券市场的国际化步伐明显加快。

我国证券市场的制度改革也在不断深入。2019 年 2 月，习近平总书记在主持中共中央政治局第十三次集体学习时，集中对“金融供给侧结构性改革”进行了阐述，提出我国金融改革和发展的新方向。而在资本市场方面，“建设一个规范、透明、开放、有活力、有韧性的资本市场”成为金融供给侧结构性改革中的重要内容。

2019 年 7 月 22 日，首批 25 家公司在上海科创板成功上市。为了更好地为高新技术企业服务，科创板在国内首次试行了股票发行的注册制，股票交易实行上市前 5 天不设涨跌停板，此后交易设置涨跌停板为 20% 的交易制度。2020 年 3 月 1 日，修订后的《中华人民共和国证券法》正式实施。本次证券法修订，按照顶层制度设计要求，进一步完善了证券市场基础制度，明确了股票发行实施市场化的注册制。2020 年 4 月 27 日，中央全面深化改革委员会第十三次会议审议通过《创业板改革并试点注册制总体实施方案》。

截至 2019 年底，中国沪深两市共有上市公司 3777 家，总市值为 59.29 万亿元（2015 年总市值曾接近 80 万亿元）；证券公司数量为 133 家，总资产为 7.26 万亿元；证券投资基金管理公司 128 家，还有取得公募基金管理资格的证券公司有 14 家、资产管理子公司 12 家、保险资产管理公司 2 家，基金管理人数量共计 156 家，这些机构管理公募基金 6544 只，份额 13.7 万亿，规模约 14.8 万亿元。中国证券市场在改革创新中得到了长足的发展，成为世界上体量最大、最具影响力的证券市场之一。

跋 《砥砺前行　资本印迹——财经人资本市场口述史》征编背后的故事

季仙华

2019 年 10 月正值新中国成立 70 华诞，2019 年也是中央财经大学成立 70 周年。为此，中央财经大学证券期货研究所组织征编了《砥砺前行　资本印迹——财经人资本市场口述史》这部书稿。

我与五十年金融生涯财经人的故事

2019 年 11 月初，我给前辈沈若雷师兄发了一个信息，告诉他我们将为中财的校友在资本市场的亲身经历出一本书，想邀请师兄来参加，想把他在资本市场上的经历和故事收录进去。信息发出后，师兄很快就回复“可以”。后来他说还可以提供一些证券方面经历过的大事件、实际情况和感悟体会。对于沈师兄亲身经历过的索罗斯事件，我更是懵懂了。后来如约，我去采访了沈师兄。采访结束后，在整理的过程中，有很多人名和地名我不确定，于是就把不太确定的名字与地名微信截图给师兄看，他仔细地一一给我核对，并告诉我正确的名称。初稿整理出来后，我发给他看，他说得好好修改一下，并问我什么时间要。我还对师兄说我们收到的基本都是国内资本市场事件的稿子，他在香港工作过，能否帮忙回忆一下香港发生的和他在香港经历的证券事件。师兄很爽快地就答应了，说他会补充一些香港的内容。我发现师兄的观念非常超前，也很新潮，能够熟练使用网盘、抖音等这些新媒体、新方式。

采访沈师兄那天是2019年11月28日，这一天正好是感恩节。真的很感谢师兄抽空专程接受我的采访，感谢师兄对母校一如既往的支持，感谢师兄为中财年轻人树立榜样，激励大家前进。与师兄的交流，收获颇丰，获益匪浅。

在这里我也想总结一下师兄从业五十年金融工作的经历、态度和评价：

1. 做好自己，报效国家

师兄毕业于中央财政金融学院金融系金融专业，高级经济师。曾任中国人民银行浙江省分行副行长，中国工商银行浙江省分行副行长，中国工商银行杭州金融管理干部学院院长，中国工商银行上海市分行行长兼上海申银证券公司董事长，上海巴黎国际银行董事长，上海国际信托投资公司副董事长，申联国际投资公司董事长兼总经理，联泰大都会人寿保险有限公司董事长，香港上海商业银行、上海银行董事，上海交通大学、中央财经大学等院校兼职教授。

在与他的交谈中得知，从1968年参加工作至今，一晃50年过去了。回忆起自己的从业生涯，74岁的他很激动。50年来他从未离开过金融系统，在金融领域兢兢业业，默默奉献。直至今天，他依然在为国家的金融事业做着大量具有建设性的工作，这就是师兄的家国情怀。

2. 与人为善，为国育才

由于师兄具有丰富的经历和优秀的工作成绩。1983年他被任命为中国人民银行浙江省分行副行长，后又担任中国工商银行浙江省分行行长，分管人事和行政等工作。

1988年担任工商银行浙江省分行当时设立的杭州金融管理干部学院院长，主要培养具备计算机和金融双重能力的人才。在担任院长的4年时间里，可能是他一生工作最为劳累的阶段。能为国家培养出大批的金融系统人才，师兄非常欣慰。在上海工商银行工作期间，同样注重人才培养。据师兄现场回忆，其间为国家培养了290多位干部，其中有20位以上现在是正局级干部。师兄骄傲地表示："很多人干的事业比我更大，让培养出来的人超越自己，长江后浪推前浪，是一个社会进步的体现。"

3. 立足本职，勇挑重担

1992年，师兄在到任中国工商银行上海市分行行长的干部工作会上，动员大家要齐心协力把工商银行建设成上海市最好的银行。他率先垂范，勇挑重担，充分发挥好“龙头”作用，解决了许多棘手问题。1997 年师兄离任时，上海工商银行已经成为上海最大的银行，大幅增加了存款和贷款，提高了利润。之后，沈师兄受上海市政府委派，到香港负责与台湾的金融业务，工作了整整 16 个春秋。

今天他结束了香港的工作，最终还是选择回归黄浦江畔，半生金融，兢兢业业，虽然坎坷，但毫无怨言。退休后，依然满怀热情地为祖国的金融事业奋斗着。

4. 谆谆教诲，犹在耳畔

在交谈中，师兄还分享了自己的人生感悟，谆谆教诲，字字千钧。他说：做人要正直、善良；讲话要讲心里话，做事先做人。如果大家都保持一颗正直、善良的心，社会将会更加美好。此外，他还强调，人一定要有爱国情怀和历史使命感。“天下兴亡，匹夫有责”，希望年青一代在任何时候都不要埋怨国家，而是要提高自己的事业心，为国家的发展贡献力量。“他山之石，可以攻玉”，师兄还告诫年青一代要善于学习，既要学习书本知识，也要向身边优秀的人学习如何做人、做事。“大肚能容，容天下难容之事；笑口常开，笑天下可笑之人。”懂得宽容，做好自己；心存感恩，报效国家。

我想这大概就是师兄 50 年金融生涯最真实的写照吧！

我与中国资本市场专家学者的故事

2020 年春节，新冠疫情暴发，在我与原长江证券公司创办人、董事长陈浩武联系时，原本已退休多年的他支持我们征编出版口述史的想法。为此，他还特意找到以前长江证券公司存档的电子文件发过来，这些文章内容保存下来不容易，在我与陈董事长仔细核对完相关的稿子后，我希望陈董事长能给我们提供一些图片，他很爽快地就答应帮我去找，过后不久，就发来了许多图片，当中有不少记录当年资本市场的珍贵老照片。

在我与中国政法大学商学院刘纪鹏院长联系中，他也很支持我们做这本书。2005 年 7 月 11 日，刘院长曾被邀请去中南海向国务院领导同志汇报股权分置改革。同年，召开了两次有关资本市场改革的重要座谈会，刘院长的文章，记录了这两次会议从重点地区到全国各省市和中央各有关部委的全面动员，为以后的股权分置改革奠定了成功坚实的基础，是一份珍贵的历史记忆。

在我与原北商所会员管理中心、会员俱乐部、培训中心廖一主任交流后，才知道原来我国还有个期货交易“来去匆匆的北商所”，经廖一主任介绍后，了解到当年成立期货北商所的一些内部信息，以及北商所的会员机制和壮观的交易大厅，才知道红马甲是干啥的。当年的北商所也是齐聚了多个国家部委的老中青精英，北商所的中高层管理队伍素质非常高，高管来自国务院发展研究中心、农村研究中心、国家体改委及财政部、商务部等相关部委，骨干员工很多来自北大、复旦、人大及北京物资学院。大连商品交易所理事长及中国金融交易所监事长武小强、中国证券业协会会长和银河证券董事长陈共炎、北京市证监局副局长陆倩、嘉实基金董事长赵学军、长城证券董事长黄耀华、太平洋证券总裁廖一、首创证券副总裁左沃生等证券公司、期货公司、基金公司的高管和骨干都曾是北商所的会员，真可谓是云集了强大的骨干精英。北商所有14 家发起单位，其股东实力雄厚。只可惜后来没有继续下去。

我与亲历中国资本市场中财人的故事

2019 年 10 月 19 日上午，在校庆大会开始之前，我看到了座位上贴满了优秀校友的名字，于是我针对想要重点关注和拟准备采访人的名字，脑子里有计划有重点地做了标记。会议中，突然看到一位熟悉的身影从远处走了过来，很快要走过去了，于是我起身快步走上前“截住”了他，他就是香港瑞银首席经济学家陶冬，我说：“师兄，关于《砥砺前行　资本印迹》书稿事……”，没等我说完，陶师兄就说一直都记着呢，一定参与！因为他工作很繁忙，经常在外面飞。陶师兄还说尽快给我交稿，因为当天下午陶师兄要返回香港，他还说回头我们再约时间好好交流。借着庆祝大会会场上走路的时间，我们俩就这样站着做了几分钟简短的交流。之前我也看过陶师兄的介绍，也参加过陶师兄在香港出席演讲的论坛，他的观点和对中国经济的解读，代表了中国顶级经济学家的观点，也是中财培养出来的为国家经济建设做出贡献的人。后来我问他稿子准备得怎么样了，他说下周在飞机上写，确实他太忙了，但对于母校的事情也是一如既往的支持。

2019 年 10 月 19 日下午，在中央财经大学第六次校友代表大会上，我利用茶歇和合影的时间，赶紧与“中国女巴菲特”——刘央师姐交流讨论财经人的《砥砺前行 资本印迹》这个故事和缘由，师姐很是支持。我说：我们的书名叫“《砥砺前行 资本印迹：财经人资本市场口述史》”。师姐说：“这标题太醒目啦！”她问我具体的要求和细节，照完校友代表合影后，我们俩边走边聊，一直在商量，在上电梯之前，陈明书记还在催着我们俩赶紧上电梯，师姐对陈书记说我们俩在讨论如何写报告呢！之前香港的黄强会长也给师姐说过，师姐说一定要参与。后来在与刘央师姐电话交流的过程中，听到刘央师姐对我说的话“我对母校是心甘情愿做慈善……”，我也是特别的感恩！她是中财人中的佼佼者，为母校和中国资本市场作出了较大贡献。与刘央师姐的多次交流也很有趣，因为她工作很忙，我怕她工作忙起来就把我们这事忘记了，所以我就隔三岔五“骚扰”她一下，发个信问问她。最后，虽然这次没有收录到师姐的故事，但还是十分感谢她！

在与会计 1991 级张喜芳师兄交流的过程中，我给他说了《砥砺前行 资本印迹》这本书的想法后，邀请他参与，他很快就答应了。他成为第一个提交文稿的校友。

“我与 A 股的 20 年”是陈凤杰校友在资本市场的亲历故事。这个真正是写出了他这 20 年来在资本市场的往事。对他提出的投资理念和投资策略我还是很认同的，只要是参与过资本市场的人，真的就是与资本市场“一起成长，一起看风卷云舒，倏忽就到了今天”。正如陈凤杰所言：“证券市场如同书籍，博大宽广，学无止境；证券市场如同四季，起伏轮回，循环往复；证券市场如同人生，勇往直前，一无退路。”

2019 年 11 月 11 日，我有幸与 1989 级盛剑师兄取得了联系，师兄很爽快就答应了，还说写不好不要怪他哟。当然能够参与就是对我们工作最大的支持，也很高兴把我们杰出校友们的资本市场亲身经历记录下来。他过了四天就把稿子提交给我了。

还记得与新加坡交易所董江的交流，那时正值国庆和校庆，我说让他安心过“十一”国庆节，节后就想着得给我提交“作业”了，他还开玩笑地说“保证 50 字以上”，我说“OK，一个字也是给你家宝贝留下的珍贵财富！”他还说“你真该来新交所做中国区主席”。我回复“哈哈，我随时都想去做中国区主席啊，如果你当了老大就把我挖过去吧”。后来在他提交的稿子中我发现远远超过“50字”了。知道各位校友工作都很忙，但大家也都是很积极参与这件事，很感谢他们对这部书的支持！

在与胡立峰校友交流的过程中，他让我10月中旬提醒他一次，他立即收入备忘录，我都一一记录标记上，并如期履行。在我们整理书稿目录时，他先把题目发过来了。后来我问他的稿子好了没有，他说素材整理好了，等晚上再润色一下就交稿。师兄是很认真的、精心的在准备着，把自己最精彩的故事呈现给母校。

记得2019年9月中旬的时候，我第一次与蒋铭校友说这个事情的时候，他说这个事情是一个非常好的事情，主题是资本市场亲历者，但他一直都是在保险行业，他说感觉保险和资本市场文不对题啊！我说没事的，保险也属于金融行业，他在保险业取得了骄人的好成绩，亲历保险市场有话语权。他问我什么时候要稿子，我说在10月中下旬给我就可以，在10月30日，他如期给我提交了《从资本到渠道——国内保险业发展回顾》一文。

在2019年9月中旬，我与银国宏校友说这件事的时候，他第一时间答应了，并问有什么要求。其实我们没有什么要求，只是希望把校友们在金融市场的经历记录下来。到了10月底，我问他“作业”好了吗？他说最近两周一直在出差，到了11月初，他如期提交了稿子。我看到他的题目《中国A股市场投资理念变迁》时，这真的是代表了中国股市变迁的历程，其实A股就代表了中国的股市。

也是在2019年9月初左右，与李旭东校友说了这个事，他也问了多少字，有没有什么要求，怕写不好。我说没有要求，他说：“我试一下啊。”我说：“你那么厉害，咋叫试呢。”后来我问他“作业”好了没有，他说：“前段时间太忙了，是不是已经错过了交卷的时间啊！”我说：“没有，就等着你呢！”他说：“好，马上。”

校庆结束后，我第一时间就与黎同锐校友联系，他非常支持，很快就交稿。他一直都是很支持母校校友的各种活动。不管是母校的活动，还是校友们有什么事情，也不管是哪个校友，黎会长都是第一时间援手相助，他带领的广东校友会都是全心全意为母校老师和校友们做好服务工作，感谢黎会长为母校作出的贡献。

在与王啸校友联系的过程中，感觉他特别忙，每次与他联系的时候，我都发现他要么在飞机上，要么在高铁上，要么在会议中，要么在与客户谈事情，每次都是抽空余时间写一点记起来的，就发给我看下。有时候是在飞机上写一点，有时候是在高铁上写一点，有时候是在与客户见面之前的空隙时间写一点，有时候是约了客户喝茶之前的空余时间写一点，真是见缝就插针。因为他的忙碌，我还特意给他贴了一个标签"空中飞人""高铁达人"。最后一次是在高铁上完成的终稿。非常感谢他在百忙之中写出这份他曾经亲历过的资本市场故事的投资人。

我要重点介绍说明的是，还有一位尊敬的前辈校友，他在资本市场上的故事可谓惊心动魄，令人非常感动。我给师兄打电话约采访，师兄很爽快就答应了，并让我来定见面的时间和地点。定下来之后，我给师兄发了信息，很快就收到他的回复："好！我准时到！"看到这几个字，我激动得一晚上没有睡着。感动之一：师兄作为长者，这么支持我们晚辈的工作；感动之二：师兄为了完成这件事，经受过那么大的困难和曲折，还一如既往地支持着国家建设，感恩中财母校的教育培养；感动之三：师兄为了实现国人的愿望，忍受了一切困难，换来了国家在这个行业领域的科研水平至少提前了20年，为国家节约了大笔的科研经费；感动之四：为了完成这件事，师兄自己深受磨难却毫无怨言；感动之五：他为国家作出的重要贡献并产生的重大影响，一定会载入历史。他就是中央财经大学1962级金融专业本科、华夏证券原董事长邵淳师兄。转眼就到了我们约定的2019年11月2日，那天一早准备好我就出发了，路上收到一个朋友发的短信："祝你生日快乐！"哦，今天是我的生日！那段时间一直在忙《砥砺前行 资本印记——财经人资本市场口述史》这部书稿的联络和采访，忙得把自己的生日都忘记了。在这样一个特别的日子里，去采访一个特别的人和聊一个特别的故事，真的是很有意义，这一天我永远不会忘记！邵淳师兄耐心细致地接受了我的采访。听完他的故事，我十分钦佩师兄有这么大的格局，有这么高超的智慧，他为此经受了那么大的磨难而志向不改。他们那批人的满腔爱国热忱、高度的历史责任感、高瞻远瞩的目光、坚定的信念，"有条件要上，没有条件创造条件也要上"的利国利民的远大理想和抱负，深深地感动了我、感染了我。可惜的是，师兄的这些故事和经历，目前在这本书里还无法展开叙述，只能留待今后的机会发表。在这里，向邵师兄表达诚挚的歉意。放入这张采访师兄时的合影，留作纪念。

2019 年 11 月 2 日，采访邵淳先生（右）留影

还有很多校友，包括盛剑、靳勇、赵国富、付足、黄付生、但有为、赵东和武鹏隆等，以及海外的美国校友赵然，因为时差关系，半夜还在与他交流稿子的事宜。很多的校友都给予了我们大力支持，在此一并表示感谢！

我们知道校友们都很忙，也不想占用他们更多的时间，但是他们在资本市场上的经历和故事真的很有意义。不仅仅是现在，对未来也是一笔宝贵的财富，让后来者们更多地了解前辈们经历过的资本市场历史。

我理解的财经人精神

中央财经大学被誉为“中国财经黄埔，财经专家的摇篮”，培养了大量从事金融财经部门工作的专门人才，包括四大行、基金、证券、保险等行业的领导者许多出自中财，很多校友都是中国资本市场发展的参与者、见证者、亲历者和推动者。

无论是疾风席卷下的近代，抑或是改革开放以来的 40 个春秋冬夏，中财人始终站在前代人的肩上，以坚定文化自信为引领，继承革命精神展望未来。

中央财经大学培养出了我国很多财经专门人才，其中就包括共和国四任财长，他们是财政部原部长金人庆、谢旭人、刘仲藜、楼继伟。在 2019 年 10 月 19 日校庆 70 周年大会上，这四位部长非常难得聚在一起。更为难得的是，中国人民银行原行长戴相龙、审计署原审计长李金华校友也出现在中央财经大学校庆 70 周年大会上，此时他们没有以前的官衔，但他们都有一个共同的名字，那就是“中财人”。

在我的这份总结最后完稿准备提交给出版社的前夕，又得知一个校友的喜讯，恰逢2020年6月30日十三届全国人大常委会第二十次会议闭幕，会议决定任命侯凯为审计署审计长。侯凯审计长为我校1980级学生。

此时，我的耳边又响起了一曲“乾坤龙马，绘出崭新蓝图。莘莘荣光，最美中财道路……”中财学子们在中央财经大学70周年校庆文艺晚会上唱出了所有中财人的心声。新时代的中财人始终谨记母校教诲，发扬龙马精神，脚踏龙马，荆棘藤蔓。但无论如何，也挡不住中财人龙马奋斗、永不停歇的脚步。万仞碧空待翼展，千里平川任马驰，新时代的中财人不忘初心，牢记使命，努力追求做有担当的时代新人。正所谓“青春路上，龙马引道；奋斗路上，中财同行；资本路上，中财人行”。在此，让我们中财大与中财人一起努力谱写新时代资本市场崭新的篇章！

2020年6月30日

附　中央财经大学证券期货研究所简介

中央财经大学证券期货研究所（以下简称“证券期货研究所”）在全国著名的金融专家刘光第教授亲自倡导下，成立于1994年4月，是国内第一家专门从事证券期货研究的高校研究机构，现任所长为知名金融证券专家贺强教授。研究所依托中央财经大学金融学院和中央财经大学的学科优势，借助校内外专家资源，致力于对多层次资本市场的最新理论发展和政策实践进行研究。

证券期货研究所自建立以来，就设定了三个宗旨，宏观与微观相结合、理论与实际相结合、国际与国内相结合。长期以来，证券期货研究所按照这个宗旨，密切跟踪中国经济运行，政策运行和资本市场运行的实际，进行深入研究，取得了一系列的成果。

证券期货研究所始终贯彻将金融理论与金融实务相结合，全面发挥引领学术研究与服务社会的功能。研究所目前拥有专职、兼职研究员近20名，其中包括多名教授、博导和业内知名专家，2010年为研究需要还先后成立了上海分所和深圳分所。证券期货研究所实行所长负责制，有固定的研究团队，同时，外聘多名兼职研究员和学术顾问，对研究工作进行指导。

20多年以来，中财证券期货研究所坚持理论与实践相结合，以扎实、务实的学风对我国的多层次资本市场进行了全面系统的研究，取得了大量的研究成果，这些研究不仅引起社会上的极大反响，得到广大专家学者的认同，也得到了中央领导的高度重视。

在学校和学院的支持下，中财证券期货研究所积极地开展校内校外的学术研讨活动，曾多次成功举办大型高级学术会议，取得良好的社会效果。研究所十分重视参加社会实践活动，走访了许多上市公司，写出了一系列专题研究报告。多次受到证监会及银行部门领导的邀请，反映证券市场情况、提供监管意见，研究所提出的建议得到了中央有关部门的高度重视。研究所还接受全国人大的邀请，参加了关于《中华人民共和国基金法》修改意见会，提供了许多重要的建议。我们还积极参与报社、杂志社、中央电视台及广播电台等新闻媒体的合作，开辟学术专栏，担任撰稿人和主讲人，宣传国企改革和资本市场的有关知识，产生了很大的社会影响，在学术界占有了比较显著的地位。研究所“多层次资本市场系列课题”累计出版多部专著，连续多年推出的“新三板市场发展报告”在市场上也产生了较大影响。

在学校的支持下，研究所积极开展校内外的学术交流活动。曾在北京举办“巨额游资高级研讨会”，取得了很好的社会效果。1998 年又与泰国朱拉隆恭大学在曼谷合作举办了“东南亚金融危机国际研讨会”，引起强烈的反响。此外，证券期货研究所还受学校的派遣，为原外贸部、国家开发银行以及北京市 38 所大学处级以上干部、北京市团市委系统干部讲授金融证券知识，受到热烈欢迎。

证券期货研究所十分重视参加社会实践活动，走访了许多上市公司，在此基础上，写出了《我国上市公司业绩水平研究》及《北京市上市公司业绩分析》等研究报告。

近年以来，研究所承担了一些重大课题，出版了多部专著。主要的课题有：证券自律组织职能定位与发展国际比较研究、公司市值提升与资本运作战略研究、新三板市场现状及问题、运营数量模型设计及运用研究、重推国债期货的意义、可行性和展望、我国多层次资本市场建设——我国股指期权市场建设研究、“新三板”市场对北京金融街发展影响研究、中国证券市场发展研究、上市公司百强榜指标体系研究、新三板市场发展问题研究、人寿相互保险社运营资金补充及回报机制、供给侧结构改革下券商差异化发展研究。出版的专著主要有《新三板市场：操作原理》（人民日报出版社）、《新三板市场：运作与创新》（人民日报出版社）、《新三板市场规范发展研究》（中国经济出版社）、《中国证券市场发展研究》（人民出版社）、《中国科创板：理论与实践》（中国经济出版社）。

证券期货研究所参与并承担了许多金融方面的专项工作，包括资本市场相关的多项工作。研究所曾多次受到证监会及银行部门领导的邀请，反映证券市场的情况，提供监管意见，提出的建议得到有关部门的高度重视。

参加的重要考察活动及提交相关报告建议

1995 年 12 月，研究所领导接受国家证券委马忠智副主任的邀请，到中国证监会反映我国证券市场存在的主要问题，并提出相关对策建议。

1998 年 3 月，研究所接受中国证监会及证券业协会的邀请，在奥林匹克饭店参加有关证券市场发展问题的座谈会，对解决股市的问题提出积极建议。

1998 年 9 月，研究所在对广东和福建等地的法人股市场进行了深入调查之后，写出的《关于法人股市场的调查报告》受到中央领导的高度重视，朱镕基总理批示并转证监会领导研究。

1998 年 10 月，研究所接受全国人大财经委的邀请，为《证券法（草案）》提供修改意见。

2000 年 12 月，研究所参与主持编辑的大型文献著作《中国证券 1942—2000》出版，时任全国人大常委会委员长李鹏同志亲笔批语。各新闻媒体予以报道，产生较大社会影响。

2000 年，研究所对广东佛山照明股份有限公司进行了调查研究，写出了相关分析报告，引起强烈的社会反响。

2001 年，重点对创业环保资产重组案例进行了研究，并为有关部门写出专题报告。

2001 年，研究所主持国家自然科学基金课题“我国股市周期波动研究”。该课题由全国人大常委会副委员长成思危紧急立项，上报中央领导审阅。

2002 年，研究所接受全国人大《基金法》起草小组及中国证监会基金部的委托，为《基金法》第六稿提供修改意见。

2003 年 11 月，研究所参加了证券监管部门主持的有关股市政策的研讨会，并提出合理化建议。

2005 年，研究所再次接受全国人大财经委的邀请，为新修订的《证券法》提供修改意见。

2005年5月，研究所接受中国证监会主席尚福林的邀请，参加股权分置改革座谈会，提出从战略的高度解决股权分置问题。

2006年11月，研究所接受天津市政府的邀请，参加在京津新城举办的“滨海特区多层次资本市场建设研讨会”，提出了建立场外市场的有关建议。

2007年3月30日，研究所参加证监会组织召开的中国资本市场发展报告会议，对中国资本市场的发展和战略问题进行了讨论。

2007年5月中旬，研究所接受人民日报内参部的邀请，为向中央领导反映证券市场发展状况，提出调节股市供求、保证股市稳定发展的建议。

2007年5月下旬，研究所接受新华社内参部的采访，为向中央领导反映证券市场发展状况，提出抓住股票市场大好时机，积极推动国企改革，变停滞的国有资产为流动的国有资本的有关建议。

2007年7月14—15日，研究所受扬州市潍扬区区政府的邀请，带队组成考察团，对当地经济进行考察，并与市区领导两次会谈，共同探讨扬州市潍扬区经济发展问题。

2008年5月6—9日，研究所负责人参加全国政协经济委员会委员考察农村金融的活动，去山东济南、滨州、青岛等地广泛与当地的金融局、农业银行、开发银行、农村信用社的有关领导进行了深入的交流，并集体向中央写了有关的调研报告，为党的十七届三中全会有关农村经济改革提供了重要的第一手资料。

2008年7月，在全国政协十一届二中全会常务委员会会议上向有关领导反映股市的情况，并提出了稳定股市的政策建议。

2008年9月，研究所参加北京市发改委的专项调研，在此基础上向北京市政府提交《关于在北京建立统一监管的全国性证券场外市场的建议》。

2008年9月22日，研究所负责人出席全国政协经济委员会组织的关于经济形势的讨论会，经济委员会委员建议推出积极财政政策。根据会议精神，由全国政协经济委员会副主任、国家统计局局长李德水同志负责撰写有关报告上报，全国政协主席贾庆林同志作出批示，并转呈国务院主要领导。

2008年10月6日至9日，研究所负责人随全国政协经济委员会考察深圳金融市场，与当地银监局、证监局、各商业银行及深交所进行广泛交流，并写出了调研报告递交中央有关部门。

2008年10月，研究所提交关于当前宏观经济政策的建议：应当结束长达五年半的从紧宏观政策调控，推出积极的财政政策，适度放松货币政策，以防范金融风险，刺激经济增长。该建议通过中共中央统战部上报至中共中央政治局，11月5日国务院常务会议宣布实行积极的财政政策和适度宽松的货币政策。

2008年12月24日，研究所以北京市政府参事的名义提出了关于在首都建设零排放大楼作为地标式建筑的建议，得到北京市委书记及市长的批示。

2010年2月，研究所提交关于加强第三方支付管理的提案，中国人民银行高度重视，作为重点提案，并组织了八部委联合考察团，研究所参加联合考察团，中国人民银行领导带队到杭州阿里巴巴调研，宣布向支付宝发放国内第一块牌照。

2010年4月16日，上海中金所股指期货正式挂牌交易，研究所受邀参加了敲锣盛典。

重要的参事建议

2008年10月23日，提出在北京建立统一监管的全国性证券场外市场的建议，为后来建立新三板市场提供了理论基础。

2008年11月22日，提出在北京建设零排放大楼的建议案。不到一个月，北京市委书记与市长就作出了同意的批示。

2009年12月10日，关注并研究养老问题，向北京市政府建议建立大型养老示范中心。

2009年12月28日，提出北京建设低碳城市的建议，引起北京市政府与国家发改委的关注。

2011年2月21日，提出完善中关村代办股份转让系统，为在北京建立统一监管的全国性场外交易市场创造基础条件的建议，为新三板市场的建立提出了具体的设想。

2013年2月16日，提出积极采用多种方式，努力抓好北京市蔬菜生产，为稳定北京市的物价提供了从源头抓起的政策建议。

提交给全国政协的重要提案

2008年2月24日，提交《关于我国证券市场单边收取证券交易印花税》的提案得到各方的支持，社会反映强烈。管理层很快采纳了建议。当年9月24日，财政部公布：经国务院批准，股市印花税改为单边征收。

2008年2月25日，提交《注意总结美国次贷危机教训，防范我国金融体系风险》的提案，较早研究了美国金融危机对我国金融体系的影响。

2009年3月，向全国政协十一届二次会议提交《加强证券市场基础性制度建设，适时推出股指期货》《防范美国金融危机对我国实体经济冲击的对策建议》《加大金融支持力度，彻底改革我国经济增长模式》《协调市政规划与高校园区建设矛盾》《将社会保障卡纳入〈中华人民共和国社会保险法〉范畴》《在国有控股上市公司绩效考核中引入市值指标》6件提案。

2010年2月28日，提交《关于转变经济发展方式，大力发展低碳经济》的提案。

2011年与2012年，连续两年提交提案。提出为解决中小企业融资难，建议应当把中关村三板市场扩大，建成全国性统一的证券场外市场。2012年9月，国务院下发了建立全国中小企业股转公司与股转系统的红头文件。

2011年2月23日，提交《关于建立我国养老金融体系，有效解决社会养老问题》的提案。

2011年3月2日，提交《关于大力发展云计算产业》的提案，该研究与建议在当时是比较超前的。

2011年3月7日，提交《关于充分利用多种方式，显著提高直接融资比重》的提案。

2011年两会期间，在人民大会堂作《关于进一步完善证券市场监管，保护投资者利益》的大会发言，引起国家有关部委的高度重视。

2012年3月1日，提交《关于中国股市恢复T+0交易》的提案，这已是连续9年递交有关提案。

2012年3月1日，提交《关于重新推出国债期货》的提案，经管理层批准，国债期货在上海中金所上市交易，至今运行良好。

2013年3月1日，提交《关于制定期货法促进期货市场创新发展》的提案，提出结束我国期货市场无法可依的状态。

2013年3月1日，提交《关于推出股指期权》的提案。后在上交所推出ETF股指期权，结束了我国没有股指期权的历史。

2013年3月1日，提交《关于大力支持我国移动智能操作系统自主研发》的提案。目前华为已经开发了我国自己的移动智能操作系统。

2014年3月2日，提交《加快大数据应用，促进社会经济健康发展》的提案，该提案提出了一系列前瞻性的建议。

2014年3月6日，提交《关于促进互联网金融健康发展，注意防范金融风险》的提案，在P2P刚刚出现金融风险隐患时及时提出了意见。

2014年3月2日，提交《关于加快农村电子商务发展，推动新型城镇化》的提案，该提案为农村推广电子商务，促进农村就业和商品交易起到积极的作用。

2015年3月1日，提交《关于注册制要创造条件循序渐进》的提案，较早地对股市注册制改革的问题提出了政策性建议。

2015年3月1日，提交《关于完善税收优惠　推进员工持股计划》的提案，证监会作出积极响应，在上市公司中推行了员工持股计划。

2015年3月1日，提交《关于在北京开展碳期货交易试点》的提案，为发展低碳经济与低碳交易市场提出了合理化建议。

2016年3月1日，提交《关于深入理解与全面推动供给侧结构改革》的提案，为供给侧结构改革这一战略决策的实施提出可行的建议。

2016年3月1日，提交《关于推动新三板市场规范发展》的提案。

2017年3月5日，提交《关于加强国家碳市场公共基础设施建设》的提案。国家发改委以该提案内容为中心，邀请全国7个环交所以及当地金融局的领导到北京，召开了有关碳市场公共基础设施建设的研讨会。

2017年3月3日，提交《关于解决“财税140号文”所涉及问题》的提案。该提案送交到财政部后，部领导高度重视，先后几次与提案人交流沟通，征求意见。

2018年3月6日，提交《关于保持我国移动支付产业全球领先地位》的提案。

2019 年 2 月 26 日，提交《关于发挥资本市场作用促进粤港澳大湾区建设》的提案。该提案受到中央统战部的重视，把主要观点编进上报中央领导的《零讯》，受到表扬。

2019 年 3 月 6 日，提交《关于设立科创板应该注意几方面问题》的提案，为科创板平稳推出，提供了参考意见。

2020 年 5 月 20 日，提交《关于创业板试点注册制需要注意配套实施》的提案。该提案总结了科创板试行注册制的经验，对创业板推出注册制提出针对性意见。

2020 年 5 月 10 日，提交《关于联合降低支付费用，共同为小微商家纾困》的提案。该提案对各金融机构的支付费用问题进行了深入分析，提出了联合降费的建议。

2021 年 3 月 4 日，提交《关于在大盘蓝筹股试行 T+0 交易》的提案。该提案全面分析了在大盘蓝筹股中试行 T+0 交易制度对资本市场的促进作用，并针对如何在大盘蓝筹股中试行 T+0 交易制度提出建议。

2021 年 3 月 4 日，提交《关于加快建设国债期权市场》的提案。该提案深入分析了国债期权在完善债券市场风险管理环节，打造大国债券市场方面的作用，提出加快建设我国国债期权市场的建议。

2022 年 3 月 5 日，提交《关于保护股民利益规范发展量化交易》的提案。该提案针对我国股市以散户为主的特点和散户在机构面前的弱势地位，提出对量化交易必须加以规范的建议。

2022 年 3 月 5 日，提交《关于在北京证券交易所试行 T+0 交易》的提案。该提案针对北交所风险性、流动性问题，提出进一步推动北交所改革创新，在北交所试行 T+0 交易制度的建议。

截至 2022 年 5 月底，研究所所长在连续担任三届全国政协委员期间，共提交 104 件提案，其中 54 件提案是有关我国资本市场发展方面的意见建议。

图书在版编目（CIP）数据

砥砺前行　资本印迹：财经人资本市场口述史 / 贺强主编. —北京：中国文史出版社，2023.12

ISBN 978-7-5205-4527-3

Ⅰ. ①砥… Ⅱ. ①贺… Ⅲ. ①资本市场 – 中国 – 文集 Ⅳ. ①F832.5-53

中国国家版本馆 CIP 数据核字（2023）第 232952 号

责任编辑：王文运　　　　装帧设计：王　琳　程　跃

出版发行：中国文史出版社

社　　址：北京市海淀区西八里庄路 69 号　　邮编：100142

电　　话：010 – 81136606　81136602　81136603（发行部）

传　　真：010 – 81136655

印　　装：北京科信印刷有限公司

经　　销：全国新华书店

开　　本：787mm × 1092mm　1/16

印　　张：21.25

字　　数：347 千字

版　　次：2025 年 3 月北京第 1 版

印　　次：2025 年 3 月第 1 次印刷

定　　价：100.00 元